TABI
CONTENTS
旅コンテンツ
完全セレクション

息をのむ
絶景ドライブ

西日本

Best scenic drives in western Japan

疾駆する先に鮮やかな絶景

街を出て、自然のなかへ。山麓を、並木道を走る。
海が見える、岬が見える。新しい発見のドライブ旅!

印象派の画家セザンヌは後年故郷の南仏エクス・アン・プロヴァンスに戻って、近くにあるサント・ヴィクトワール山を憑かれたように描き続けた。油絵と水彩画両方で90点近くある。それらは今、世界中の美術館や個人蔵になっているが、どれひとつとして同じものはない。遠近が違い、角度が違い、色が違い、山の形まで違う。

作家のマルセル・プルーストが言う。「発見の旅とは、新しい風景を探すことではない。新しい目で見ることなのだ」。サント・ヴィクトワール山は、周辺に高い山がないので目立つし、たしかに美しい山容を見せるが、驚くほどではない。実際の山よりも、セザンヌの絵のほうがずっと素晴らしい。セザンヌは描くたびに同じ山を新しい目で見ている。

潮風を感じ海辺を駆ける

ニライ橋・カナイ橋(P344)

角島大橋(P90)

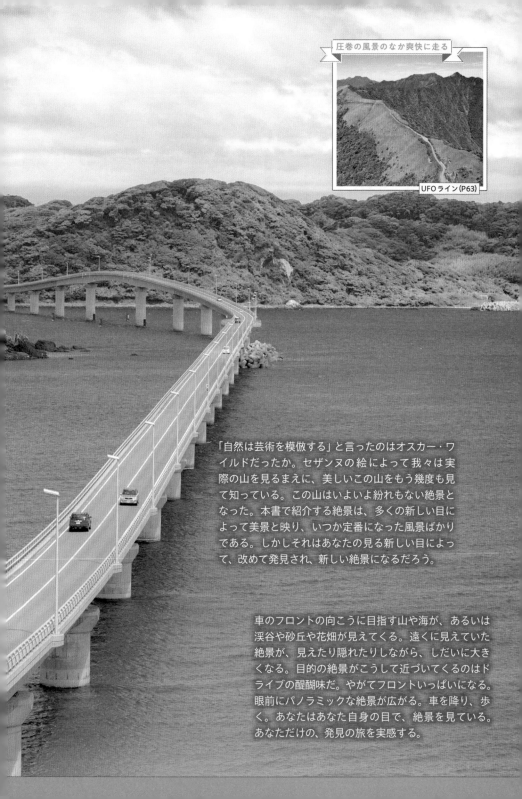

圧巻の風景のなか爽快に走る

UFOライン (P63)

「自然は芸術を模倣する」と言ったのはオスカー・ワイルドだったか。セザンヌの絵によって我々は実際の山を見るまえに、美しいこの山をもう幾度も見て知っている。この山はいよいよ紛れもない絶景となった。本書で紹介する絶景は、多くの新しい目によって美景と映り、いつか定番になった風景ばかりである。しかしそれはあなたの見る新しい目によって、改めて発見され、新しい絶景になるだろう。

車のフロントの向こうに目指す山や海が、あるいは渓谷や砂丘や花畑が見えてくる。遠くに見えていた絶景が、見えたり隠れたりしながら、しだいに大きくなる。目的の絶景がこうして近づいてくるのはドライブの醍醐味だ。やがてフロントいっぱいになる。眼前にパノラミックな絶景が広がる。車を降り、歩く。あなたはあなた自身の目で、絶景を見ている。あなただけの、発見の旅を実感する。

CONTENTS
息をのむ 絶景ドライブ 西日本

メタセコイア並木(P186)

カルストロード（P254）

紅葉の絶景ドライブ P46

1泊2日 温泉＋絶景ドライブ P94

橋を渡る 絶景ドライブ P72

東海・北陸 P137

近畿　P175

中国・四国　P221

伊吹山ドライブウェイ (P184)

九州・沖縄　P291

明石海峡大橋(P86)

ミルクロード(P324)

本書のご利用にあたって

● 本書中のデータは2023年6〜7月現在のものです。道路の通行止めなどの交通状況や料金、営業時間、休業日、メニューや商品の内容などが、諸事情により変更される場合がありますので、ご利用の際は事前にご確認ください。

● 本書に紹介した施設、ショップ、レストランなどとの個人的なトラブルに関しましては、当社では一切の責任を負いかねますので、あらかじめご了承ください。

● 開館時間、営業時間は実際に利用できる時間を示しています。ラストオーダー(LO)や最終入館の時間が決められている場合は別途表示してあります。

● 各施設の開館・営業時間は、変更される場合がありますので、ご利用の際は公式HPなどで事前にご確認ください。また、新型コロナウイルス感染症予防対策のため従来と異なる場合があり、今後の推移により変更される場合があります。

● 休業日に関しては、基本的に定休日のみを記載しており、年末年始の休業は原則として記載していません。特に記載のない場合でもゴールデンウィーク、夏季などに休業することがあります。

● 料金は消費税込みの料金を示していますが、変更する場合がありますのでご注意ください。また、入館料などについて特記のない場合は個人で訪れた場合の大人料金のみを示しています。

● 交通表記における所要時間、距離は目安としてご利用ください。

■ データの見方

☎ 電話番号　⊕ 所在地　⊕ 開館／開園／開門時間
⊕ 営業時間　⊕ 定休日　⊕ 料金　⊕ 駐車場

駆け抜ける先、躍動する風景のドライブ劇場

どこまでも続く大海原や緑豊かな草原を間近に眺めながら、走ることで
自然との一体感に包まれる絶景ロードを厳選。奇跡のようなひとときが待つ
西日本各地を代表する道へ向かって、今すぐ走り出そう。

一生に一度は走りたい

絶景ロード 西日本 BEST

日本で唯一走行できる
砂浜をドライブ

海水を含んで固
くなった砂は色
が濃くなる。走
行時は砂の色に
注意したい

15

千里浜なぎさドライブウェイ
ちりはまなぎさドライブウェイ

石川県羽咋市～宝達志水町

一般的な砂浜は車で走行できないが、千里浜の砂は粒径が約0.2mmときめ細かく、
水分と混ざって固く引き締まり、車での走行が可能となる。全長約8kmの海岸は
季節を問わず通行でき、海岸線に沈む夕日も楽しめる。

➔P57

県内の通行無料の橋のなかでは、全長3540mの伊良部大橋に次ぐ、2番目の長さを誇る

美しい海原に浮かぶように
まっすぐに延びる絶景の橋

古宇利大橋
こうりおおはし
沖縄県名護市～今帰仁村

古宇利島と屋我地島を結ぶ全長1960mの橋は、沖縄を代表する絶景スポット。左右に広がるエメラルドグリーンの海原を眺めながらドライブが楽しめる。
➡P79

コバルトブルーの海原を越え
白い砂浜が美しい角島へ

角島大橋
つのしまおおはし
山口県下関市

全長1270m、しまなみ海道で2番目に古い因島大橋。尾道海峡を挟み、向島と因島を結ぶ

山口県内有数の絶景スポットで、自動車のCMやドラマのロケ地としてもたびたび登場

北長門海岸国定公園内に位置、海士ヶ瀬に架かる橋の長さは1780m。景観に配慮し、橋脚が低く海までの距離が近い。橋の眺望は角島展望台や海士ヶ瀬公園駐車場から楽しめる。

➡P90

緑豊かな島々と青い海、美しい橋からなる絶景ロード

しまなみ海道
しまなみかいどう

広島県尾道市〜愛媛県今治市

尾道から因島、生口島などを経て今治へと至る全長約60kmの自動車専用道路。多島美を眺めながら7つの橋を渡り、瀬戸内海を縦走できる。サイクリストの聖地としても名高い。

➡P82

約700万年前の海中の地層が隆起した波状岩、通称「鬼の洗濯岩」も道路から見える

日本の渚100選の青島や観光名所が沿道に集結

日南フェニックスロード
にちなんフェニックスロード

宮崎県宮崎市南部
～串間市都井岬

宮崎市街から県最南端まで海岸沿いを走る道路。「日南海岸ロードパーク構想」に沿ってヤシの木や南国の花が沿道を彩りリゾート気分が上がる。

➡P29

高野山と龍神温泉を結び尾根筋を走る山岳道路

高野龍神スカイライン
こうやりゅうじんスカイライン

和歌山県高野町～田辺市龍神村

「紀州の屋根」と呼ばれる護摩壇山の尾根筋に通された、全長42.7kmの道路だ。山の中腹や五百原渓谷の景色をはじめ、ブナなどの原生林が広がる周辺の自然を満喫することができる。

➡P211

10月下旬～11月上旬頃、護摩壇山の雄大な原生林が紅葉で鮮やかに彩られる

展望所には展望歩道や観光案内板も設置。南阿蘇村の全体像が把握できる

雄大な景色の阿蘇山を南北に縦断する山岳道路

阿蘇パノラマライン

あそパノラマライン

熊本県阿蘇市黒川〜南阿蘇村一関

阿蘇山を縦断するように走る県道。眼下の田園や牛馬の牧歌的な景色をはじめ、ライン上の「南阿蘇パノラマライン展望所」からは、カルデラならではの南郷谷と外輪山の絶景が楽しめる。

➡P326

天空に駆けのぼる尾根沿いの絶景ロード

UFOライン

ユーフォーライン

高知県いの町

西日本最高峰の石鎚山の尾根沿いを走るルート。全長約27kmの町道で、標高1300〜1700mの尾根を縫うように走れば、まるで天空へと続いていくかのような風景が満喫できる。

➡P63

晴天時には、石鎚山系や太平洋を眺めながらドライブが楽しめる

草原の大パノラマや外輪山を走る快感道路

やまなみハイウェイ

大分県由布市水分峠〜熊本県阿蘇市

大分県別府市から熊本県阿蘇市に至る道路で日本百名道のひとつ。一部の区間がやまなみハイウェイと呼ばれる。森林やくじゅう連山、高原を望み、阿蘇外輪山を駆け下りる絶景ルートだ。

➡P105

くじゅう連山を望む飯田高原一帯は草原が広がりレジャースポットや温泉も点在

滋賀と岐阜にまたがる眺望ドライブコース

伊吹山ドライブウェイ
いぶきやまドライブウェイ

岐阜県関ケ原町
〜滋賀県米原市

標高1377mの伊吹山麓から9合目を結ぶ全長17kmのコース。駐車場から山頂まで遊歩道が3コース整備され、比良山系や竹生島、琵琶湖から北アルプスまでの雄大なパノラマが楽しめる。

→P184

伊吹山は山麓と山頂で天候の差や気温差が大きい。出発前に山頂の天候確認が必須

地域の人々に育まれ成長した絶景の並木

メタセコイア並木
メタセコイアなみき

滋賀県高島市マキノ町蛭口
〜牧野

農業公園マキノピックランドを貫く県道。約2.4kmにわたり約500本が続くメタセコイア並木が楽しめる。野坂山地の山々を背景にマキノ高原へのアプローチ道としても知られている。

→P186

新緑から紅葉、裸樹、雪花と四季折々の魅力で「新・日本の街路樹百景」にも選定

日本最大級カルスト台地秋吉台国定公園を走る

カルストロード

山口県美祢市美東町赤
〜秋芳町秋吉

約3億5000万年前に形成されたという秋吉台の、歴史とエネルギーを感じながら走れる絶景ロード。展望台からは自然の雄大な景色も一望できる。

→P254

「秋吉台サファリランド」「秋芳洞」をはじめ見どころの多い人気の観光スポット

三方五湖を縫って走る
全長11kmの観光道路

三方五湖
レインボーライン
みかたごこレインボーライン

福井県美浜町〜若狭町

美浜〜若狭町の道路。駐車場からリフトやケーブルカーで上がれる山頂公園では、名勝三方五湖や若狭湾などの360度のパノラマが望める。

➡P167

三方五湖は、淡水湖の三方湖ほか複数の湖の総称。公園には足湯やテラスも完備

本州と淡路島を結ぶ
吊り橋に広がるパノラマ

明石海峡大橋
あかしかいきょうおおはし
兵庫県神戸市垂水区東舞子町
〜淡路市岩屋

明石海峡を横断し本州と淡路島を結ぶ、全長3911mの大橋。美しいフォルムでパールブリッジの愛称があり、夜間はライトアップで幻想的な景観に。

➡P86

明石海峡大橋と夕日の絶景は神戸市側に位置する舞子公園から眺められる

牧草地帯を駆け抜ける
雄大な絶景ロード

ミルクロード

熊本県阿蘇市一の宮町手野
〜大津町

外輪山北東部の尾根をたどり、阿蘇に延びる幾筋もの絶景ルートのうち、ミルクロードが最も広大な景観を堪能できる。

➡P324

波打つ草原を貫くように延びる絶景ロード。その名のとおり、周辺には牧場が多い

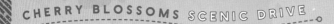

春を告げる桜花爛漫の色彩を追う

桜の絶景ドライブ

爛漫の桜に包まれる春は、桜の名所をたどる絶景ドライブへ。
山あいの里や寺社仏閣、堂々とそびえる一本桜など、平安時代から親しまれる
春の色合い追って、薄紅色に染まる西日本を巡りたい。

高見の郷

ヒノキの森に出現する「一目千本」の桜庭
園。3月下旬～4月下旬が見頃となり、標
高約700mの千年の丘から一望できる。
◆P20

壺阪寺・藤原宮跡・高見の郷

つぼさかでら・ふじわらぐうあと・たかみのさと

奈良県

いにしえの歴史に抱かれたロマンあふれる桜風景

大和国の歴史と万葉風景のなかを走り、国道169号を南下して『枕草子』に登場する壺阪寺を訪ねる。美麗な桜大仏を拝観し、日本最初の都城・藤原宮跡へ。いにしえの都を彩る花畑を堪能し、城下町の宇陀へ。伝説の又兵衛桜を観賞し、伊勢街道を通って伊勢との国境にある高見の郷へ向かう。1000本のしだれ桜が集う天空庭園を散策し、国道369号を北上。室生寺で国宝と山桜の静かな競演を楽しむ。

■ D R I V E　C O U R S E

走行距離	約96km

START 京奈和自動車道・御所南IC

10km／国道309号、県道119号

① 壺阪寺

11km／県道210号

② 藤原宮跡

15km／国道166号

③ 又兵衛桜

19km／国道166号、県道28号

④ 高見の郷

25km／県道28号

⑤ 室生寺

16km／県道28号、国道369号

GOAL 名阪国道・針IC

■ I N F O R M A T I O N

橿原市観光協会 ☎0744-20-1123
宇陀市観光協会 ☎0745-82-2457

桜花図鑑

ソメイヨシノ【染井吉野】

日本のサクラを代表する園芸品種。江戸時代後期に染井村の植木職人により開発された「吉野桜」を起源とし、明治時代後期に改名された。

① 壺阪寺

つぼさかでら

西国霊場第六番札所で正式名は南法華寺。古くから眼病封じの観音霊場として信仰を集める名刹。本尊の十一面千手観世音菩薩と、点在するインドへの奉仕事業の縁で贈られた美しい石仏やレリーフが見どころ。
☎0744-52-2016 所奈良県高取町壺阪3 閉8:30～17:00 休無休 料600円 P86台

桜の見頃

4月上旬～中旬

春に出現する桜大仏を見に例年多くの人が訪れる

ここにも注目したい！

『壺阪霊験記』で知られる眼病封じ祈願のお寺

平安時代から眼病封じのご利益で知られる壺阪寺。明治時代初演の人形浄瑠璃『壺阪霊験記』でも、盲目の夫とその妻を救う十一面観世音菩薩の功徳が描かれた。現在も、眼病封じ祈願朱印や納め札を配布する。

↑「眼の佛」として信仰を集める十一面千手観世音菩薩座像

↑3月下旬～4月上旬にライトアップされる石仏もまた幻想的

↑伽藍や石仏の間を埋め尽くすように桜が境内を彩る

境内には『壺阪霊験記』にちなんだ石像も

桜の雲に浮かぶ
美しい大仏と伽藍

② 藤原宮跡
ふじわらぐうあと

持統8年(694)から平城京遷都までの16年の間政治の中心地であった、日本最初の本格的都城。東西約5.2km、南北約4.8kmと、平城京や平安京を凌ぐ広大さを誇る。その跡地には5つのゾーンに分かれて季節の花々が咲き競う。

🏠 奈良県橿原市醍醐町
Ⓟ 60台

桜並木が囲む
250万本の菜の花を

桜の見頃
3月下旬～4月上旬
醍醐池の北、約2万㎡の春ゾーンに咲く桜と菜の花

古き奈良の風情が残る新薬師寺界隈。桜を眺めながらの散策が楽しめる

③ 又兵衛桜
またべえざくら

戦国時代、大坂夏の陣で活躍した後藤又兵衛の邸跡と伝わる場所に咲く一本桜。樹齢300年のしだれ桜で、幹周3m、高さ13mの見事な枝ぶりは圧巻。瀧桜の異名を持ち、背後に咲く桃の濃い花色とのグラデーションも美しい。

所奈良県宇陀市大宇陀本郷
P500台(有料)

宇陀を代表する桜の名所

桜の見頃
4月上旬～下旬
一本桜の周囲に遊歩道が整備され、多くの人で賑わう

④ 高見の郷
たかみのさと

標高650mの山あいに広がる2万坪の桜の庭園。傾斜地を埋め尽くす1000本の桜はすべてしだれ桜で、木々の間からは一重や八重の花びらが降るように揺れるさまが幻想的。庭園を一望する展望台「天空の丘」からの景色も圧巻。

檜の森を彩る天空の桜の園

桜の見頃
4月中旬～下旬
山々を背に、ピンクと白の美しいグラデーションを見せる

☎090-5136-9844(高見の郷事務局) 所奈良県東吉野村杉谷298-1
開休料見学自由 P600台

⑤ 室生寺
むろうじ

古くから女人の参詣を許したことから「女人高野」とも呼ばれる寺院。平安初期の堂塔や日本最小の五重塔など歴史的建造物の間にソメイヨシノやヤマザクラが点在する、しっとりとした情緒が漂う。

☎0745-92-2003 所奈良県宇陀市室生78
開8:30～17:00(12～3月9:00～16:00) 休無休 料600円 P200台

高さは16m、日本最小といわれる五重塔(国宝)の脇に、気高くたたずむヤマザクラ

山あいの境内を彩る情緒豊かな桜が魅力

桜の見頃
3月下旬～4月中旬
控えめな印象のヤマザクラが多く、独特の風情が漂う

近鉄橿原線
三宅町
近鉄田原本線
西名阪自動車道
田原本町
大神神社
大和国一宮とする全国の三輪信仰の総本社。日本最古の神社ともいわれ、三輪山を御神体とする
和歌山線
橿原北
橿原市
近鉄大阪線
藤原宮跡 ②
高田駅
耳成山
金橋駅
大和高田市
畝傍駅
南阪奈道路
近鉄御所線
橿原高田
畝傍山
大和新庄駅
葛城市
高松塚古墳
色鮮やかな女子群像の壁画が名高い古墳
飛鳥駅
START
玉手駅
掖上駅
御所南IC
御所南PA
高取町
御所市
吉野口駅
京奈和自動車道
壺阪寺 ①
大淀町
和歌山線
キトラ古墳
二段築成の円墳で、壁画古墳として知られ、高松塚古墳との類似点が見られる
五條北
北宇智駅
吉野川
五條市
下市

COURSE 1 走行距離 約96km

0 2 4km
N

名物グルメ
宇陀牛
うだぎゅう
但馬牛を改良した黒毛和牛で、幻の極上肉と呼ばれるほどキメが細かくやわらかな肉質と鮮やかな霜降りが特徴。宇陀市内にはや宇陀牛丼、焼肉定食などが味わえる店が点在。

GOAL
針IC

道の駅針テラス
天然温泉が楽しめる道の駅。天理スタミナラーメンなどの名物グルメが楽しめる食事処も

道の駅宇陀路室生
宇陀市出身の世界的彫刻家・故井上武吉氏のモニュメントがある

笠のそば畑
9月中頃には15haの畑が真っ白な花で埋め尽くされる

長谷寺
寺を取り囲むように種類豊富な1000本の桜が咲き競う

室生寺⑤

吉野町から奈良市針町に至る県道。道幅が狭い区間は注意。

佛隆寺の千年桜
樹齢900年以上、高さ16mのモチヅキザクラが見られる

うだ・アニマルパーク
広大な園内でポニーやウサギとふれあい、乗馬体験も楽しめる

又兵衛桜③

④高見の郷

宇陀川桜並木
榛原下井足〜篠楽〜大宇陀五津にかけて広がる桜並木

千年の丘展望台
高見の郷の展望スポット。駐車場から送迎バスも利用可能

立ち寄り!道の駅
針ICから18km
宇陀路 大宇陀
うだじ おおうだ
宇陀産ブルーベリーのペーストを使用したブルーベリーソフト、宇陀牛肉うどんが人気。地元で採れた野菜の直売所、レストラン、足湯もある。☎0745-83-0051 ⑰奈良県宇陀市大宇陀拾生714-1 ◎軽飲食7:00〜18:00 物販8:00〜18:00 ⑭無休 ⑫34台

→大宇陀はかつて柿本人麻呂が訪れて詠んだ「かぎろひ」の歌にちなみ、「かぎろひの里」としても知られる

→ブルーベリーソフト(左)と葛ソフト(右)は各400円

21

COURSE 2

あさひ舟川「春の四重奏」

あさひふなかわ「はるのしじゅうそう」

富山県

立山連峰の大きさを感じながら桜咲く富山路をドライブ

市街地の桜と立山連峰の残雪を眺め、脈々と続く美しい風景を楽しむ旅。あさひ舟川「春の四重奏」でチューリップと桜、菜の花のあでやかな縞模様を楽しみ、黒部川堤防桜堤へ。川のせせらぎを心地よく感じたら、今度は富岩運河環水公園や松川べりの桜で水と花のマリアージュを満喫。最後に高岡古城公園で歴史に思いを馳せよう。春の富山路ならではの雄大な立山連峰と花のコラボを楽しもう。

■ DRIVE COURSE

走行距離	約 **95** km

START 北陸自動車道・朝日IC

↓ 3km／国道8号、県道326号

① あさひ舟川「春の四重奏」

↓ 10km／県道326号

② 黒部川堤防桜堤

↓ 41km／県道364号、国道8号

③ 富岩運河環水公園

↓ 3km／県道208号

④ 松川べりの桜

↓ 22km／国道8号、県道24号

⑤ 高岡古城公園

↓ 16km／国道160号

GOAL 能越自動車道・氷見IC

■ INFORMATION

朝日町観光協会 ☎0765-83-2780
入善町住まい・まちづくり課 ☎0765-72-3837
富山市観光協会 ☎076-439-0800
高岡市観光協会 ☎0766-20-1547

桜花図鑑

コシノヒガン【越の彼岸】

富山県で多く見られる桜のひとつで、エドヒガンとマメザクラの交雑種。淡紅色の花は小ぶりで、ソメイヨシノよりも開花時期が早い。

桜の見頃 **4月上旬～中旬**

桜の開花期間は駐車場からシャトルバスを利用しよう

① あさひ舟川「春の四重奏」

あさひふながわ「はるのしじゅうそう」

早咲きのチューリップ、舟川沿いの桜、菜の花、雪が残る山々の色鮮やかな競演を楽しめる人気スポット。夜にはライトアップされ、昼間とは違う幻想的な景色を楽しめる。カメラ持参で訪れたい場所だ。

⊕富山県朝日町舟川新 ⊛⊛⊛見学自由 ℗会場周辺の臨時駐車場利用

春には約280本のソメイヨシノが咲く。秋のヒガンバナも人気

立ち寄り! 道の駅

朝日ICから31km

ウェーブパークなめりかわ

滑川の名物・ホタルイカの生態を展示と映像で学ぶことができる「ほたるいかミュージアム」を併設。買い物以外にも楽しめる道の駅。

☎076-476-9300(ほたるいかミュージアム) ⊕富山県滑川市中川原410 ⊛施設により異なる ⊛6月1日～3月中旬の火曜、1月の最終月曜から3日間 ℗160台

◎蛍烏賊天丼1550円

22

自然が描く壮大な
絵画を鑑賞する

桜の絶景ドライブ

富山県　あさひ舟川「春の四重奏」

② 黒部川堤防桜堤
くろべがわていぼうさくらつつみ

約170本のソメイヨシノが、黒部川の堤防1.2kmにわたって咲き誇る。昭和42年(1967)に最初の70本が植えられてから、地元の人々に大切に守られてきた景観だ。川のせせらぎをBGMに歩こう。

所 富山県入善町浦山新
開 休 料 見学自由 P なし

初めて訪れたのに
どこか懐かしい風景

桜の見頃

4月上旬～中旬
開花時期の詳細情報は「富山さくらの名所70選開花情報」をチェック！

川面に向かって大きく伸びた枝が頭上を覆い、ピンクの花に包まれる

桜の見頃 4月上旬

富岩水上ラインに乗って水上から桜を眺めるのもおすすめ

③ 富岩運河環水公園
ふがんうんがかんすいこうえん

緑と運河の美しい公園で桜の花をのんびり楽しむ

富岩運河の旧舟だまりに整備された公園。歴史を感じながら四季折々の花や緑を楽しんだり、カフェでくつろいだりできる。展望塔にも立ち寄りたい。
☎076-444-6041(富岩運河環水公園パークセンター) 所富山県富山市湊入船町1 閉休料入園自由 P171台

ここにも注目したい!

世界一美しいといわれるスターバックス コーヒー

富岩運河環水公園内にあり、多くの人で賑わう店舗。風が心地よいテラス席もあり、花や緑のなかでほっとひと息つける。☎076-439-2630
所富山県富山市湊入船町5 富山富岩運河環水公園 営8:00～22:30 休不定休

⬆ガラス張りの店内は抜群の眺望

④ 松川べりの桜
まつかわべりのさくら

空の青に映える船上から見上げる桜

富山市内を流れる松川沿いに植えられた約460本のソメイヨシノは、「日本のさくら名所100選」に選ばれている。おすすめは川をゆっくりと進む、松川遊覧船。約30分の船旅は、桜の景色はもちろん、船頭による富山城の歴史ガイドも楽しめる。
所富山県富山市新桜町7 閉休料見学自由 Pなし

桜の見頃 4月上旬

川の両岸に咲き誇るソメイヨシノは圧巻

石川県 / 富山県

七尾線 / 千路駅 / 中能登町 / 159 / 碁石ヶ峰 / 虻ガ島 / 灘浦

氷見温泉
海辺の温泉街で立ち寄り湯を楽しめる。旅の疲れを癒そう

羽咋市 / 415 / 氷見市 / 470 / 160 / 氷見北

まんがロード
藤子不二雄Ⓐ先生の漫画キャラクター像が並ぶ商店街

GOAL 氷見IC

高岡市美術館
高岡市 藤子・F・不二雄ふるさとギャラリーを常設。貴重な原画も展示

富山湾

宝達志水町 / 能越自動車道 / 氷見駅 / 島尾駅 / 氷見線 / 有磯海

富山県美術館
「アートとデザインをつなぐ」をコンセプトにしたユニークな美術館

御林山 / 氷見南 / 160 / 雨晴 / 雨晴海岸 / 越中国分駅

三方峰 / 二上山 / 城山 / 160 / 伏木駅 / 伏木富山港 / 越ノ潟駅 / 射水市 / 415

三千坊山 / 高岡北 / 24 / 能町駅 / カモンパーク新湊 / 472 / 岩瀬浜駅

高岡古城公園⑤
山町筋「土蔵造りの町並み」

高岡市 / 高岡 / 8 / 越中中川駅 / あいの風とやま鉄道 / 越中大門駅 / 富山市 / 富山港線富山地方鉄道

県民公園太閤山ランド
花と緑あふれる県立公園。桜の名所としても知られる

471 / 福岡 / 万葉の里高岡 / 北陸新幹線 / 新高岡駅 / 西高岡駅 / 城端線

スターバックスコーヒー C

富岩運河環水公園③

松川べりの桜④

小矢部市 / 福岡駅 / 福岡PA / 林駅 / 小杉 / 呉羽山 / 呉羽駅 / 越中荏原

⑤ 高岡古城公園
たかおかこじょうこうえん

加賀前田家二代目・前田利長が築いた高岡城を公園として整備した場所。広大な土地に芝生の広場や動物園、博物館を備えた、高岡市民の憩いの場。ソメイヨシノやコシノヒガンなど、全18種、約1800本の桜が植えられた、県内有数の桜の名所でもある。

☎0766-20-1563 所富山県高岡市古城1-9 開休料見学自由（動物園・博物館は月曜休み）P119台

桜の見頃
4月上旬〜中旬
水濠に映る桜を楽しめる。夜桜見物もおすすめ

加賀前田家の城跡で満開の桜を満喫

\ CHECK! /

山町筋「土蔵造りの町並み」
やまちょうすじ「どぞうづくりのまちなみ」

重要伝統的建造物群保存地区に選定されたエリアで、古くから伝わる高岡御車山祭の山車を展示した高岡御車山会館がある。会館では山車に据えられたからくり人形を動かす体験ができる。

☎0766-30-2497（高岡御車山会館）所富山県高岡市守山町47-1 開9:00〜17:00（入館は〜16:30）休火曜 料450円（有料ゾーン）P山町筋観光駐車場使用

🚗 ここにも、でかけたい！

氷見ICから10km

雨晴海岸
あまはらしかいがん

海岸の先に立山連峰が見える

海と3000m級の山々を同時に見ることができる、世界でも貴重な絶景スポット。海と立山連峰の鮮やかな色合いは美しく、ため息をつくほどだ。

←夏には海水浴場としても人気が高い
所富山県高岡市雨晴 開休料見学自由 P道の駅 雨晴駐車場利用

COURSE 2 　走行距離 約95km

0　3　6km　N

⑧●朝日IC START
① ●あさひ舟川「春の四重奏」
→ ●下山芸術の森・発電所美術館
大正時代の発電所建物を利用した美術館。展示内容はHPを確認
② 黒部川堤防桜堤

名物グルメ

身投げホタルイカ
みなげホタルイカ

産卵期を迎えたホタルイカが、岸に押し寄せ、打ち上げられることを「身投げ」という。鮮度が良いホタルイカを食べられるのは、ごく限られた場所だけ。出会ったらぜひ食してみたい。

宇奈月温泉
黒部峡谷を望む歴史ある温泉街。立ち寄り湯や足湯もあり、駅前には温泉噴水も

ウェーブパークなめりかわ

COURSE 3 西都原古墳群・花立公園

さいとばるこふんぐん・はなだてこうえん

宮崎県

日向灘沿岸の桜の名所を訪ねながら宮崎の歴史と自然を感じる

宮崎県内の風光明媚なスポットを巡りながら桜を愛でるドライブ。西都原古墳群では古墳の周囲を埋め尽くすように咲く桜と菜の花を観賞。垂水公園は「チェリーロード」と呼ばれる公園へと続く桜並木が見もの。天ケ城公園では城郭風の外観を持つ歴史民俗資料館で地域に住む人々の生活の歴史にふれてみたい。花立公園の約1万本の桜が花立山一帯の斜面を染め上げる様子は圧巻の一言。

■ D R I V E　C O U R S E

| 走行距離 | 約151km |

START　東九州自動車道・西都IC

　7km／国道219号、県道318号

① 西都原古墳群

　22km／県道318号、国道219号、県道44号

② 垂水公園

　15km／国道10号

③ 天ケ城公園

　45km／県道28号

④ 花立公園

　62km／国道220号

GOAL　宮崎自動車道・宮崎IC

■ I N F O R M A T I O N

西都市観光協会 ☎0983-41-1557
宮崎市役所公園緑地課 ☎0985-21-1814
宮崎市高岡総合支所地域市民福祉課
☎0985-82-1111
日南市観光協会 ☎0987-31-1134

桜花図鑑

ヤエザクラ【八重桜】

花びらが重なって咲く「八重咲き」の桜の総称。花びらの数は10枚から多くて100枚以上。見頃は4月～5月上旬とソメイヨシノよりも少し遅い。

① 西都原古墳群

さいとばるこふんぐん

国内最大の帆立貝形古墳・男狭穂塚や九州最大級の前方後円墳・女狭穂塚など300基以上の古墳を有する。春には約2000本の桜と30万本の菜の花が風景に彩りを添える。毎年3月末には西都花まつりが開催される。㊟宮崎県西都市三宅西都原 ⏰24時間(考古博物館休館日は古墳の内部見学不可) ㊡無休 ㋤無料 🅿1200台

桜の見頃
3月下旬～4月上旬
毎年花まつりの期間中には
ライトアップも行われる

春景色を飾る花々の
鮮やかなコントラスト

↻秋にはコス
モスが咲き、
四季折々で訪
れる人の目を
楽しませる

\ CHECK! /

西都原考古博物館
さいとばるこうこはくぶつかん

出土品の展示を行うほか、資料に直接触
れる「ハンズ・オン展示」のコーナーも。
古代生活体験館では、まが玉や埴輪制作、
火起こしなどの体験ができる。

☎0983-41-0041 所宮崎県西都市三宅
5670 開9:30～17:30 休月曜（祝日の場
合は翌日）料無料 P100台

↑3階テラスから古墳を一望

② 垂水公園
だるみずこうえん

高台にある公園に続く沿道には、「チェリーロード」と呼ばれるソメイヨシノをはじめとする約3500本の桜並木が1kmにわたって続いており、訪れる人たちを明るく出迎えてくれる。

所宮崎県宮崎市瓜生野 P93台

桜の見頃
3月下旬～4月上旬
天ケ城歴史民俗資料館の城郭風の外観に桜が映える

公園へと続く春色のトンネル

咲き誇る千本桜に高台の公園に

桜の見頃
3月下旬～4月上旬
大正時代に地元の名士が桜500本を植えたのが始まり

④ 花立公園
はなだてこうえん

約20haという広大な敷地を有する公園。春には約1万本のソメイヨシノや山桜などが鮮やかに咲き、展望台や休憩所もあるので散策をしながら花を眺めるのもおすすめ。

☎0987-27-3315(日南市観光スポーツ課)
所宮崎県日南市北郷町郷之原甲2784
P200台

本数は九州随一
山一面に咲きわたる桜

桜の見頃
3月下旬～4月上旬
標高約500mに位置する公園の一帯をピンク色に染める

③ 天ケ城公園
あまがじょうこうえん

江戸初期に薩摩島津氏が築城した天ケ城の跡地にある公園。公園内には野球場や芝生広場、遊具などの設備があり、子どもものびのび遊べる。約1300本の桜が満開になると花見に多くの人が訪れる。

所宮崎県宮崎市高岡町内山2007
P320台

例年3月下旬から4月上旬には、天ケ城開門さくらまつりを開催している

\ C H E C K ! /

天ケ城歴史民俗資料館
あまがじょうれきしみんぞくしりょうかん

薩摩島津氏が治めた高岡地域の歴史や、付近を流れる大淀川と人々との関わりについての常設展示がある。

☎0985-82-2950 所宮崎県宮崎市高岡町内山3003-56 休土・日曜、祝日9:00～16:30 休平日 料無料
P天ケ城公園駐車場利用
→4階の展望室からは大淀川が望める

立ち寄り!道の駅

宮崎ICから13km

フェニックス

物産館やソフトクリームが食べられるフードコーナーのほか、展望デッキからは海岸へ下りる遊歩道がある。

☎0985-65-2773 所宮崎県宮崎市内海381-1 営9:00～17:00(フードコーナーは～16:45)休無休 P95台

↑展望デッキからは美しい海が見渡せる

ここにも、でかけたい！

(宮崎ICから35km)

鵜戸神宮
うどじんぐう

断崖絶壁に建つ社

本殿が洞窟内にある神社。崖下の「霊石亀石」にはくぼみがあり、男性は左手、女性は右手で願いを込めながら運玉を投げて、玉がくぼみに入れば願いが叶うといわれている。

↑参道から眺める日南海岸は圧巻

☎0987-29-1001 所宮崎県日南市宮浦3232 開6:00～18:00 休無休 料無料 P周辺駐車場利用

(宮崎ICから13km)

青島神社
あおしまじんじゃ

恋愛祈願ならここ

海幸山幸神話において山幸彦と豊玉姫が結ばれた地であることから、縁結びにご利益があるとして人気。境内には日本初の蝋人形神話館「日向神話館」もある。

↑青島の島全体が境内となっている

☎0985-65-1262 所宮崎県宮崎市青島2-13-1 開授与所8:00～日没（夏期）、8:30～日没（冬期） 休無休 料無料 P周辺駐車場利用

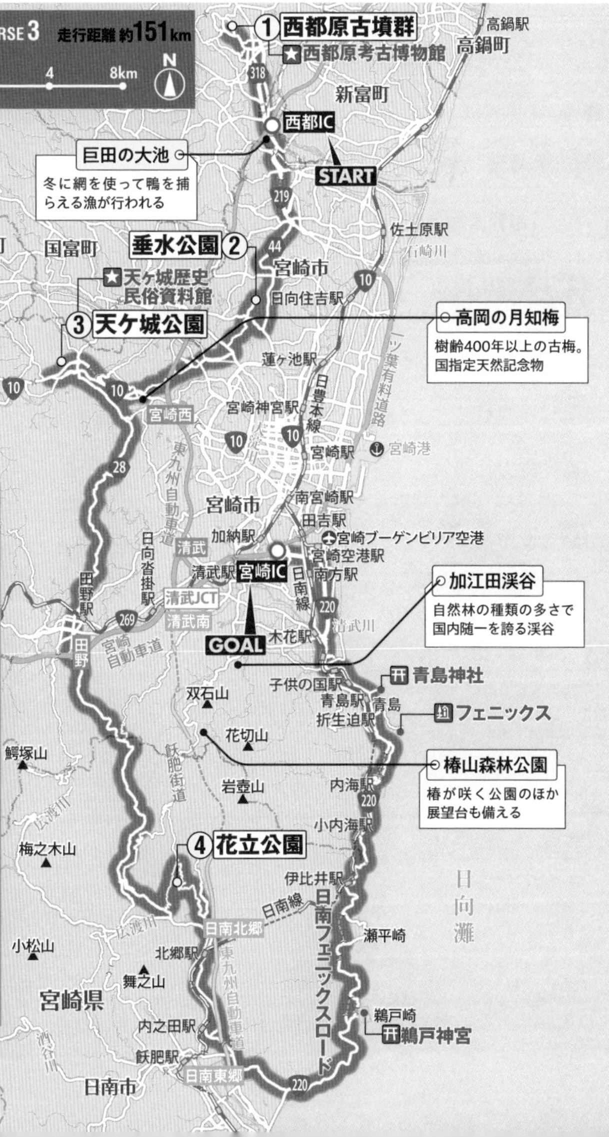
COURSE 3 走行距離 約151km
0 4 8km
N
1 西都原古墳群
西都原考古博物館
西都IC
START
巨田の大池
冬に網を使って鴨を捕らえる漁が行われる
垂水公園 2
天ケ城歴史民俗資料館
3 天ケ城公園
高岡の月知梅
樹齢400年以上の古梅。国指定天然記念物
宮崎IC
GOAL
加江田渓谷
自然林の種類の多さで国内随一を誇る渓谷
青島神社
フェニックス
椿山森林公園
椿が咲く公園のほか展望台も備える
4 花立公園
鵜戸崎
鵜戸神宮
日南フェニックスロード
高鍋駅
高鍋町
新富町
佐土原駅
石崎川
綾町
国富町
宮崎市
日向住吉駅
蓮ヶ池駅
一ツ葉有料道路
日豊本線
宮崎神宮駅
宮崎駅
宮崎港
宮崎西
東九州自動車道
南宮崎駅
田吉駅
加納駅
宮崎ブーゲンビリア空港
宮崎空港駅
南方駅
清武
清武駅
日南線
日向沓掛駅
田野駅
清武JCT
清武南
清武川
田野
宮崎自動車道
木花駅
子供の国駅
青島駅
青島
折生迫駅
双石山
花切山
鰐塚山
鉄肥街道
岩壺山
内海駅
小内海駅
広渡川
梅之木山
伊比井駅
日向灘
日南北郷
瀬平崎
小松山
北郷駅
舞之山
宮崎県
内之田駅
飫肥駅
日南東郷
酒谷川
鹿児島県
串間市
日南市
318
219
44
10
268
28
269
220

名物グルメ

冷や汁
ひやじる

干物を焼いてほぐし、焼き味噌を溶いただし汁と合わせ、キュウリや薬味を入れてご飯にかける。夏バテや二日酔いの時にもってこいの一品で、夏になると飲食店のメニューに並ぶ。

コース内の絶景ロード

南国気分を味わえるドライブ

日南フェニックスロード
にちなんフェニックスロード

国道220号の宮崎市街から県最南端の都井岬までを結ぶ全長85kmの区間の通称。海岸線に沿うように延びる道からは、鬼の洗濯岩や堀切峠など宮崎を代表する観光名所も見える。青空の下を駆け抜けて爽快な車の旅はいかが。

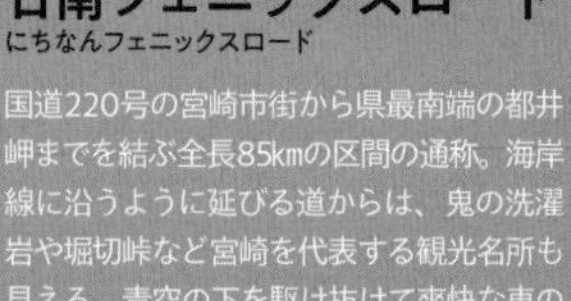

↑名前のとおり沿線にはフェニックスの木が

COURSE 4

紫雲出山・金刀比羅宮・五色台

しうでやま・ことひらぐう・ごしきだい

香川県

瀬戸内海を背景に咲き誇る桜に魅せられる贅沢なひととき

　さぬき豊中ICから紫雲出山へ向かい、瀬戸内海をバックに咲く花と緑に癒やされよう。山から海沿いへと下りたら父母ヶ浜に到着。海と空の幻想的な風景を体験したら、高屋神社と、長い石段が有名な金刀比羅宮へ。最後は五色台を走ろう。点在する展望スポットでは、時間の許す限り車を停めて、刻々と表情を変える瀬戸内海と空の美しさを味わいたい。

■ D R I V E　C O U R S E

走行距離	約106km

START	高松自動車道・さぬき豊中IC

21km／県道271・234号

① 紫雲出山

12km／県道234号

② 父母ヶ浜

8km／県道21号

③ 高屋神社

24km／国道377号

④ 金刀比羅宮

41km／国道32・438号、県道16号

⑤ 五色台

19km／県道16・186号

GOAL	高松自動車道・坂出IC

■ I N F O R M A T I O N

三豊市観光交流局 ☎0875-56-5880
坂出市産業観光課 ☎0877-44-5103
観音寺市観光協会 ☎0875-24-2150

桜花図鑑

ヨウコウ【陽光】

天城吉野と寒緋桜の交配種で、寒さに強い品種として知られる。濃くあざやかな紅紫色が特徴。花が大きく見応えがあり、人気が高い。

瀬戸内海と満開の桜を一望できる展望台

桜の見頃
3月下旬～4月上旬
桜シーズンは入山予約が必要。早めに計画を立てよう

① 紫雲出山
しうでやま

瀬戸内海を一望できる展望台を有する、標高352mの山。春には約1000本の桜の花が咲く。花のピンク色と海や空の青のコントラストが美しく、多くの人で賑わう。桜の開花期は入山予約（三豊市観光交流局HPから）が必要なので注意したい。
🏠香川県三豊市詫間町　🅿60台

駐車場から山頂展望台までは上り坂が続く。歩きやすい靴で出かけよう

桜以外にも、アジサイやシャクナゲなども有名で、山がカラフルに染まる

❤映える写真を撮るコツは、三豊市観光交流局のHPで公開中

水面に夕日が
リフレクション

② 父母ヶ浜
ちちぶがはま

約1kmにわたって砂浜が続く海
岸。南米ボリビアのウユニ塩湖
のような風景を写真に撮れる
人気スポット。別名「天空の
鏡」。魔法にかかったような、
幻想的な一瞬を収めよう。

🏠香川県三豊市仁尾町仁尾乙
203-3 🅿400台(一部有料)

ベストタイミング
は、風のない日の
夕暮れ。潮だまりに映り
込んだ空や人を狙おう

瀬戸内海と空の絶景を有する古社へ

↑空に浮かぶような鳥居は「天空の鳥居」とも呼ばれている

③ 高屋神社
たかやじんじゃ

標高404mの稲積山山頂にある、1000年を超える歴史のある神社。本殿手前にある270段の石段を上り切ったら、振り返ってみよう。眼下に広がる観音寺市の街並みと瀬戸内海が一望できる。☎0875-24-3957 所香川県観音寺市高屋町2800 圏休料参拝自由(土・日曜、祝日は通行規制あり) P20台

④ 金刀比羅宮
ことひらぐう

象頭山に鎮座する古社。御祭神は大物主神で、海の安全や五穀豊穣などを司る。平安時代には崇徳天皇を合祀した。江戸時代には伊勢神宮参拝と並び、「こんぴら参り」が人気に。今もなお、多くの人々に慕われている。国の重要文化財の書院、さらに登った先にある奥社など、見どころも多い。☎0877-75-2121 所香川県琴平町892-1 圏6:00～18:00 休無休 料無料 Pなし

山の中腹にある御本宮。祭典の際には神職・巫女の舞が披露される

🚗 ここにも、でかけたい！

さぬき豊中ICから8km

銭形砂絵(琴弾公園)
ぜにがたすなえ(ことひきこうえん)

巨大な寛永通宝の砂絵

園内の有明浜に造られた東西122m、南北90mもの巨大な砂絵「寛永通宝」で有名。一度見ると、健康で長生きし、お金に不自由しないという言い伝えもある。巨大な砂絵に入りたい人は、年に二度の砂絵を整える「砂ざらえ」に申し込もう。所香川県観音寺市有明町14 P85台

↑琴弾山山頂の展望台からの眺めがイチオシ。日没後にはライトアップされるので、時間に余裕があれば見てみたい

桜に包まれながら石段を上って参拝へ

桜の見頃 3月下旬～4月上旬
境内には約3500本の桜が植えられている

春の穏やかな日差しにきらめく
瀬戸内海と桜の花々

桜の見頃
4月上旬
満開の桜の向こうに瀬戸内海に浮かぶ島々を望む

⑤ 五色台
ごしきだい

台形状の山地で、真言密教の名前にちなんだ青峰・白峰・黄峰・紅峰・黒峰の5つの峰がある。道に沿って複数の展望台があるので、気ままに立ち寄りたい。時間や角度によって刻々と変わる瀬戸内の海や桜の花々、空の色合いに圧倒される。
⊕香川県高松市、坂出市　Ｐ大崎の鼻展望台駐車場など利用

コース内の絶景ロード

海沿いの稜線を快適ドライブ
五色台スカイライン
ごしきだいスカイライン

香川県高松市と坂出市にかけて走る、標高400〜500mの道路。木々の合間から瀬戸内海が見える絶景ロードだ。春にはヤマザクラが見頃を迎え、花のなかを走ることができる。

大崎鼻展望地
東側の眺望が見事。特に朝日が美しく見える

五色台 ⑤

白峰展望台
五色台にある展望台のひとつ。瀬戸大橋を眺められる

大滝洞門
三豊市と観音寺市の間にある洞門。三豊市側入口で七宝山の湧き水を汲める

黒峰展望台
高松市街を眼下に見ることができる展望スポット

紫雲出山 ①

父母ヶ浜 ②

高屋神社 ③

銭形砂絵
(琴弾公園) ★

七宝山 観音寺
四国八十八カ所霊場 第69番札所。第68番札所の神恵院と同じ境内にある

金刀比羅宮 ④

不動の滝
50mの高さを流れ落ちる滝。弘法大師が修行した滝ともいわれる

桜のトンネル
開花期には沿道がピンク色に包まれる。道幅が狭いので運転には注意を

さぬき豊中IC
START

COURSE 4　走行距離 約**106** km

0　3　6km　Ｎ

坂出IC
GOAL

香川県

まんのう町

三豊市

徳島県
東みよし町

三好市

COURSE 5 | 淀川・伏見・三井寺

よどがわ・ふしみ・みいでら

京都府・滋賀県

河川や湖畔の寺院を彩る桜を眺め水と暮らす人々を思う

桜を愛でつつ、川と琵琶湖とともに発展してきた京都や滋賀の文化に思いを馳せる旅。淀川河川公園 背割堤地区で桜のトンネルの下を歩き、さくらであい館の展望塔から三川合流地域と桜並木を一望。宇治川沿いを進み、酒蔵の街・伏見では伏見十石舟の上から川沿いの桜をゆったりと眺める。蹴上インクラインでは線路と桜のコントラストを楽しみ、三井寺（長等山園城寺）ではSNSで話題の桜のリフレクションを満喫して琵琶湖に至る。

■ DRIVE COURSE

走行距離	約38km

START　名神高速道路・大山崎IC

3km／国道478号

① 淀川河川公園 背割堤地区

8km／府道13・79号

② 伏見十石舟

12km／国道24号、府道37号

③ 蹴上インクライン

11km／府道143号

④ 三井寺（長等山園城寺）

4km／県道103号

GOAL　名神高速道路・大津IC

■ INFORMATION

淀川河川公園 守口サービスセンター
☎06-6994-0006
京都市観光協会 ☎075-213-1717
びわ湖大津観光協会 ☎077-528-2772

桜花図鑑

ヤマザクラ【山桜】

日本に自生する桜の代表であり、古来から山に咲く桜であるため、山桜と命名された。開花は3〜4月、花と同時に若葉も開くのが特徴。

桜の見頃
3月下旬〜4月上旬
約220本のソメイヨシノがつくり出す1.4kmにわたる桜並木

青空に映える桜は必見
堤防の緑色と

① 淀川河川公園 背割堤地区

よどがわかせんこうえん せわりていちく

淀川河口部から桂川・木津川・宇治川の三川合流部までの約37kmに及ぶ河川敷を敷地とする、自然豊かな公園。背割堤地区では、春に「背割堤さくらまつり」が開催され、船上花見や地域の特産品などのマルシェが登場する。
所京都府八幡市 P154台
※背割堤さくらまつり期間中は利用不可

34

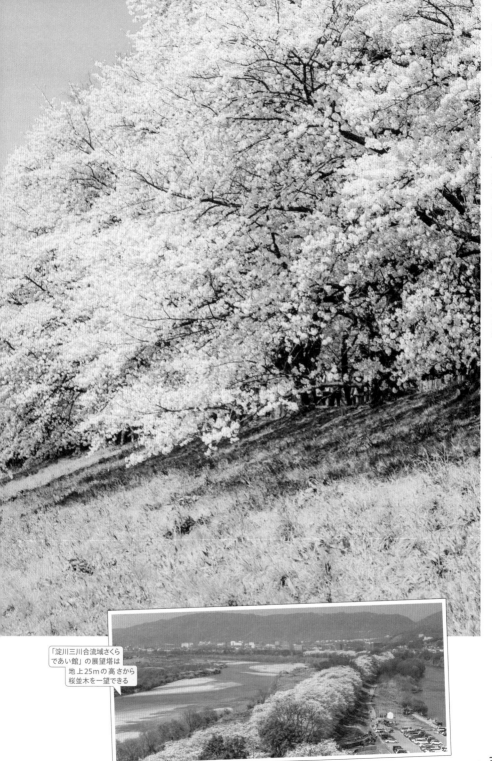

「淀川三川合流域さくら
であい館」の展望塔は
地上25mの高さから
桜並木を一望できる

② 伏見十石舟
ふしみじっこくぶね

江戸時代に酒や米の搬出および旅客を大坂から行き来させるための輸送船として始まり、明治時代末期まで存続したといわれている。復活した十石舟は定員20名で、宇治川下流を約50分で往復。江戸時代にタイムスリップした気分が味わえる。

☎075-623-1030 ㊰京都府京都市伏見区南兵町247(月桂冠大倉記念館裏乗船場) ⊙10:00〜16:20の間に20分間隔で運航(11月中旬〜12月上旬は〜15:40) ㊡月曜(4・5・10・11月は運行)、12月中旬〜3月中旬 ㊙1500円 ㊳なし

川沿いに1kmほど並ぶ百数十の桜

桜の見頃
3月下旬〜4月上旬
散った花びらが水面に浮かぶ花筏も趣深い

桜の見頃
3月下旬〜4月上旬
レールの上を歩きながら一風変わった花見を満喫

産業遺産と桜がノスタルジック

③ 蹴上インクライン
けあげインクライン

琵琶湖疏水上流の蹴上船溜と下流の南禅寺船溜を結んだ全長582mの傾斜鉄道跡。これにより船は荷物の積み下ろしをせずに、約36mの高低差がある急斜面を乗り越えることができた。レールのほかに船と台車が形態保存され、国の史跡に指定されている。

㊰京都市左京区粟田口山下町〜南禅寺草川町 ㊳なし

境内の参道沿いに咲き誇る桜も見事。夜はライトアップされる

桜の見頃
4月上旬〜中旬
長等山中腹の広大な敷地に約1300本の桜が咲く

琵琶湖を望む「観月舞台」でアクリル板に反射する桜を撮影

④ 三井寺
(長等山園城寺)
みいでら
(ながらさんおんじょうじ)

天武元年(672)に建立され、源平の争乱や南北朝の争いによる焼き討ちなど、幾多の法難に遭遇しながらも乗り越えてきた天台寺門宗の総本山。近江八景のひとつであり、残したい日本の音風景100選に選ばれた「三井の晩鐘」で知られる。

☎077-522-2238 ㊰滋賀県大津市園城寺2 ⊙8:00〜17:00(入場は〜16:30) ㊡無休 ㊙600円 ㊳350台

🚗 **ここにも、でかけたい！**

<u>大津ICから3km</u>

琵琶湖第一疏水
びわこだいいちそすい

水路の両岸から満開の桜が枝を伸ばす

滋賀県大津市から京都市伏見区に至る全長約20kmの水路。当時の京都府年間予算の約2倍という莫大な工事費が投じられ、明治18年(1885)に着工、5年後に完成した。京都の経済と産業のさらなる発展につながった疏水は、今も琵琶湖の水を供給し続けている。

圃 滋賀県大津市観音寺三井寺町ほか Ｐ なし

↑ 鹿関橋から第一トンネルの入口が見える

COURSE 5 走行距離 約38km

0　1.5　3km

大津市歴史博物館
ジオラマや文化遺産で大津氏の歴史と文化を知ることができる

蹴上インクライン③

**三井寺
(長等山園城寺)④**

蓮華王院(三十三間堂)
堂内に並ぶ1001体の仏像で有名。平成30年(2018)、そのすべてが国宝に指定された

★ 琵琶湖第一疏水

滋賀県

GOAL

大津IC

大津港／琵琶湖汽船
定期的に発着するクルーズ便のほか、季節限定で運航する便もある

天智天皇 山科陵(御廟野古墳)
大化の改新を成し遂げたことで知られる天智天皇の古墳。一帯は静かで神聖な雰囲気

②伏見十石舟

名物グルメ

**① 定川河川公園
背割堤地区**

START

淀の河津桜
2月中旬〜3月中旬に約200本の早咲きの桜が楽しめる

湯豆腐
ゆどうふ

上質な地下水に恵まれた京都は豆腐作りに適した土地であったこと、また動物性の食材を使わない精進料理にはたんぱく源として欠かせないことから豆腐文化が発達。それにだしの文化が加わり、「豆腐＋タレ(だし)」で味わう湯豆腐が名物となった。南禅寺が発祥といわれている。

COURSE 6

おの桜づつみ回廊・姫路城

おのさくらづつみかいろう・ひめじじょう

兵庫県

白亜の名城、薄紅色の桜、澄み渡る空の青に心動かされる旅

日本を代表する城、国宝・姫路城や瀬戸内海など、日本の春を彩るさまざまな色に会いに行こう。まずは須磨浦山上遊園で瀬戸内海の青と桜の色を堪能し、明石城へ。城の色や淡い桜色を楽み、おの桜づつみ回廊で土手の花と緑に包まれ心を癒やす。姫路城西御屋敷跡庭園 好古園と姫路城では凛と涼やかな城と空、庭園の花々のコントラストを満喫できる。

■ DRIVE COURSE

| 走行距離 | 約79km |

- **START** 阪神高速3号神戸線・湊川IC
  - 5km／国道2号
- **①** 須磨浦山上遊園
  - 12km／国道2号
- **②** 明石城
  - 30km／国道175号、県道23号
- **③** おの桜づつみ回廊
  - 25km／県道23号、国道372号
- **④** 姫路城西御屋敷跡庭園 好古園
  - 0.3km
- **⑤** 姫路城
  - 7km／国道372号
- **GOAL** 山陽自動車道・山陽姫路東IC

■ INFORMATION

明石観光協会 ☎078-918-5080
小野市役所 まちづくり課 ☎0794-63-1000（代表）

桜花図鑑

オオシマザクラ【大島桜】

開花時に葉が伸び、ソメイヨシノよりも花の香りが強いのが特徴。また、葉は塩漬けにして桜餅などに使用する。別名「もちざくら」とも。

① 須磨浦山上遊園

すまうらさんじょうゆうえん

鉢伏山と旗振山にかけて広がる大きな公園。車を降りたらロープウェイで約3分、180mまで一気に上ろう。眼下に瀬戸内海が大きく広がり、桜の色彩と合わせてまさに「眼福」。天気が良ければ淡路島まで見渡せる。

☎078-731-2520 兵庫県神戸市須磨区一ノ谷町5-3-2 ⑩10:00～17:00 ㉁火曜 ㈹ロープウェイ往復920円、施設により異なる ㋿200台

兵庫県屈指の名所で海と桜の競演を楽しむ

桜の見頃 3月下旬～4月上旬
満開の桜や瀬戸内海などが織りなす大パノラマは圧巻

② 明石城

あかしじょう

青空に浮かぶ白い城壁に桜色がやさしく映える

「日本100名城」に選ばれた明石城のある、明石公園に植えられているのは、ソメイヨシノやカワヅザクラなど約1400本。明石城の様式美と、自然が生み出す桜の美しさは風情あふれる。

兵庫県明石市明石公園1-27 ㋿南駐車場366台、北駐車場134台

桜の見頃 3月下旬～4月上旬
公園内には芝生広場もあり、ピクニックにもぴったり

38

水を張った田んぼに、桜が映り込む「逆さ桜」はフォトジェニック

桜の見頃
3月下旬～4月上旬
風に花びらが舞う散り際も風情があっておすすめ

③ おの桜づつみ回廊
おのさくらづつみかいろう

全長4kmにわたって続く桜並木。ソメイヨシノやエドヒガンなど、開花順に5種類の桜が植えられているため、長く楽しめるのが特徴だ。開花期にはベンチ等も用意され、桜の下でゆっくりと時間を過ごすことができる。
🏠兵庫県小野市古川町～住永町 Ｐ第1駐車場250台、第2駐車場50台

風に震える淡紅色のトンネルは春限定の贅沢な並木道

立ち寄り！道の駅

湊川ICから35km

みき

古くから金物の街として知られる三木市らしく、三木金物を器にしたメニューが揃う。
📞0794-86-9500 🏠兵庫県三木市福井2426 🕘9:00～18:00 休無休 Ｐ180台

↑鍛冶屋鍋カレー。味はもちろん、ビジュアルのよさも評判だ

④ 姫路城西御屋敷跡庭園 好古園
ひめじじょうにしおやしきあとていえん こうこえん

姫路城の南西にある、池泉回遊式庭園。9つの趣の異なる庭があり、それぞれ散策できる。梅や桜が咲く春は人気だが、秋の紅葉も魅力的。和食レストラン「活水軒」にも足を延ばしたい。

☎079-289-4120 ㊙兵庫県姫路市本町68 ㊡9:00〜17:00(入園は〜16:30、季節により異なる) ㊡無休 ㊡入園310円(姫路城との共通券1050円) ㊡なし

春風に揺れるシダレザクラに癒やされる

桜の見頃 4月上旬
庭の桜と姫路城を一緒に見られるスポットを探してみて

⑤ 姫路城
ひめじじょう

平成27年(2015)に天守閣の修復を終え、「白鷺城」の名にふさわしい輝きを増した姫路城。春には約1000本の桜が美しく咲き誇り、城とピンクの艶やかな彩りに魅せられる。

☎079-285-1146(姫路城管理事務所) ㊙兵庫県姫路市本町68 ㊡9:00〜17:00(入場は〜16:00、季節により異なる) ㊡無休 ㊡1000円 ㊡周辺駐車場利用

桜の見頃 3月下旬
天守閣に登って上から桜を見下ろすのも◎

背筋が伸びるような凛としたたたずまい

⑤ 姫路城
★姫路藩和船 高砂市
④ 姫路城西御屋敷跡庭園 好古園

兵庫県立歴史博物館
姫路城の展示が充実する城跡内にある博物館。建築の基本設計は丹下健三氏によるもの

姫路市立美術館
明治時代の建物を保存し、活用した美術館。姫路ゆかりの美術品など、近現代の作品が充実

\ CHECK! /

姫路藩和船
ひめじはんわせん

復元された姫路藩の木造船に乗って、姫路城の内堀を巡るツアー。桜の季節は水面に映る桜と姫路城を船上から同時に眺めることができる。盛り上げ上手な船頭のガイドも人気。

☎079-280-3371 ㊙兵庫県姫路市本町68 ㊡9:30から40分間隔で1日10〜12便 ㊡荒天時 ㊡1500円 ㊡なし ※当日のみ現地で予約可

立ち寄り！道の駅

湊川ICから30km

あわじ

明石海峡大橋のたもとにある道の駅。淡路島牛を使ったハンバーガーや、新鮮な魚介をたっぷり使った海鮮丼を楽しめる。

☎0799-72-0001 所兵庫県淡路市岩屋1873-1 時9:30～17:30（季節・曜日により異なる）休無休 P92台

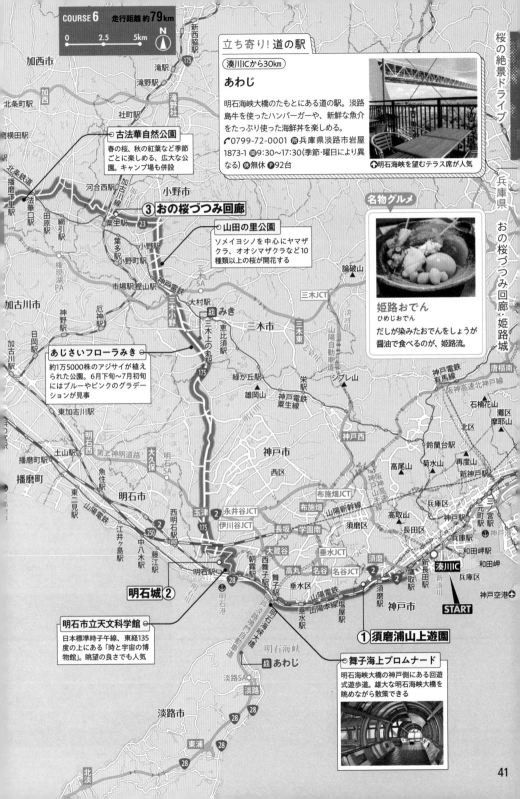

↑明石海峡を望むテラス席が人気

名物グルメ

姫路おでん
ひめじおでん

だしが染みたおでんをしょうが醤油で食べるのが、姫路流。

🚻古法華自然公園
春の桜、秋の紅葉など季節ごとに楽しめる、広大な公園。キャンプ場も併設

③ **おの桜づつみ回廊**

🚻山田の里公園
ソメイヨシノを中心にヤマザクラ、オオシマザクラなど10種類以上の桜が開花する

🚻あじさいフローラみき
約1万5000株のアジサイが植えられた公園。6月下旬～7月初旬にはブルーやピンクのグラデーションが見事

明石城②

🚻明石市立天文科学館
日本標準時子午線、東経135度の上にある「時と宇宙の博物館」。眺望の良さでも人気

① **須磨浦山上遊園**

🚻舞子海上プロムナード
明石海峡大橋の神戸側にある回遊式遊歩道。雄大な明石海峡大橋を眺めながら散策できる

COURSE 7 錦帯橋・吉香公園・五条千本桜

きんたいきょう・きっこうこうえん・ごじょうせんぼんざくら

山口県

岩国から瀬戸内のハワイへ。歴史に思いを馳せながら桜を愛でる

　山陽自動車道・岩国ICから国道2号で、日本橋、眼鏡橋と並ぶ日本三名橋のひとつ、錦帯橋へ。歴史ある吉香公園周辺には約1500本の桜が植えられ、見事な桜のトンネルが見られる。さらに瀬戸内沿岸へと車を走らせ、瀬戸内のハワイと呼ばれる周防大島町へ。高さ14mの飯の山展望台から望む桜越しの大島大橋、片添ヶ浜海浜公園から沖家室大橋に至る全長5kmの五条千本桜で桜の絶景を楽しもう。

■ DRIVE COURSE

走行距離	約115km

START 山陽自動車道・岩国IC

5km／県道114号

① 錦帯橋

0.5km

② 吉香公園

30km／国道188・437号

③ 飯の山展望台

30km／国道437号

④ 五条千本桜

50km／国道437号

GOAL 山陽自動車道・玖珂IC

■ INFORMATION

岩国市観光振興課 ☎0827-29-5116

桜花図鑑

カワヅザクラ【河津桜】

カンヒザクラとオオシマザクラが自然に交配してできたといわれる。ソメイヨシノなどより色が濃く、花期も長い。

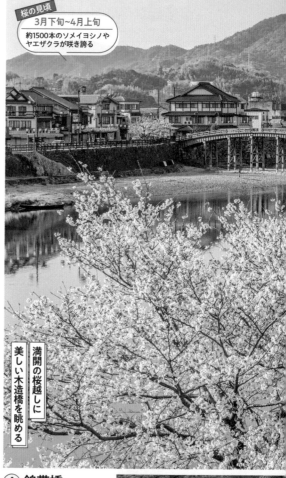

桜の見頃
3月下旬~4月上旬
約1500本のソメイヨシノやヤエザクラが咲き誇る

満開の桜越しに美しい木造橋を眺める

① 錦帯橋

きんたいきょう

全長約193m、横幅約5m。5連構造で中央3連はアーチ橋。岩国3代藩主・吉川広嘉が洪水によって流されない橋を目指して延宝元年(1673)に創建。以降、修復と架け替えを繰り返しながら人々と往来を支えてきた。

🏠山口県岩国市岩国 🕐24時間 入橋可 ¥大人310円 Ｐ錦帯橋下河原駐車場利用

⬆錦川の水面に映る桜並木と錦帯橋

桜の見頃に合わせて実施されるライトアップ。幻想的な雰囲気を醸し出す

🚗 ここにも、でかけたい！

岩国ICから5km

岩国城
いわくにじょう

天然の外堀に囲まれた山城

慶長13年(1608)初代岩国藩主・吉川広家（きっかわひろいえ）が建築した山城。標高200mに位置し錦川を天然の外堀としていた。築城後7年で取り壊され、現在の天守は昭和37年(1962)に再建。岩国市街を一望できる。

➡天守は展望台になっている。来場記念として御城印も販売する

☎0827-41-1477(錦川鉄道(株)岩国管理所) 🏠山口県岩国市横山3 🕘9:00～16:45 🈺ロープウェイ点検日 💴270円 🅿錦帯橋下河原駐車場利用

② 吉香公園
きっこうこうえん

歴史ある公園

岩国藩時代の面影を残す

岩国藩主・吉川家の居館跡を開放した公園。園内には岩国ゆかりの歴史資料を展示した岩国徴古館や市の登録有形文化財・錦雲閣などがあり見どころが尽きない。

㊟山口県岩国市横山2
Ⓟ錦帯橋下河原駐車場利用

桜の見頃
3月下旬~4月上旬
約1500本に及ぶソメイヨシノを中心とした桜が咲く

桜の見頃
3月下旬~4月上旬
島内を彩る桜と大島大橋が一望できるビュースポット

眺望抜群の展望台

瀬戸内海を見下ろす

③ 飯の山展望台
いいのやまてんぼうだい

周防大島にある飯の山山頂に建つ標高263.3mの展望台。高さは14mでかなりの高所感がある。屋上からの眺めは素晴らしく、大畠瀬戸の渦潮や大島大橋などが一望できる。

㊟山口県周防大島町小松東瀬戸
Ⓟ約20台 ※頂上までの道幅は狭いため要注意

桜の見頃
3月下旬~4月上旬
海岸に沿って薄桃色に染めあげられた桜の帯が続く

全長5kmにわたる

桜のアーケード

❘ここにも注目したい！

4つの奇岩を巡って周防大島で「しあわせ祈岩」

周防大島の4つの奇岩、立岩・巌門・岩屋権現・帯石を巡ると、夫婦和合・家庭円満・子孫繁栄・健康長寿の御利益があるとされる。近年は映えスポット、パワースポットとしても人気が高い。

↑波打ち際に静かに立つ巌門。通称は女岩

↑屹立する40mの立岩、男岩とも呼ばれる

④ 五条千本桜
ごじょうせんぼんざくら

周防大島町の片添ヶ浜海浜公園から沖家室大橋まで、県道に沿って約5kmにわたり、桜並木が続く。咲き誇る満開の桜と瀬戸内海の青さとの対比を車窓から存分に堪能しよう。

㊟山口県周防大島町五条
Ⓟなし

道の幅が狭いので、対向車には十分注意して運転したい

🚗 ここにも、でかけたい！

玖珂ICから40km

嵩山展望テラス
だけさんてんぼうテラス

眺望抜群の撮影スポット

嵩山は周防大島のほぼ中央に位置し大島富士とも呼ばれる。展望台からは瀬戸内海の島々が見渡せる。条件次第で早朝に雲海が見られることも。

↑360度のパノラマビューが楽しめる

㊟山口県周防大島町東安下庄 Ⓟ10台

COURSE 7　走行距離 約115km

2.5　5km

N

広島県
大竹市
小瀬川
玖波駅
大竹
可部島
厳島（宮島）
豪頭鼻
江田島市
小黒神島

山口県

柏木山▲

南河内駅
北河内駅
錦川清流線
清流新岩国駅　新岩国駅
岩国IC
START
岩国城★
② 吉香公園
① 錦帯橋
和木町
和木駅
岩国港
阿多田島

名物グルメ

みかん鍋
みかんなべ

平成18年（2006）の第1回周防大島まるかじりイベントで誕生した周防大島の名物料理。周防大島鍋奉行会が定めた4つの定義がある。

蓮華山▲
玖珂駅
欽明路道路
玖珂PA
玖珂IC
GOAL

柳井市

氷室岳▲

高照寺山▲

岩国白蛇神社
岩国市に生息するシロヘビのモチーフが随所にあり、境内には白蛇資料館も

岩国市ミクロ生物館
世界初のミクロ生物博物館。映像や顕微鏡を使ってミクロ生物に親しめる

由宇駅
銭壷山▲
神代駅
大畠駅
山陽本線

前島
福島

周防大島町

立ち寄り！道の駅

岩国ICから60km

サザンセトとうわ

周防大島の魅力がまるごと味わえる道の駅。瀬戸内の海産物や大島みかん、周防大島近海で獲れた地魚の食事などを出す店がある。

☎0820-78-0033 所山口県周防大島町西方1958-77 営10:00〜18:00 休無休 P118台

日本ハワイ移民資料館
明治時代より、周防大島からハワイへ渡った移住者の資料・記録を収集・展示する

赤子山▲
柳井港駅
琴石山▲
大平山▲
大星山▲

笠佐島
野島
文珠山▲
頂海山▲

③ 飯の山展望台

屋代島

嘉納山▲
周防大島町
嵩山山頂展望台★

飛瀬島
乙小島
前小島
我島
真宮島
中小鳥

大崎鼻

浮島
満島

大見山▲

サザンセトとうわ

禿島
笹島

烏島
長崎
彦島
黒崎

安下庄湾
安下崎
立島

④ 五条千本桜

沖家室島

皇座山▲
上盛山▲
上関町

奈古屋島
皇座山

千葉島

夕日の丘展望台
黄金に輝く瀬戸内海の眺望が楽しめる展望台。住民が設置した「幸せの鐘」もある

下荷内島
上荷内島
法師崎

片添ヶ浜
県内で最初に海開きを迎える、ヤシの並木が美しい海水浴場

小積の河津桜
小積集落に位置する桜の名所。例年2月下旬に見頃を迎える

赤石鼻
岩国鼻
横島
平郡島
長深山
掛津島
洲首島
大水無瀬島
柳井市
田布施町

燃えるような木々と山肌、車窓に広がる錦繍の彩り

紅葉の絶景ドライブ

モミジやカエデ、イチョウなど、秋の訪れを知らせる色彩を追いかけて
山懐に分け入り、燃えるように色づく渓谷や寺社、里山を目指す。
西日本屈指の秋の景勝地を巡る、紅葉狩りドライブへ出発しよう。

奥出雲おろちループ

11の橋と3つのトンネルからなる二重ループ方式道路。日本神話の「ヤマタノオロチ」にちなんで名付けられた。

➡**P48**

紅葉の絶景ドライブ

奥出雲おろちループ・立久恵峡

おくいずもおろちループ・たちくえきょう

島根県

標高200ｍの峰が連なる神話の舞台に色づく秋を愛でる

島根県と広島県の接する山間部に広がり「ヤマタノオロチ」神話にまつわる景勝地が点在する奥出雲。国道314号に建設された二重ループ道路・奥出雲おろちループを目指し、針葉樹と紅葉の山々を走り抜け、今度は大馬木方面へ。金言寺の大イチョウを愛で、『出雲風土記』の逸話が残る鬼の舌震へ。V字峡谷を覆う紅葉を眺め、最後は山陰の耶馬渓と称される立久恵峡の豪快な景色を楽しむ。

迫りくる絶景と走る
日本最大級の二重ループ

紅葉の見頃 **10月下旬〜11月上旬**
紅葉する樹々と針葉樹のコントラストが美しい

■ DRIVE COURSE

| 走行距離 | 約**135** km |

| START | 松江自動車道・雲南吉田IC |

46km／県道269号、国道314号

① 奥出雲おろちループ

8km／国道314号

② 金言寺

11km／県道25号

③ 鬼の舌震

52km／県道25号、国道184号

④ 立久恵峡

18km／国道184号

| GOAL | 山陰自動車道・斐川IC |

① 奥出雲おろちループ
おくいずもおろちループ

全長2360m、広島と島根をつなぐ国道314号の、坂根〜三井野原区間にある高低差105mを一気に駆け上がるために造られた二重ループ方式道路。谷間にかかる大小のアーチや間近に迫る紅葉が見どころ。
所島根県奥出雲町八川 P 66台

■ INFORMATION

奥出雲町観光協会 ☎0854-54-2260

\ CHECK! /

奥出雲鉄の彫刻美術館
おくいずもてつのちょうこくびじゅつかん

たたら製鉄の伝統を受け継ぐ町のシンボルとして設立された美術館。NYを中心に活躍した故下田治氏の剛鉄のモニュメント彫刻が鑑賞できる。
☎0854-52-3111 所島根県奥出雲町八川2500-34 時10:00〜16:00 休12月〜3月、道の駅定休日 料無料 P 30台

→初期の絵画から最晩年の彫刻まで44点を展示

紅葉図鑑

ナナカマド【七竈】

真っ赤な実でおなじみ。7回焼いても燃え尽きず、良質の炭を作ることが名前の由来ともいわれる。高山に自生し晩秋に葉も実も赤く色づく。

② 金言寺
きんげんじ

伝説の大イチョウ

圧倒的な存在感でたたずむ

紅葉の見頃
10月下旬〜11月上旬
町の天然記念物に指定された見事な大イチョウが立つ

正安2年(1300)に開山。囲碁の対戦に敗れた住職が捨てた碁盤から芽吹いたと伝わる樹齢700年の大イチョウが有名。ライトアップされ暗闇に浮かび上がる姿や水田に映える逆さイチョウも必見。

🏠島根県奥出雲町大馬木1060
🅿10台

11月上旬には本堂の茅葺き屋根から水田まで、あたり一帯が黄金色に染まる

③ **鬼の舌震**
おにのしたぶるい

大馬木川の急流が浸食した深いV字峡谷。この地に住んだ玉日姫に恋したワニが登場する『出雲風土記』の逸話から「ワニが慕った」が訛って名付けられたと伝わる。

所島根県奥出雲町三成 P宇根駐車場50台、下高尾駐車場50台

清流と岩壁が織りなす錦繍のV字峡谷

紅葉の見頃
10月下旬～11月中旬
節理や甌穴など荒々しい地形と紅葉の競演が見事

高さ45m、長さ160mの「舌震"恋"吊り橋」。約2kmのバリアフリー遊歩道も整備されている

④ **立久恵峡**
たちくえきょう

神戸川の上流に約1kmにわたり高さ100～200mの奇岩柱石の景勝が続く渓谷。不老橋と浮嵐橋の2つの吊り橋の間には散策路が整備され、展望台や五百羅漢など見どころも多い。

所島根県出雲市乙立町 P60台

紅葉の見頃
10月下旬～11月中旬
奇岩柱石と紅葉のダイナミックな景観が見られる

巨大岩壁がそそり立つ奥出雲屈指の景勝地

🚗 **ここにも、でかけたい！**

雲南吉田ICから32km

大原新田
おおばらしんでん

大切に守られ受け継がれる景観

江戸時代にたたらの砂鉄採取の跡地を水田に整備し直した、この地方特有の棚田。1枚の区画が大きい、独特の棚田風景を見ることができる。

所島根県奥出雲町大馬木 P周辺駐車場利用

⬆日本の棚田百選にも選ばれた美観

立ち寄り！道の駅

雲南吉田ICから46km

奥出雲 おろちループ
おくいずも おろちるーぷ

標高約700mに建つ道の駅。おろちループのオリジナル商品などを販売するおみやげコーナーや、奥出雲の和牛やマイタケが味わえる軽食コーナーも。

☎0854-52-3111　🏠島根県奥出雲町八川2500-294　🕘9:00〜17:00 冬期10:00〜16:00　休水曜（繁忙期は無休）🅿66台

←奥出雲和牛を使用した肉そばが人気

→グッズをはじめ、島根県のおみやげも揃う

▲展望台からJR木次線も見え、周辺は散策も楽しめる

加茂岩倉遺跡
平成8年（1996）に大量の銅鐸が出土した弥生時代の遺跡

石照庭園
総面積2haの回遊式庭園。春には1万株のシャクナゲが見頃を迎える

奥出雲多根自然博物館
貴重な化石の数々を展示。全国でも珍しい宿泊できる博物館

④ 立久恵峡

龍頭が滝
「日本の滝100選」に選定されている滝で、落差40mの雄滝と30mの雌滝からなる

鬼の舌震 ③

奥出雲たたらと刀剣館
奥出雲町で古代から続くたたら製鉄に関する博物館。刀匠による日本刀をはじめ、パネルと映像を交えた展示を行う

金言寺 ②

奥出雲おろちループ ①

COURSE 8　走行距離 約135km

0　3　6km

COURSE 9｜香嵐渓・大井平公園・鳳来寺山

こうらんけい・おおいだいらこうえん・ほうらいじさん

愛知県

東海地方を代表する紅葉の名所が凝集する

　春と秋に花を咲かせる四季桜。川見四季桜の里では山の斜面全体に約1200本が植えられ紅葉と桜のコントラストに感動。約4000本の木々が赤や黄色に染まり巴川の川面を美しく彩る風景に魅了される名勝、香嵐渓を巡り、風のつり橋から見る名倉川の紅葉が美しい大井平公園へ。最後は山全体が国の名勝・天然記念物に指定される自然の宝庫で、紅葉美に圧倒される鳳来寺山へと向かう。

■ DRIVE COURSE

| 走行距離 | 約121km |

START 東海環状自動車道・豊田藤岡IC

↓ 15km／国道419号

1 川見四季桜の里

↓ 27km／国道153号

2 香嵐渓

↓ 26km／国道153号

3 大井平公園

↓ 41km／国道257号

4 鳳来寺山

↓ 12km／県道32号、国道151号

GOAL 新東名高速道路・新城IC

■ INFORMATION

小原観光協会 ☎0565-65-3808
豊田市足助観光協会 ☎0565-62-1272
いなぶ観光協会 観光案内所 ☎0565-83-3200

紅葉図鑑

イロハモミジ【いろは紅葉】

ムクロジ科カエデ属の日本では最もよく見られる紅葉の代表種。名前は5〜7に裂けた葉の裂片を「いろはにほへと」と数えたことに由来。

紅葉が燃える絶景
四季桜の合間に

1 川見四季桜の里
せんみしきざくらのさと

山全体を覆うように植えられた秋に開花する約1200本の四季桜。そのピンクの絨毯の合間に燃えるように彩る紅葉のコントラストは圧巻。国内を代表する四季桜の名所だ。

所愛知県豊田市川見町 P100台
（四季桜まつり期間中、混雑期は駐車制限あり、HPで要確認）

里がある豊田小原地区には約1万本の四季桜が植えられていて周囲をドライブしながらでも楽しめる

紅葉の見頃
11月下旬～12月上旬
四季桜の見頃は豊田市小原観光協会が開花情報を配信

ここにも注目したい！

里山を彩る 小原四季桜まつり

四季桜の開花と、紅葉の時期に合わせて小原地区各所において催される四季桜まつり。小原ふれあい公園では出店やイベントなどを開催。詳しくは渋滞情報も合わせて小原観光協会Webサイトでチェックしよう。

🚗 ここにも、でかけたい！

豊田藤岡ICから15km

小原和紙のふるさと
おばらわしのふるさと

紙漉き体験もできる博物館

小原地区で生まれた豊田小原和紙工芸の普及発展を目的とした体験型の博物館。

◎紅葉の葉を漉き込む葉漉き（約60分、色紙サイズ1000円）などの紙漉き体験ができる

📞0565-65-2151 所愛知県豊田市永太郎町洞216-1 開9:00～16:30 休月曜 料200円 P150台

約4000本の紅葉が川面を美しく彩る

紅葉の見頃 11月中旬～下旬

毎年11月には香嵐渓もみじまつりが開催される

② 香嵐渓
こうらんけい

矢作川支流巴川の渓谷。全国有数の紅葉の名所でシーズンには約4000本の紅葉が渓流を彩る。渓谷にある香積寺の第11世・三栄が寛永11年(1634)に植えたのが始まりといわれている。
🏠愛知県豊田市足助町飯盛 **P**670台

香嵐渓もみじまつり期間中は、夜間には山全体がライトアップされ幻想的な景色が見られる

③ 大井平公園
おおいだいらこうえん

江戸中期以来の稲武の酒造家で名主を務めた古橋家ゆかりの公園で、地元の紅葉の名所として知られる。「風のつり橋」から見る名倉川の紅葉の美しさには定評があり、6月には蛍を見ることもできる。
🏠愛知県豊田市稲武町大井平5-1 **P**60台

立ち寄り! 道の駅

新城ICから40km

アグリステーションなぐら

愛知県最高峰の茶臼山への入口にある道の駅。清流と冷涼な気候が育った採れたての高原野菜などを販売し、食事処では五平餅などを堪能できる。
📞0536-65-0888 🏠愛知県設楽町西納庫森下32 🕐8:00～17:00 12～2月9:00～16:30 休月曜 **P**48台

川魚加工品など多彩なみやげ物も販売

歩道から眺める清流映えの紅葉

④ 鳳来寺山
ほうらいじさん

標高695mの鳳来寺山の中腹にある鳳来寺は、約1300年前に利修仙人によって開山されたと伝わる。仙人が鳳凰に乗り都に上ったという伝説がその名の由来。紅葉の名所で11月に鳳来寺山もみじまつりを開催。

☎0536-35-1004 所愛知県新城市門谷鳳来寺
営休料参拝自由
P80台(山頂駐車場)

仙人が開山した紅葉絶景の霊山

紅葉の見頃
11月上旬～下旬
針葉樹と落葉樹のコントラストが岩肌に映える

山全体が国の名勝・天然記念物に指定されている霊山を美しい紅葉が彩る

COURSE 9 走行距離 約121km

0　3　6km
N

川見四季桜の里 ①
小原和紙のふるさと ★

恵那市

大井平公園 ③

START
田藤岡IC

ふじの回廊
九尺藤、紫三尺など4種類の藤を植栽。4月下旬～5月上旬には藤のトンネルはじめ、園内が色づく

根羽村

黒田ダム

アグリステーションなぐら

タカドヤ湿地
黒田ダムへの向かう途中にあり、例年11月初旬にはタカドヤもみじ祭りを開催する

香嵐渓 ②

設楽町

田峯城
奥三河を代表的する山城で、本丸などの遺構が残る

四谷の千枚田
高低差200mの斜面に広がる石積みの棚田で400枚以上の田が耕作されている

鳳来寺山 ④

GOAL
新城IC

名物グルメ

五平餅
ごへいもち
愛知県・奥三河地域、長野県の木曽や伊那地域、岐阜県の飛騨地域などに分布する郷土料理。餅系の食べ歩きグルメとしておなじみ。

豊川市

紅葉の絶景ドライブ

愛知県　香嵐渓・大井平公園・鳳来寺山

55

COURSE 10 | 兼六園・那谷寺・鶴仙渓

けんろくえん・なたでら・かくせんけい

石川県

能登から金沢、加賀温泉と石川県を南下し多彩な秋景を楽しむ

シーサイドロードから歴史ある庭園を巡り、渓谷にある温泉街へ。日本で唯一という砂浜のドライブコース・千里浜なぎさドライブウェイを爽快に走ったら、赤く色づく木々が印象的なアメリカ楓通りを通過し、金沢随一の名所・兼六園を見学。加賀藩の優美な雰囲気のなか、落ち葉の絨毯を歩く。卯辰山公園から金沢の街並みを見下ろしたら、散策路が楽しい那谷寺へ。最後は鶴仙渓の川床でほっとひと息。

■ DRIVE COURSE

走行距離	約 **124** km

START のと里山海道・千里浜IC

150m

① 千里浜なぎさドライブウェイ

42km／県道60・200号

② アメリカ楓通り

1km

③ 兼六園

4km

④ 卯辰山公園

47km／県道22号、国道8号

⑤ 那谷寺

12km／県道11・39号

⑥ 鶴仙渓

18km／県道39号

GOAL 北陸自動車道・片山津IC

■ INFORMATION

羽咋市商工観光課 ☎0767-22-1118
金沢駅観光案内所 ☎076-232-6200
加賀市観光交流課 ☎0761-72-7906

紅葉図鑑

アメリカフウ【アメリカ楓】
大正時代に渡来し、街路樹でよく用いられている種。カエデに似た葉が互生につくのが特徴。

紅葉の見頃
11月上旬～下旬
緑から黄、赤と色の変化が魅力のアメリカ楓

金沢中心部の秋に現れる
赤いトンネルをくぐる

❶ 千里浜なぎさドライブウェイ
ちりはまなぎさドライブウェイ

能登半島の西側に位置する全長約8kmにわたる砂浜上の道路で、自動車やバイク、自転車のほか、大型バスも通行できる。均一な細かい粒子の砂が海水を吸うことでコンクリートのように固くなり、タイヤが沈まない。センターラインはないので対向車には注意を。🏠石川県羽咋市千里浜町〜宝達志水町今浜 Ｐ周辺駐車場利用

海岸線に沿って砂浜を爽快にドライブできる珍しいスポット

❷ アメリカ楓通り
アメリカふうどおり

金沢市街中心部、いしかわ四高記念公園としいのき緑地の間に位置する約200ｍの道路。北米原産のアメリカ楓が植栽されており、秋には美しく色づく。見頃の夜間にはライトアップも実施される。
🏠石川県金沢市広坂2 Ｐ周辺駐車場利用

❸ 兼六園
けんろくえん

日本三名園のひとつ。加賀藩藩主の前田家により整備された池泉回遊式庭園が見どころで、園内の木々と奥にそびえる山々が紅葉する秋は特に美しい。11月に入ると木々を雪の重さから守るための雪吊りが設置され始め、冬の訪れを知らせる。
📞076-234-3800 🏠石川県金沢市兼六町1 🕖7:00〜18:00(10月16日〜2月末8:00〜17:00) 🈳無休 🈺320円 Ｐ周辺駐車場利用

紅葉の見頃
11月上旬〜下旬

兼六園のシンボルである徽軫灯籠周辺は特に人気

紅葉山の別名を持つ山崎山周辺には落葉樹が集まり、地面を鮮やかに彩る

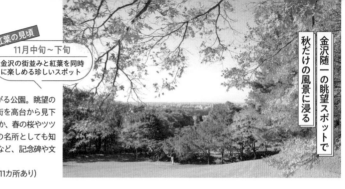

紅葉の見頃
11月中旬～下旬
金沢の街並みと紅葉を同時に楽しめる珍しいスポット

金沢随一の眺望スポットで秋だけの風景に浸る

④ 卯辰山公園
うたつやまこうえん

金沢郊外に位置する卯辰山一帯に広がる公園。眺望の丘や見晴らし台、望湖台など金沢市街を高台から見下ろせる展望スポットが豊富。紅葉のほか、春の桜やツツジ、初夏の花菖蒲やアジサイなど花の名所としても知られ、泉鏡花句碑や徳田秋聲文学碑など、記念碑や文学碑も点在している。

🏠石川県金沢市卯辰町ほか Ⓟ364台(11カ所あり)

紅葉の見頃
11月上旬～下旬
岩肌に紅葉が映える珍しい風景が楽しめる

古刹で荒々しい奇岩と紅葉の共演を堪能

⑤ 那谷寺
なたでら

養老元年(717)開創の真言宗別格本山で、白山信仰の寺。本殿や三重塔など国の重要文化財に登録されているほか、本尊の千手観世音菩薩像は33年ごとに開帳される秘仏となっている。境内には岩山に洞窟が点在する奇岩遊仙境がある。

📞0761-65-2111 🏠石川県小松市那谷町ユ122 🕘9:15～16:00 🈺無休 🈳600円 Ⓟ200台

大悲閣(本殿)には本尊を安置するいわや胎内くぐりがある

紅葉の見頃
11月中旬～下旬
川床では色づいた木々とせせらぎを静かに眺められる

温泉街の渓谷美を名物の川床から眺める

⑥ 鶴仙渓
かくせんけい

加賀温泉郷・山中温泉に位置し、温泉街に沿って流れる大聖寺川の渓谷。斬新なデザインのあやとりはしや総檜造りのこおろぎ橋が架かり、散策する温泉客で賑わう。4～11月にはあやとりはしのたもとに川床が設けられ、渓谷美を愛でながら香り高い加賀棒茶で一服できる。

🏠石川県加賀市山中温泉東町～こおろぎ町 Ⓟ40台

COURSE **10** 走行距離 約124km

0　　4　　8km　N

立ち寄り！道の駅

千里浜ICから30km

内灘サンセットパーク
うちなだサンセットパーク

日本海や白山を見渡せるロケーションが自慢。アクティビティ施設も人気。☎076-255-0007
所 石川県内灘町大学1-4-1
営 9:00〜18:00（施設・季節により異なる）休 無休 P 78台

↑物販では内灘牧場の搾りたてアイスが人気

名物グルメ

治部煮（じぶに）

鴨肉や麸、里芋、シイタケなどを甘い醤油味で煮込んだ煮物。わさびがアクセント。

山代温泉

文人墨客に愛された北陸最大級の温泉街。総湯と古総湯の2つの公衆浴場が人気

小松駅のほか、加賀温泉駅も北陸新幹線の停車駅に

GOAL 片山津IC

金沢駅〜敦賀駅間、2024年春開業

北陸新幹線

日本海

内灘サンセットパーク 道

金石・大野地区
金沢の海の玄関口。北前船で栄えた時代の街並みが残るほか、醤油の産地としても有名

アメリカ楓通り②

金沢市

兼六園③

④卯辰山公園

ひがし茶屋街
金沢を代表する人気観光エリア。石畳の道に出格子のレトロな家屋が立ち並ぶ

道の駅 こまつ木場潟
小松産の「蛍米」や松尾芭蕉も愛したという「小松うどん」など、小松名物が楽しめる

粟津温泉
開湯1300年以上の歴史ある温泉地。こぢんまりとしているが、自家源泉を持つ宿が点在

⑤那谷寺

⑥鶴仙渓 道 山中温泉ゆけむり健康村

小松市

石川県

加賀市

あわら市

井県

のと千里浜 道

千里浜IC
START

千里浜なぎさドライブウェイ①

能登半島方面へ向かうなら今浜ICがドライブウェイの入口

羽咋市
羽咋駅
南羽咋駅
敷浪駅
宝達志水町
宝達駅
免田駅
県立看護大
高松SA（道の駅 高松）
高松駅
横山駅
かほく市
宇気駅
津幡町
能瀬駅
内灘町
本津幡駅 中津幡駅
津幡駅
大根布JCT
金沢港
金沢西
白山
西金沢駅
野町駅
金沢駅
金沢東
金沢森本
不動寺PA
権殿山
富山県
南砺市
白兀山
奥医王山
医王山
猿ヶ山
月ヶ原山
多子津山
大獅子山
高三郎山
大門山
見越山
奈良岳
犬笠山
大瓢箪山
笈ヶ岳
冬瓜山
白山白川郷ホワイトロード
岐阜県
白川村
瓢箪山
三方岩岳
姥ヶ滝
野谷荘司山

北陸自動車道

徳光スマート
徳光PA
美川
小舞子駅
美川駅
加賀笠間駅
川北町
能美根上スマート
能美根上駅
能美市
明峰駅
鶴来駅
しらやまさん 道
高野山
揚原山
奥獅子吼山
三輪山
成ヶ峰
口三方岳
烏帽子山
松尾山
瀬波川
笠山
高倉山
安宅スマート
安宅PA
小松空港
粟津駅
動橋駅
加賀温泉駅
尼御前SA
大聖寺駅
牛ノ谷駅
細呂木駅
金津
刈安山
鞍掛山
動山
観音山
鷹落山
小松市
大山
三村山
大辻山
小嵐山 ショウガ山

COURSE 11 | 石鎚山・面河渓
いしづちさん・おもごけい
愛媛県

霊験あらたかな西日本最高峰を巡って走る紅葉ロード

愛媛県西条市と久万高原町にまたがる石鎚山周辺をドライブ。いよ小松ICから四国八十八カ所霊場にも数えられる横峰寺へ。石鎚山へは中腹まで石鎚登山ロープウェイとリフトで上ることができる。長尾尾根展望台では石鎚山や名瀑・ご来光の滝を望遠鏡で眺めるのもよい。面河渓では遊歩道から河川の浸食により形成された多くの奇岩を観賞でき、自然の営みの偉大さを感じることができる。

お遍路転がしとも呼ばれた
空海も訪れた寺院

① 横峰寺
よこみねじ

石鎚山麓の標高750mに位置する横峰寺は、四国八十八カ所の第六十番札所にあたる。空海もかつて厄除けと開運祈願のため修行を行ったという由緒ある寺院で、現在では境内いっぱいに咲くシャクナゲの花も見どころとなっている。
☎0897-59-0142 ㊟愛媛県西条市小松町石鎚甲2253
開休参拝自由 料平野林道通行料1850円 ℗50台

▋ D R I V E　C O U R S E

走行距離	約172km

START 松山自動車道・いよ小松IC
　　17km／国道11号、県道142号、平野林道
① 横峰寺
　　19km／県道142号
② 石鎚山
　　76km／県道12号、国道194号
③ 長尾尾根展望台
　　6km／県道12号
④ 面河渓
　　54km／県道12号、国道494号
GOAL 松山自動車道・川内IC

▋ I N F O R M A T I O N

久万高原町観光協会 ☎0892-21-1192
西条市観光振興課 ☎0897-52-1690

紅葉図鑑

ブナ【橅】

石鎚山はエリアによって見られる紅葉の種類や時期が異なる。ブナは11月初旬頃にロープウェイ下谷駅付近で見頃を迎える。

紅葉に染まる西日本最高峰
頂上からの景色は格別

紅葉の見頃 10月上旬～中旬
夕日に照らされた山体からは神々しさが感じられる

② 石鎚山
いしづちさん

西日本最高峰の標高1982mを誇る石鎚山は山岳信仰の聖地として知られ、現在では登山スポットとしても人気。石鎚登山ロープウェイと石鎚スカイラインの双方からアクセス可能で、頂上からは天気が良い日には、遠く中国・九州地方の山々まで見渡せる。
㊟愛媛県西条市・久万高原町 ℗石鎚登山ロープウェイそば駐車場利用、または土小屋駐車場（50台）利用

⬆星ヶ森(横峯寺石鎚山遥拝所)は国の名勝

立ち寄り! 道の駅

川内ICから52km

みかわ

久万川に沿って走る国道33号そばの道の駅。2021年にリニューアルし、野菜直売所「美川ふるさと市」がオープン。野菜をはじめ、地元美川地区の名産品である美川そうめんや美川茶などおみやげもたくさん並んでいる。

☎0892-56-0330 ⓟ愛媛県久万高原町上黒岩2840-1 ⓣ売店7:00〜18:00、ふるさと市8:00〜17:00、レストラン11:00〜14:00(LO) ⓗ第3火曜 ⓟ35台

⬆ふるさと市では新鮮な野菜が毎日並ぶほか、地元の工芸品も販売

➡レストランの定食メニューも豊富。写真は冷やし担々麺800円

登山道は複数あるが険しいルートのため、山頂まで登れない人は麓の鳥居から遥拝を

61

ドライブの休憩にもおすすめ
石鎚山を見るならここ

③ 長尾尾根展望台
ながおおねてんぼうだい

土小屋から面河渓を結ぶ石鎚スカイラインの途中にある長尾尾根展望台からは、雄大な自然が眺望できる。望遠鏡が設置されており、石鎚山はもちろんのこと「日本の滝100選」のひとつにも数えられる御来光の滝も見どころ。
所 愛媛県久万高原町若山 P 10台

紅葉の見頃
10月上旬〜11月中旬
石鎚神社では毎年「もみじまつり」を開催している

🚗 ここにも、でかけたい！ ‥‥‥

川内ICから65km

土小屋
つちごや

スタイリッシュな登山小屋

標高1492mの石鎚山の玄関口で、登山シーズンは多くの客で賑わう。2020年に登山小屋「土小屋Terrace」がリニューアルオープンし、登山に必要なグッズが購入できるショップのほかカフェなども備え、観光客にも便利なスポットとして生まれ変わった。
所 愛媛県久万高原町若山
P 石鎚スカイライン土小屋駐車場利用

➡ 登山メーカー・モンベルとの限定コラボ商品も

川内ICから48km

面河山岳博物館
おもごさんがくはくぶつかん

石鎚山の自然や歴史を学べる

石鎚山系の動植物や歴史に関する資料約3000点を常設展示。また企画展・特別展を随時開催しているほか、地域の自然や生物について学べる「夜の講座」を平日に開催している。
☎ 0892-58-2130 所 愛媛県久万高原町若山650-1 営 9:30〜17:00(入館は〜16:30) 休 月曜(祝日の場合は翌日)、祝日の翌日、12〜3月の土・日曜、祝日
料 300円 P 10台

➡ 展示資料の分野は多岐にわたる

④ 面河渓
おもごけい

長い時の流れのなかを、川の流れが生み出した岩の造形美は神秘的

山麓に位置する面河渓は、さまざまな形からなる岩が点在し、見る者の目を楽しませる。岩々の間を流れる面河川の美しさも素晴らしい。本流ルートと鉄砲ルートの2つの遊歩道があり、川沿いの木の葉が色づく秋に訪れたい。
所 愛媛県久万高原町若山石鎚国定公園内 P 50台

紅葉の見頃
10月下旬〜11月上旬
面河渓は透明度の高さで知られ、遠くからも川底が見える

奇岩と清流の美しいコラボ
訪れる人々の目を楽しませる

あふれる自然を五感で感じて
石鎚スカイライン
いしづちスカイライン

ドライブコースとしても人気が高いルート。車窓から雄大な景色を見られるが、曲がりくねった山道のため運転に注意。落石注意のため夜間は通行止めとなり、冬期は閉鎖する。

稜線を渡り天空へつながる道
UFOライン
ユーフォーライン

旧寒風山トンネルから土小屋方面まで尾根を伝って走り、それぞれの季節で目の前が開けるような風景が広がる。UFOが観測されたという噂が広まったことから現在の通称がつけられた。

COURSE 11　走行距離 約172km

0　3.5　7km

今治市

黒瀬ダム
上りでは左手に黒瀬ダムが見える。釣りなども楽しめる

下谷駅から成就社前までロープウェイで約8分の旅

全長5432mと四国最長の道路トンネル

START

GOAL

横峰寺 ①

石鎚登山ロープウェイ

石鎚山 ②

土小屋 ★

面河渓 ④

面河山岳博物館 ★

③ 長尾尾根展望台

面河ダム公園
ダム湖に架かる橋は景観保護のため鉄骨不使用

愛媛県
久万高原町

高知県

いの町

名物グルメ

鯛めし
たいめし

地域によって作り方が異なる。松山市では鯛をまるごとご飯と一緒に炊いた料理を指し、鯛の身をご飯にほぐして食べる。宇和島市などではご飯の上に特製のタレに漬けた鯛の刺身をのせて食べる料理を指す。いずれも県内の居酒屋では人気の一品。

63

COURSE 12 大歩危・祖谷のかずら橋

おおぼけ・いやのかずらばし

徳島県

秘境の奥深く、山深い渓谷に風流な秋の景色が待つ

　吉野川の浸食により形成された大歩危小歩危と、日本三大秘境のひとつにも数えられる祖谷を巡る旅。吉野川沿いの国道32号を進んで小歩危展望台から峡谷の全景を眺望し、大歩危展望所では両岸に色づく紅葉と神秘的な造形の岩々を拝む。蛇行する山道を上り、平家の落人伝説が残る祖谷のかずら橋で歴史のロマンに思いを馳せて、「東洋一の断崖」と称される竜ヶ岳で紅葉の大パノラマを観賞。

■ D R I V E　C O U R S E

走行距離	約97 km

START 徳島自動車道・井川池田IC

20km/国道192・32号、県道271号

① 小歩危展望台

7km/県道271号、国道32号

② 大歩危展望所

13km/国道32号、県道32号

③ 祖谷のかずら橋

28km/県道32・140・149号

④ 竜ヶ岳

29km/県道149・32号、国道32・192号

GOAL 徳島自動車道・井川池田IC

■ I N F O R M A T I O N

三好市役所 山城総合支所産業課
☎0883-86-2432
三好市観光案内所 ☎0833-76-0877

紅葉図鑑

ウルシ【漆】

10月上旬～中旬にかけて黄色から赤に色づく。かぶれを引き起こす成分「ウルシオール」が含まれているので、葉にさわるのは避けよう。

① 小歩危展望台

こぼけてんぼうだい

小歩危峡とその間を流れる吉野川を眺望できる展望台。真下にはJR土讃線が走る様子も見られ、平成21年(2009)にはここで撮影された写真が青春18きっぷのポスターに起用された。
🅟徳島県三好市山城町重実
🅿周辺駐車場利用

激流が形成した岩肌
正面からは圧倒的な迫力

山の中腹からせり出すように展望台が設置されており見晴らし抜群

② 大歩危展望所

おおぼけてんぼうじょ

「レストラン大歩危峡谷まんなか」の駐車場内に設置された展望所。川からのひんやりとした空気を感じながら、紅葉に染まる峡谷の絶景を一望できる。
🅟徳島県三好市山城町西宇1642　🅿レストラン大歩危峡谷まんなか駐車場利用

奇岩と紅葉が映える

緑色に輝く吉野の川面に

紅葉の見頃
11月中旬～下旬
モミジのほか、カエデやウルシの紅葉が見られる

紅葉の見頃

11月中旬～下旬

展望台から見下ろす紅葉の景色はさわやか

立ち寄り！道の駅

井川池田ICから37km

大歩危
おおぼけ

ジビエ料理を提供するレストランがあるほか、三好市山城町に伝わる妖怪や大歩危峡の地質構造について紹介する「妖怪屋敷と石の博物館」がある。
☎0883-84-1489 ㊙徳島県三好市山城町上名1553-1 ㊓9:00～17:00 ㊡3～11月無休、12～2月火曜(祝日の場合は翌日) ㊅52台

⬆売店では妖怪グッズや天然石などを販売

\ CHECK! /

大歩危峡観光遊覧船
おおぼけきょうかんこうゆうらんせん

約30分かけて吉野川を往復する。船からは美しい峡谷の風景や紅葉のほか、さまざまな野鳥や花も見られ、神秘的な雰囲気が漂う。
☎0883-84-1211(レストラン大歩危峡谷まんなか) ㊙徳島県三好市山城町西宇1520 ㊓9:00～17:00 ㊡荒天時 ㊎1500円 ㊅150台

⬆チケットはレストランのフロントで購入できる

毎年3～5月には全国から送られてきた鯉のぼりが渓谷に泳ぐ

秘境の谷あいにたたずむ
歴史の悲哀を伝える奇橋

紅葉の見頃
11月上旬～中旬
毎日19:00～21:30にライトアップも行われる

③ 祖谷のかずら橋
いやのかずらばし

平家一族が落ち延びた祖谷地区の吊り橋。源氏の追っ手から逃れるためいつでも切り離せるようシチクチカズラの古木で造られたという言い伝えが残る。

所徳島県三好市西祖谷山村善徳162-2 營8:00～18:00(7・8月7:30～18:30、9～3月8:00～17:00) 休無休 料550円 Pかずら橋夢舞台駐車場利用

地上14mに架橋され、進むたびにギシギシと揺れてスリル満点。現在は3年ごとに架け替えられる

🚗 **ここにも、でかけたい!** ....

井川池田ICから36km

小便小僧
しょうべんこぞう

おなじみの銅像がここにも

祖谷渓谷の谷底約200m上の断崖絶壁に立つ。旅人がここから度胸試しで小便をした逸話にちなんで建てられた。

所徳島県三好市池田町松尾 Pなし

⬆昭和43年(1968)に徳島県出身の彫刻家が制作

徳島の自然が織りなす
一枚絵のような山景色

④ 竜ヶ岳
りゅうがたけ

松尾川沿岸に位置する竜ヶ岳は高さ数百m、長さ約2kmにわたる断崖を有し、その山容から「東洋一の断崖」と称される。紅葉の名所として知られ、赤や黄色の葉が山体を彩る。

所徳島県三好市池田町松尾黒川 Pなし

紅葉の見頃
10月下旬～11月中旬
モミジの赤とイチョウの黄色が濃淡を生み出す

COURSE 12　走行距離 約**97**km

0　　1　　2km

N

4S STAY阿波池田駅前
商店街の寿司屋をリノベした趣
ある宿。カフェダイニングもある

坪尻駅

東みよし町

箸蔵駅

佃駅

辻駅

徳島線

井川池田IC

START & GOAL

阿波池田駅

土讃線

綱付山

五ノ丸山

名物グルメ

祖谷そば
いやそば
つなぎを使わない短く太い麺が特徴で、
具にはかまぼこや油揚げを加える。地
元のソウルフードとして定着。

三縄駅

祖谷口駅

三好市

阿波川口駅

腕山

松尾川

④竜ヶ岳

小歩危展望台①

ひの字渓谷
川が蛇行し渓谷が「ひ」
の字の形になっているこ
とで命名された

小便小僧★

中津山

竜ヶ岳の名水
ミネラルが少なくまろや
かな味の天然水。休日に
は行列ができることも

小歩危駅

大歩危祖谷温泉郷
大歩危を望む露天風呂を
備えた温泉宿が点在

国見山

琵琶の滝
平家の落人が琵琶を
弾いたことから名付け
られた高さ40mの滝

**大歩危
展望所②**

土讃線

歩危峡観光遊覧船★

大歩危駅

大歩危

平家屋敷民俗資料館
平家の御典医の子孫が住ん
だ屋敷跡。関連資料を展示

③祖谷のかずら橋

妖怪屋敷
道の駅に併設され、
地元に伝わる妖怪
の人形などを展示

吾橋・雲海展望台
名前のとおり大歩危方面に
広がる雲海を観賞できる

COURSE 13 耶馬溪・溪石園・青の洞門

やばけい・けいせきえん・あおのどうもん

大分県

渓谷全体が赤や黄に染まり峰々との鮮やかな対比が楽しめる

　耶馬溪とは大分県中津市の山国川の中流域を中心とした渓谷全体のことで、奇岩・奇峰がそそり立ち、数々の絶景に出会えることから新日本三景に選定されている。美しさを増すのが紅葉の時期。耶馬溪最大の見どころのひとつ一眼八景、耶馬溪の景観を再現した耶馬溪ダム記念公園溪石園、御霊もみじや青の洞門のイチョウなど、峰々を背景に木々が艶やかに赤や黄に色づき、心を奪われる。

■ DRIVE COURSE

| 走行距離 | 約42km |

START 大分自動車道・玖珠IC

12km／国道387号、県道28号

① 一目八景

12km／県道28号

② 耶馬溪ダム記念公園 溪石園

4km／国道212号

③ 御霊もみじ

7km／国道212号

④ 青の洞門

7km／国道212号、県道697号

GOAL 東九州自動車道・中津IC

■ INFORMATION

中津市耶馬溪支所地域振興課 ☎0979-54-3111
中津耶馬溪観光協会 ☎0979-64-6565

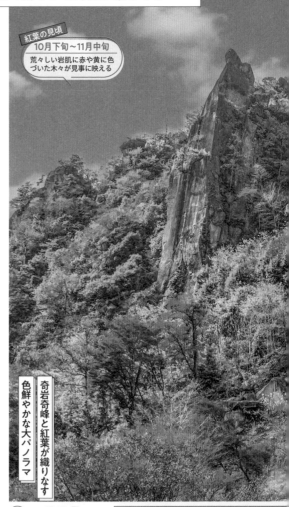

紅葉の見頃
10月下旬～11月中旬
荒々しい岩肌に赤や黄に色づいた木々が見事に映える

奇岩奇峰と紅葉が織りなす色鮮やかな大パノラマ

紅葉図鑑

ハゼノキ【櫨の木】

主に西日本に分布するウルシ科の落葉樹で、鮮やかな赤色に紅葉する。見頃は11月～12月中旬頃。さわるとかぶれることがあるので注意。

① 一目八景

ひとめはっけい

耶馬溪を代表する景勝地。山国川の支流である山移川に沿い、海望嶺、仙人岩、嘯猿山、夫婦岩、群猿山、烏帽子岩、雄鹿長尾の嶺、鷲ノ巣山を一度に眺望できることから一目八景の名で呼ばれる。

🏠大分県中津市耶馬溪町深耶馬 🅿256台

⬆みやげ店などが集まる付近に展望台がある

2つの岩が寄り添うように立っていることから夫婦岩と呼ばれる

\ CHECK! /

耶馬渓アクアパーク
やばけいアクアパーク

耶馬渓ダムにある公営の水上スポーツ施設。水上スキー、ウェイクボードや湖面遊覧も楽しめる。☎0979-54-3000 ㊟大分県中津市耶馬渓町山移2704 ⏰9:00〜17:00 ㊡水曜 ㊎湖面遊覧520円、水上スキー、ウェイクボード3140円〜ほか Ⓟ100台

⬆耶馬渓の美しい自然も魅力

69

② 耶馬溪ダム 記念公園 溪石園
やばけいダムきねんこうえん けいせきえん

耶馬溪ダムの完成を記念して造られた日本庭園。耶馬溪の清流を再現し、100種3万1000本以上の樹木、数万個の岩や滝を配置。紅葉シーズンはさらに華やかな景観が広がる。

㪷大分県中津市耶馬溪町大島2286-1 🅿150台

感動的な紅葉の華やかさ

耶馬溪の美を再現した庭園

紅葉の見頃
10月下旬～11月中旬
園内の紅葉が真っ赤に染まり、どこをとっても絵になる

立ち寄り！道の駅

田口ICから9km

耶馬トピア
やばトピア

地元産のそばを使った商品を多数販売。食事処では挽きたて、打ちたて、茹でたてのそばが食べられる。

📞0979-52-3030 㪷大分県中津市本耶馬溪町曽木2193-1 🕘9:00～17:00 休木曜不定休 🅿93台

秋には建物周辺が紅葉に彩られる

---

③ 御霊もみじ
ごりょうもみじ

御霊神社参道の苔むした石段の両脇にある木々が秋になると赤や黄に染まる。境内には落葉したイチョウの葉が積もり、参道のモミジとのコントラストが美しい。

㪷大分県中津市耶馬溪町戸原2176 🅿20台

燃え上がるような美しさ

苔むした石段に積もる紅葉

紅葉の見頃
11月中旬～下旬
例年、耶馬溪のなかでも遅く見頃を迎える

---

④ 青の洞門
あおのどうもん

江戸時代、耶馬溪に立ち寄った禅海和尚が旅人の安全のため30年の歳月をかけて全長342mを掘り抜いた。ノミ跡など、当時の手掘りの一部が残っている。

㪷大分県中津市本耶馬溪町曽木 🅿85台 ※2023年8月現在、大雨被害で見学不可

紅葉の見頃
11月中旬～下旬
洞門脇にイチョウの大木があり、見事な黄葉に

今も残るノミ跡は感動的

30年の年月をかけて手掘り

通行料を徴収して工事費用にあてた
日本最初の有料道路といわれる

🚗 **ここにも、でかけたい！**

田口ICから10km

古羅漢
ふるらかん

耶馬溪随一の奇峰

耶馬溪のなかに屏風を広げたように続く岩壁で、日本三大奇勝にも数えられる。

㪷大分県中津市本耶馬溪町跡田 🅿50台

↩山上までの歩道が整備されている

福岡県
豊前市

大分県

競秀峰
耶馬溪を代表する絶景で、江戸時代に浅草寺の金龍和尚によって命名された

← (田口IC～青の洞門・羅漢寺IC間は2023年度開通)

④青の洞門

耶馬トピア

★古羅漢

天空の道展望所
2020年に完成した、標高512mから中津市を一望できる展望スポット

③御霊もみじ

馬溪橋
長さ82.6mの5連の石造アーチ橋。耶馬溪橋、羅漢寺橋とあわせて耶馬三橋に数えられる

耶馬溪ダム記念公園溪石園②

耶馬溪アクアパーク★

とろろ乃湯
アルカリ性単純泉の湯と、地鶏の炭火焼などの料理が楽しめる

ひさもみじ
10月下旬～11月下旬、県道28号沿いが紅葉に包まれる

宇佐市

一目八景①

麗谷
耶馬十溪のひとつで玖珠郡境の渓谷の総称。小川の横に遊歩道が整備されている

玖珠町

名物グルメ

中津からあげ
なかつからあげ
中津は唐揚げが名物。市内に専門店が40店以上もある激戦区で、店ごとに味付けに特徴がある。揚げたてはもちろん、冷めてもおいしいのが魅力だ。

玖珠IC　START

九重町

羽ばたくように、輝く海原の上を駆け抜ける

橋を渡る

見渡す限りのパノラマが広がる橋の上から、
自然が生み出した風景を眺め
数々の絶景をたどる。
橋から望む絶景はもちろん、
建造物としての橋の美しさも堪能したい。

絶景ドライブ

瀬戸大橋

瀬戸大橋は、瀬戸内海の海峡部9.4kmに架かる6つの橋の総称。上下2層構造となっており、道路と鉄道に併用されている。
→P74

COURSE 14 | 瀬戸大橋

せとおおはし

岡山県・香川県

本州四国連絡橋の先陣を切った瀬戸大橋を渡り、四国から本州へ

明治時代に提唱されたといわれる本州と四国を結ぶ橋を架けるという構想。約100年後に開通した瀬戸大橋は、天気に左右されやすい海上輸送に頼ってきた四国の人々にとって念願だった。車で渡り、見える景色を楽しむだけではなく、祇園神社など離れた場所から橋を眺めてその魅力にふれたい。鷲羽山スカイラインを走ってからは水島展望台から見る水島コンビナート、倉敷美観地区の夜景も満喫。

■ D R I V E   C O U R S E

走行距離　約**56**km

START	瀬戸中央自動車道・坂出北IC

　　　4km／瀬戸中央自動車道

① 瀬戸大橋

　　　20km／県道21号

② 祇園神社

　　　12km／県道21・393号

③ 水島展望台

　　　15km／県道393・22号

④ 倉敷美観地区

　　　5km／県道22号、国道429号

GOAL	山陽自動車道・倉敷IC

■ I N F O R M A T I O N

本州四国連絡高速道路 ☎078-291-1033
倉敷市 文化産業局観光課 ☎086-426-3411
倉敷館観光案内所 ☎086-422-0542

\ C H E C K ! /

瀬戸大橋スカイツアー

せとおおはしスカイツアー

瀬戸大橋の建設に携わった技術者などが、瀬戸大橋の建設技術や歴史をわかりやすく説明しながら、一般では立ち入ることのできない、電車の車両が間近で見られる管理用通路や海面175mの塔頂に案内してくれるツアー。
☎078-291-1077（本州四国連絡高速道路、平日9:00～12:00 13:00～17:00）働9:10～11:30 13:10～15:30※実施日はHPで要確認 料平日5000円、土・日曜、祝日6000円（中学生以上から参加可能）HP www.jb-honshi.co.jp/skytour

① 瀬戸大橋

せとおおはし

初めて四国と本州を結んだ

歴史を語る橋

岡山県と香川県を結ぶ道路37.3km、鉄道32.4kmの鉄道道路併用橋で、本州四国連絡橋のなかでは最初に開通した。海峡部9.4kmに架かる6橋の総称であり、吊り橋、斜張橋、トラス橋など世界最大級の橋梁が連なる姿は壮観。
所岡山県早島町～香川県坂出市 Pなし

鉄道道路併用橋としては世界最長で、ギネス世界記録にも認定されている

74

特定の日にはライトアップされ、昼間とは違った姿が見られる。主に毎週土曜と祝日や年末年始だが、月によって異なるため、HPで確認を

立ち寄り！道の駅

坂出北ICから4km

うたづ海ホタル
（道の駅 恋人の聖地 うたづ臨海公園）

うたづうみホタル（みちのえき こいびとのせいち うたづりんかいこうえん）

宇多津町は日本有数の塩の生産地として栄えた場所で、約300年前から受け継がれ、今も生産している入浜式の塩をおみやげとして購入できる。また、復元された入浜式塩田では、昔ながらの塩づくりが体験できる。

☎0877-49-0860 所香川県宇多津町浜一番丁4 営9:00～21:00 休月曜（祝日の場合は翌日）P54台

←復元された入浜式塩田。塩づくり体験は要事前予約

→夕日やライトアップされた瀬戸大橋が美しい「恋人の聖地」

←宇多津入浜式の塩。ボトル1本720円（140g）

② 祇園神社
ぎおんじんじゃ

瀬戸内海に突き出た海抜22mの浄山の上、かつて長浜城があったとされる場所に鎮座し、「下津井の祇園さま」として昔から親しまれている神社。境内付近には下津井や瀬戸内を詠んだ歌碑が数多くある。

所岡山県倉敷市下津井1-13-16
問休料境内自由 P50台

厳かな雰囲気の境内から 瀬戸大橋と漁港を一望できる

瀬戸大橋を渡る電車を撮影できるスポットとして、鉄道愛好家にも人気。タイミングが合えば、太陽と電車が重なる写真も撮れる

東本殿が長浜宮、西本殿が祇園宮という2つの本殿を持つ珍しい様式

③ 水島展望台
みずしまてんぼうだい

瀬戸内海に臨む約2500haの空間に、200を超える事業所や工場が立ち並ぶ水島コンビナートが見渡せる絶好のスポットとして人気の展望台。夜には色とりどりに輝くプラント群や立ち昇る白煙、煙突のシルエットがつくり出す幻想的な光景が見られる。

所岡山県倉敷市呼松 P4台

エネルギーあふれる まばゆい夜景を眺望

休むことなく稼働し続ける「不夜城」に宝石をちりばめたような明かりがきらめく。深夜になっても光量が衰えることはない

コンビナートに明かりが灯り始める日没の時間は、空のグラデーションでうっすら見える島々と工場夜景が美しい

④ 倉敷美観地区
くらしきびかんちく

白壁の蔵屋敷、なまこ壁、柳並木など趣ある景観が楽しめ、おしゃれなショップや町家を改装したカフェが軒を連ねる、一年中観光客で賑わう人気の場所。大原美術館、倉敷アイビースクエアなどの文化観光施設も多く集まる。

所岡山県倉敷市中央 P倉敷市営駐車場利用

訪れた人を魅了する 倉敷川沿いのレトロモダンな風景

現代に復活した「くらしき川舟流し」。手漕ぎ舟に乗り、船頭さんの話を聞きながら水辺の景色を楽しめる

上品で控えめな明かりが町全体を照らし、昼間とは違った表情を見せる夜間景観照明

GOAL 倉敷IC

不洗観音寺
1200年の昔から女性の厄除けの観音様として親しまれている

倉敷美観地区 ④
大原美術館 ★

名物グルメ

ばら寿司
ばらずし

江戸時代、「一汁一菜」と藩主から倹約令が出された際に、いろいろなおかずをご飯の上にのせて一菜としてしまおうという庶民たちの考えから生み出されたとされる。海の幸と旬の野菜が華やかに盛り付けられた寿司は、現在はお祭りや祝い事があるハレの日の郷土料理として愛されている。

水島展望台 ③

児島ジーンズストリート
国産ジーンズ発祥の地である児島の商店街の中にあり、約40のショップが軒を連ねる

鷲羽山展望台
鷲羽山の山頂付近にある展望台。瀬戸内海の島々と瀬戸大橋、対岸の四国まで見渡すことができる

祇園神社 ②

瀬戸大橋 ①

瀬戸大橋
スカイツアー

瀬戸大橋タワー
瀬戸大橋記念公園の中にある回転式展望塔。展望室がゆっくり回転しながら108mの高さまで上昇する

コース内の絶景ロード

「夜景100選」に選ばれた道路
鷲羽山スカイライン
わしゅうざんスカイライン

倉敷市の南部を通る全長約18kmの一般県道。平成7年(1995)に無料開放された際に名称が変更されたが、「鷲羽山スカイライン」の名は今も愛称として使用されている。瀬戸内海から水島の工業地帯まで続き、視界が広がる場所では美しい夜景が広がる。

うたづ海ホタル
(道の駅 恋人の聖地
うたづ臨海公園)

START

坂出北IC

丸亀城
石垣の名城として有名で、「日本100名城」にも選ばれている

香川県
高松市

COURSE 15 | 古宇利大橋
こうりおおはし
沖縄県

エメラルドグリーンのきらめきを追って本部半島の海岸線を走る

　沖縄美ら海水族館など観光スポットが集まる本部半島から、やんばると呼ばれる北部へ向かい、沖縄の海と緑を満喫する旅。備瀬のフクギ並木でのどかな沖縄の原風景に浸り、今帰仁城跡で琉球の歴史を訪ねたら、古宇利大橋からの絶景を楽しみたい。余裕があれば、嵐山展望台へも足を延ばし、荒波が打ち寄せる辺戸岬で雄大な自然を体感して、比地大滝への清涼感あふれる遊歩道を歩こう。

■ D R I V E　C O U R S E

走行距離	約184km

START 沖縄自動車道・許田IC
　　　30km／国道58・449号
① 備瀬のフクギ並木
　　　6km／県道114号、国道505号
② 今帰仁城跡
　　　13km／国道505号、県道248号
③ 古宇利大橋
　　　13km／県道248号、国道505号
④ 嵐山展望台
　　　57km／国道505・58号
⑤ 辺戸岬
　　　26km／国道58号
⑥ 比地大滝
　　　39km／国道58号
GOAL 沖縄自動車道・許田IC

■ I N F O R M A T I O N

本部町観光協会 ☎0980-47-3641
名護市観光協会 ☎0980-53-7755
辺戸岬観光案内所 ☎0980-43-0977

牛車に揺られながら、非日常的な風景を満喫したい

緑のトンネルを歩いて
沖縄の原風景を満喫

① 備瀬のフクギ並木
びせのフクギなみき

備瀬地区の昔ながらの家々が建ち並ぶ集落に約1kmにわたりフクギの並木が続き、古いものは推定樹齢300年といわれている。漢字で「福木」と書くことから、幸福を招き、沖縄のパワースポットとしても人気がある。

フクギは古くから防風林として植えられ、約250戸ある住宅のほとんどが繁茂したフクギの屋敷林に囲まれている

所沖縄県本部町備瀬 ⓟ37台

サンゴの石灰岩ではなく古生代の石灰岩を積み上げている点が特徴

琉球王国成立以前の
沖縄屈指の名城

② 今帰仁城跡
なきじんじょうあと

琉球が北山、中山、南山の3大勢力に分かれた三山時代と呼ばれる戦国時代に、本島北部から奄美地方を支配していた北山王の居城跡。のちに琉球王府の監守役人の居城となった。

☎0980-56-4400 所沖縄県今帰仁村今泊5101 時8:00〜18:00（5〜8月は〜19:00）休無休 600円 ⓟ320台

首里城に次ぐ規模を誇り、城壁の長さは約1.5km、最も高いところで高さは8mほどもある

③ 古宇利大橋
こうりおおはし

平成17年(2005)に開通した今帰仁村の古宇利島と名護市の屋我地島を結ぶ全長1960mの橋。平成27年(2015)に伊良部大橋が開通するまでは、沖縄県の離島に架かる橋では最長だった。橋の下にはエメラルドグリーンの海が広がり、絶景のドライブコースになっている。
🅼沖縄県今帰仁村古宇利 🅿なし

きらめく大海原の中を
爽快に駆け抜ける

海上に一直線に延びる橋は、テレビCMのロケ地として何度も登場

古宇利大橋の開通により、気軽に離島気分が味わえるドライブスポットとして人気が高い

④ 嵐山展望台
あらしやまてんぼうだい

パイナップル畑や茶畑が広がる丘陵地に立つ小さな展望台。本部半島の一部、屋我地島、古宇利島が見渡せ、天気次第では、伊是名島や伊平屋島を見晴らす、古くから風光明媚な場所として知られる。

⚐沖縄県名護市呉我1460-2
Ⓟ20台

沖縄八景のひとつ
羽地内海を望む

大小の島々が連なる羽地内海（はねじないかい）やワルミ大橋などを望み、緑の島々と青い海のコントラストが美しい絶景の名所

⑤ 辺戸岬
へどみさき

太平洋と東シナ海に面する沖縄本島最北端に位置し、隆起したサンゴ礁の断崖絶壁からは晴れた日に伊是名島や伊平屋島、奄美群島の与論島や沖永良部島を一望できる。やんばる国立公園に指定され、遊歩道が整備されている。

⚐沖縄県国頭村辺戸973-5 Ⓟ45台

2つの紺碧の海原を望む
かつての祖国復帰拠点

岬には、「全国の そして全世界の友人へ贈る」との標題が刻まれた祖国復帰闘争碑が立つ

荒波が打ち寄せる荒涼とした断崖絶壁だが、海水の透明度は高く、沖縄の大自然を肌で感じることができる

⑥ 比地大滝
ひじおおたき

与那覇岳から流れる比地川の中ほどにあり、落差25.7mで、沖縄本島で最大の落差を誇る。滝つぼまでは徒歩約40分。片道約1.5kmの遊歩道が整備され、固有種や絶滅危惧種などの動植物が生息するやんばるの森の散策が楽しめる。

☎0980-41-3636(比地大滝キャンプ場)
⚐沖縄県国頭村比地781-1 ⏰9:00～18:00(11～3月は～17:30) 休無休 料入場500円 Ⓟ120台

沖縄本島最大の滝
やんばるの森を体感で

せせらぎが聞こえる渓流沿いに遊歩道が整備され、トレッキング初心者でも気軽に森の散策が楽しめる

コースは起伏もあるが、ベンチやあずま屋などが設置されている

↑メインスポットの巨大水槽「黒潮の海」では、魚類最大のジンベエザメが優雅に泳ぐ姿を観賞できる
写真提供：国営沖縄記念公園（海洋博公園）・沖縄美ら海水族館

ここにも、でかけたい！…

許田ICから30km

沖縄美ら海水族館
おきなわちゅらうみすいぞくかん

神秘に満ちた海洋生物と出会う

大規模なサンゴの飼育展示や世界最大級の水槽を泳ぐジンベエザメ、ナンヨウマンタなどが人気。☎0980-48-3748 ㊟沖縄県本部町石川424 ㊟8:30〜18:30（繁忙期はHPで要確認）㊡HPで要確認 ㊟2180円 ㊟海洋公園内駐車場1900台

立ち寄り！道の駅

許田ICから36km

ゆいゆい国頭
ゆいゆいくにがみ

特産品を販売するほか、クニガミドーナツやくんじゃん豚丼などご当地グルメを満喫できる。☎0980-41-5555 ㊟沖縄県国頭村奥間1605 ㊟9:00〜18:00 ㊡無休 ㊟145台

↑毎日、新鮮な野菜や果物を直売している

COURSE 15 走行距離 約184km

0　3　6km　N

★沖縄美ら海水族館

① 備瀬のフクギ並木

② 今帰仁城跡

嵐山展望台 ④

古宇利ビーチ
古宇利大橋の麓に広がる遠浅のビーチ。島内有数の透明度を誇る

③ 古宇利大橋

ゆいゆい国頭

⑥ 比地大滝

六田原展望台
塩屋湾を望む展望台で、本部半島、古宇利島などが一望できる

辺戸岬 ⑤

古宇利大橋南詰展望所
古宇利大橋のビュースポット。目の前にカエル島も見える

万座毛
高さ20mの琉球石灰岩の断崖の上に芝生の公園が広がる

START & GOAL
許田IC

名物グルメ

サーターアンダーギー
サーターは砂糖、アンダーギーは油で揚げるを意味する。小麦粉を卵、砂糖と合わせてこね、油で揚げた沖縄風のドーナツ。

橋を渡る絶景ドライブ　沖縄県　古宇利大橋

尾道・しまなみ海道
おのみち・しまなみかいどう

広島県・愛媛県

自然がもたらした多島美と、瀬戸内海をまたぐ橋の形態美

　尾道市からしまなみ海道を利用して瀬戸内海の島々を巡り、今治市に至るコース。千光寺から尾道を一望したあと、西瀬戸自動車道に入り向島へ。今治まで7つの橋を渡るが、橋から見える瀬戸内海の光景のほか、橋の造形にも注目したい。特に美しいと称される多々羅大橋は、道の駅多々羅しまなみ公園から全容を眺められる。亀老山展望公園から望む来島海峡大橋と夕日も堪能したい。

標高140mに建つ尾道のシンボル

① 千光寺
せんこうじ

大同元年(806)、弘法大師の開基で、大宝山の中腹にある。本尊千手観音菩薩は聖徳太子の作と伝えられる、33年に一度開帳される秘仏。「火伏せの観音」と称され、現在では試験合格、縁結びなど諸願成就の観音様としてお参りする人が絶えない。

☎0848-23-2310 ⑰広島県尾道市東土堂町15-1 ⑭9:00〜17:00 ⑭無休 ㊋拝観志納 ℗千光寺公園駐車場利用

■ DRIVE COURSE

| 走行距離 | 約**98**km |

START | 山陽自動車道・尾道IC
　8km／県道363号
① | 千光寺
　40km／国道317号
② | 多々羅大橋
　約31km／国道317号
③ | 亀老山展望公園
　約8km／国道317号
④ | 来島海峡大橋
　約11km／国道317号
GOAL | 西瀬戸自動車道・今治IC

■ INFORMATION

瀬戸田町観光案内所☎0845-27-0051

\ CHECK! /

文学のこみち
ぶんがくのこみち

林芙美子・志賀直哉など、25人の尾道ゆかりの作家や詩人の詩歌・小説の断片などが刻まれた自然石が点在する約1kmの散歩道。この道をたどると千光寺に到着する。

道の駅多々羅しまなみ公園や、隣接する多々羅展望台から橋を眺めるのもおすすめ。橋の迫力と造形美をより強く感じられる

「赤堂」と呼ばれる本堂は、この地方には珍しい舞台造りで、尾道水道と瀬戸内海の島々を見渡せる絶好の展望場所

千光寺山ロープウェイに乗って、日本遺産第一号「尾道水道が紡いだ中世からの箱庭的都市」を眼下に

猫の街・尾道にはお店や道など猫関係のスポットが多い

瀬戸内海に映える

優雅で洗練されたフォルム

② 多々羅大橋
たたらおおはし

広島県と愛媛県の県境に架かる全長1480mの斜張橋。当初の計画では吊り橋の予定だったが、自然環境の保全や経済的な面が考慮されて、最終的に斜張橋となった。2羽の白鳥が羽を広げた姿にたとえられ、しまなみ海道で最も美しい橋だといわれている。

☎078-291-1033(本州四国連絡高速道路お客さま窓口) 所広島県尾道市生口島〜愛媛県今治市大三島 Ｐなし

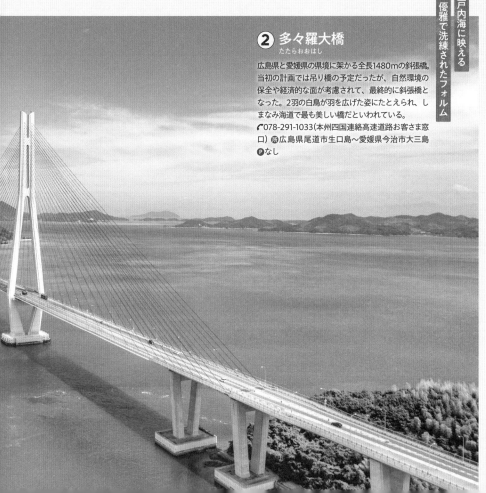

亀老山展望公園
きろうさんてんぼうこうえん

大島の南端に位置する、亀老山の頂上にある公園。隈研吾氏設計のパノラマ展望ブリッジは、建物自体を地中に配し、その上に盛り土、植樹をすることで、自然環境に配慮した外からは見えない造りになっている。天気が良ければ西日本最高峰の石鎚山まで見渡すことができる。

📞0897-84-2111（今治市役所吉海支所住民サービス課）📍愛媛県今治市吉海町南浦487-4 🅿18台

海に沈む夕日や、特定の日にはライトアップされた来島海峡大橋も望むことができ、時間を問わず景観を楽しめる

高さ184mの主塔頂上に上るツアーも期間限定で開催されている。通常では見ることのできない大パノラマを体感できる

④
来島海峡大橋
くるしまかいきょうおおはし

大島と今治の間に架かる3つの吊り橋の総称。総延長は4.1kmで、平成11年(1999)に9年の歳月をかけて完成した。鳴門海峡、関門海峡と並んで海の難所として有名で、最大潮流速が秒速5mに達する来島海峡の渦潮を見ることができる。

📞078-291-1033（本州四国連絡高速道路お客さま窓口）📍愛媛県今治市 🅿なし

しまなみ海道のフィナーレは、橋のシルエットを映し出しながら海峡をオレンジ色に染める夕日の情景

🚗 ここにも、でかけたい！

尾道ICから41km

レモン谷
レモンだに

さわやかな香りでリフレッシュ

明治時代からレモンの栽培が始まったといわれる瀬戸田町。昭和38年(1963)には日本一のレモンの産地となり、この地をレモン谷と呼ぶようになった。

📍広島県尾道市瀬戸田町垂水 🅿なし

↑夏から秋には緑色の実がなり、12月末頃から黄色く熟していく

尾道市

184

福山西

2

尾道IC

山陽自動車道

尾道JCT

新尾道駅

東尾道駅 西瀬戸戸道

尾道大橋 松永湾

2

立ち寄り! 道の駅

今治ICから31km

多々羅しまなみ公園
たたらしまなみこうえん

テラス席もあるレストランでは、多々羅大橋を見上げながら新鮮な魚介や農産物を使った料理が味わえる。

📞0897-87-3866 🏠愛媛県今治市多々羅しまなみ公園⏰9:00～17:00 📅12月1日～3月15日の木曜 🅿300台

↑マハタにぎり料理2080円。幻の魚・マハタを寿司で提供。弾力と脂の甘みを堪能したい

文学のこみち⭐

千光寺①

🍴みはら神明の里

山陽新幹線

鉢ヶ峰

糸崎駅▲

山陽本線

185

尾道駅

184 363

岩子島

向島

向島

317

高見山

上江府島

下江府島

加島

観音崎

梶ノ鼻

広島県
竹原市

三原市

185

須波駅

三原湾

細島

小佐木島

小細島

大浜PA

佐木島

因島北

317

白嶽ノ鼻
馬立ノ鼻

平家山

🍴たけはら

竹原駅

竹原港

賀茂川

39

大乗駅

阿波島

大久野島

鳥取岬

高根島

高根山

耕三寺博物館
(耕三寺)→

瓢箪島

生口島

生口島北

317

平内島

因島南

因島

奥山

地蔵鼻

鶴島

三山

白滝山 五百羅漢

標高227mの岩山の頂上に大小約700体の石仏が並ぶ

小久野島

小久野島

松島

佐組島

折免島

箱島

船島

木臼島

契島

生野島

大崎上島町

今治市 **レモン谷**⭐

317

観音山▲

317

生口島南

317

瀬戸田PA

積善山

弓削島

生名島

岩城島

上島町

鏡山

多々羅しまなみ公園🍴

大三島

317

鷲ヶ頭山▲

上浦PA

②多々羅大橋

瀬戸田南

菰隠鼻

赤穂根島

佐島

豊島

小横島

大横島

福島

薬師山▲

大三島

柏島

伯方島

317

宝股山▲

村上海賊ミュージアム

海原を自在に駆け巡った「日本最大の海賊」の足跡をたどる博物館

大下島

大三島

伯方島

317

鵜島

神峰山▲

大大下島

道の駅伯方S・Cパーク

伯方の塩を使った商品が販売され、伯方島ならではのグルメも味わえる

念仏山▲

よしうみバラ公園

2.8haの敷地に、世界各地のバラ400種3500株が植えられている

御崎神社の鳥居

干潮の時のみくぐることができる、海の中に立つ鳥居

大島

大島北

317

津島

大突間島

大島南

317

九十九島

道幅が狭く、カーブが続くので運転注意

梶島

明神島

梶取ノ鼻

来島海峡大橋④

来島

小島

武志島

中渡島

317

馬島

波止浜駅

来島海峡SA

③亀老山展望公園

🍴よしうみいきいき館

鼠島

美濃島

錨掛ノ鼻

小部湾

諏訪ノ鼻

波方駅

近見山▲

来島海峡

今治城

藤堂高虎が築いた日本屈指の海城で、海水を引いた広大な堀が特徴

今治港

蒼社川

小比岐島

比岐島

大西駅

予讃線

愛媛県
今治市

松山自動車道

今治駅

317

予讃線

196

今治IC

317

196

伊予富田駅

GOAL

COURSE 17

明石海峡大橋・大鳴門橋
あかしかいきょうおおはし・おおなるときょう

兵庫県・徳島県

花の島・淡路島で日常を離れてリゾート気分に浸る

明石海峡大橋を渡って向かう淡路島国営明石海峡公園は、四季折々の草花が見られる広々とした公園。兵庫県立公園あわじ花さじきと併せて、青い海と鮮やかな花々のコラボが楽しめる。幸せのパンケーキ本店淡路島テラスではパンケーキを味わうだけではなく、フォトスポットでの撮影も忘れずに。淡路サンセットラインで夕日を見ながらドライブを満喫したら、大鳴門橋を走り徳島県へ向かおう。

■ D R I V E　C O U R S E

| 走行距離 | 約77 km |

START　神戸淡路鳴門自動車道・高丸IC
　　5km／神戸淡路鳴門自動車道
① 明石海峡大橋
　　10km／国道28号
② 淡路島国営明石海峡公園
　　10km／県道157号
③ 兵庫県立公園あわじ花さじき
　　4km／県道157・31号
④ 幸せのパンケーキ本店
　　淡路島テラス
　　44km／県道31号
⑤ 大鳴門橋
　　4km／県道11号・神戸淡路鳴門自動車道
GOAL　神戸淡路鳴門自動車道・鳴門北IC

■ I N F O R M A T I O N

本州四国連絡高速道路 ☎078-291-1033

島内に点在する花の名所を巡りながらドライブを

① 明石海峡大橋
あかしかいきょうおおはし

兵庫県神戸市と淡路島の間の明石海峡に架かる吊り橋。強風や地震にも耐えうるように設計されている。架設工事中に阪神・淡路大地震に見舞われて地盤が動いたため、中央支間長が1m長くなったが、大きな損傷を受けることなく、平成10年(1998)に完成した。
所兵庫県神戸市～淡路市
Pなし

「パールブリッジ」の別名を持つ雄大で美しい橋

ライトアップは基本28パターンあり、季節ごとに変わるほか、1時間ごとに5分間虹色に光り、時刻を知らせる

② 淡路島国営明石海峡公園
あわじしまこくえいあかしかいきょうこうえん

約42haの広大な敷地を誇り、春はチューリップやネモフィラ、夏はヒマワリ、秋はコスモス、冬は寒咲き菜の花など、一年中ほぼ途切れることなくさまざまな草花が迎えてくれる。芝生広場でのんびりと過ごしたり、BBQ(要事前予約)をしたりと楽しみ方はいろいろ。
☎0799-72-2000 所兵庫県淡路市夢舞台8-10
開9:30～17:00(7～8月は～18:00、11～3月は～16:00)
休2月第2月～金曜 料450円 駐500台

大阪湾を望む花と緑の温暖な気候の公園

大規模な花壇だけではなく、園内のさまざまな場所で花を見られる

全長は3911mで、2022年3月にトルコの1915チャナッカレ橋が開通するまでは世界最長の吊り橋だった

4月上旬〜中旬には100品種約15万球のチューリップが見頃を迎える。ミニ風車が並ぶ「大地の虹」では童話の世界にいるような気分になれる

\ CHECK! /

明石海峡大橋
ブリッジワールド
あかしかいきょうおおはしブリッジワールド

橋の建設に関わったツアーリーダーから橋の建築技術や歴史などの説明を受けながら、普段立ち入ることのできない管理用通路を通り、主塔の頂上から360度のパノラマを体験するツアー。
☎078-291-1077(平日9:00〜12:00 13:00〜17:00) 所集合場所:明石海峡大橋 淡路島側アンカレイジ 開4〜11月の木〜日曜、祝日9:45〜11:45 13:20〜15:20 休荒天時 料平日5000円、土・日曜、祝日6000円(中学生以上参加可) Pなし

↑主塔の高さは海面上約300m

③ 兵庫県立公園 あわじ花さじき
ひょうごけんりつこうえんあわじはなさじき

淡路島北部丘陵地域の頂上部、海に面した標高235〜298mのなだらかな高原に季節の花々が咲き誇る。園内にある展望デッキは、明石海峡や大阪湾、天気が良ければ紀淡海峡までが一望できる絶好のビューポイント。

☎0799-74-6426 䏭兵庫県淡路市楠本2805-7 ⏰9:00〜17:00(入園は〜16:30) ㊡無休(休園日あり) ㊵無料 🅿200台

海を背景に広がる色とりどりの花のパノラマ

花を楽しむ極上の見物席として「あわじ花さじき」と命名したという園内を自由に散策して、最高の席を見つけよう

青い空の下で映える赤いサルビアが目に鮮やか

絶品パンケーキ

リゾート地のような空間で味わう

海に向かって立つ、大きな丸太の「岬のブランコ」は子どもにも大人にも人気。岬の先には桟橋がある

④ 幸せのパンケーキ本店 淡路島テラス
しあわせのパンケーキほんてんあわじしまテラス

広々とした店内は全席オーシャンビューで、海を眺めながらパンケーキを食べることができる。テラス席と犬と一緒に楽しめるドッグエリアもある。思わず写真を撮りたくなるようなスポットがいたるところにあるので、時間に余裕をもって訪れたい。

☎0799-85-1111 䏭兵庫県淡路市尾崎42-1 ⏰10:00〜20:00(土・日曜、祝日9:30〜) 🅿200台

➡沈む夕日に染まる海とブランコが幻想的な雰囲気を醸す

⑤ 大鳴門橋
おおなるときょう

徳島県と淡路島を結ぶ全長1629mの橋。橋桁内(車道の下)に造られた450mの遊歩道、「渦の道」では潮風に吹かれながら海の上での散歩が楽しめる。海上45mに設置されたガラスの床から鳴門海峡の渦潮を見る、スリル満点の体験ができる展望台も必見。

䏭兵庫県南あわじ市〜徳島県鳴門市 🅿なし
大鳴門橋遊歩道 渦の道
☎088-683-6262 ⏰9:00〜18:00(GW・夏休み期間は8:00〜19:00、10〜2月は〜17:00) ㊡3・6・9・12月の第2月曜 ㊵510円 🅿鳴門公園駐車場利用(有料)

潮の干満差が激しい大潮の時期の潮流は最高時速20kmにも及ぶ

鳴門海峡をまたぐ吊り橋

世界三大潮流のひとつである

渦は春と秋に最も大きくなり、最大直径30mにも達する。世界一の大きさといわれ、世界遺産登録を推進する動きがある

コース内の絶景ロード

海に沈む夕日を眺めながら走る
淡路サンセットライン
あわじサンセットライン

淡路島の西海岸を南北に走る県道31号は、「淡路サンセットライン」と呼ばれる人気のドライブルート。淡路市の松帆の浦から南あわじ市の慶野松原に至る海沿いの道路は、その名のとおり、夕暮れどきには感動的な美しさの夕日が見られる。

⬆道幅があまり広くないうえに比較的交通量が多いので、運転には注意

🚗 ここにも、でかけたい!

高丸ICから18km

兵庫県立淡路島公園アニメパーク ニジゲンノモリ
ひょうごけんりつあわじしまこうえんアニメパーク ニジゲンノモリ

ここでしか味わえない"二次元体験"を

アニメや漫画、ゲームといった二次元コンテンツの世界観を、体を動かしながら五感を使って体験できるアニメパーク。☎0799-64-7601 䏭兵庫県淡路市楠本2425-2 兵庫県立淡路島公園内 ⏰季節・天候により異なる ㊵入園無料(アトラクションは有料) 🅿1300台

➡ジップラインで実物大ゴジラの口から体内に侵入
TM & © TOHO CO., LTD.

立ち寄り！道の駅

鳴門北ICから11km

うずしお in うずまちテラス

うずしおインうずまちテラス

全国ご当地バーガーグランプリで1位と2位を獲得した創作バーガーを販売。2023年7月現在、うずまちテラスで仮営業中。📞0799-52-1157 ⑭兵庫県南あわじ市福良丙947-8 ⑲9:00～17:00 ⑯木曜 Ⓟ246台

⬆日本で一番渦潮に近い道の駅

➡「おっ玉チェア」は人気のフォトスポット

五色塚古墳
4世紀に築かれた前方後円墳が、築造当時の姿で復元されている

明石海峡大橋ブリッジワールド ★

明石海峡大橋 ①

START

高丸IC

★兵庫県立淡路島公園アニメパークニジゲンノモリ

幸せのパンケーキ本店 淡路島テラス ④

② 淡路島国営明石海峡公園

③ 兵庫県立公園あわじ花さじき

サンセットパーク五色夕日が丘公園
展望広場から夕日が見える公園。淡路サンセットラインドライブ中の立ち寄りにおすすめ

鳴門スカイライン四方見展望台
釣り雛形が浮かぶウチノ海の雄大な景色が一望できる展望台

大鳴門橋 ⑤

🏛うずしお in うずまちテラス

🅿うずしお科学館
渦潮について深く知ることができる科学館。うずの丘大鳴門記念館の中にある

鳴門北IC

GOAL

🏛大塚国際美術館
世界26カ国約1000点の名画を原寸大で再現した陶板を中心とした美術館

名物グルメ

淡路島バーガー
あわじしまバーガー

淡路島の食を知ってほしいという思いから作られたバーガー。淡路島の名産品である玉ネギや淡路牛など、淡路島の食材がたっぷりと使われているのが特徴で、道の駅うずしおなどで食べられる。

COURSE 18

角島大橋・元乃隅神社
つのしまおおはし・もとのすみじんじゃや

山口県

コバルトブルーの海上を駆け抜けて、南国の多彩な絶景を巡る

　山口県屈指のビュースポットを巡るドライブ。映画やCMのロケ地にもなった角島大橋を渡り、白亜の灯台が美しい角島灯台公園へ。島の自然にふれたあとは北長門海岸国定公園の美しい海を眺めながら県道191号を長門方面へ向かう。海を背景にした東後畑棚田、斜面に立ち並ぶ赤い鳥居と海のコントラストが美しい元乃隅神社、さらに水没林が幻想的な一の俣桜公園と、絶景が次々に控えている。

■ D R I V E   C O U R S E

走行距離 約**142** km

START 中国自動車道・美祢IC
　　　　48km／国道435号
① 角島大橋
　　　　5km／県道276号
② 角島灯台公園
　　　　30km／国道191号、県道66号
③ 東後畑棚田
　　　　4km／県道66号
④ 元乃隅神社
　　　　23km／国道191・491号
⑤ 一の俣桜公園
　　　　32km／国道491・435号
GOAL 中国自動車道・美祢IC

■ I N F O R M A T I O N

豊北町観光協会 ☎083-786-0234
長門市観光案内所YUKUTE ☎0837-26-0708
豊田町観光協会 ☎083-766-0031

日本海に向かって爽快な景色が広がる角島北部の牧場風の公園

奇跡のような美しさの橋

開放感満点のロケーション

① 角島大橋
つのしまおおはし

日本海に浮かぶ角島と本州を結ぶ全長1780mの橋。無料で渡れる橋としては日本でも屈指の規模。紺碧の海の上を滑るように走る爽快なドライブが楽しめる。
所 山口県下関市豊北町神田〜角島　P 海士ヶ瀬公園利用

立ち寄り！道の駅

美祢ICから42km

北浦街道 豊北
きたうらかいどう ほうほく

特産物を扱う販売所や新鮮な魚介を楽しめる飲食店、角島を見渡す展望テラスが人気。☎083-786-0111 所山口県下関市豊北町神田上314-1 営8:30〜18:00(7〜8月は〜19:00、12〜2月は〜17:00)※変更あり、HP要確認 休第1・3火曜(季節により変動、HP要確認) P138台

↑本州の最西端に位置する

本土から約1.5km先の沖合にある角島まで優美な曲線を描きながら延びる角島大橋。橋は自転車や徒歩でも渡れる

灯台は明治9年(1876)に設置され、今も現役で活躍。隣接して資料館もある

紺碧の海に輝く白亜の灯台

360度の眺望に感動

② 角島灯台公園
つのしまとうだいこうえん

公園は角島西端に位置し、白亜の灯台が建つ。灯台内部は公開されており、階段を上った先の踊り場から360度の眺めが楽しめる。

☎083-786-0108 所山口県下関市豊北町角島2343-2 営9:00～17:00(10～2月は～16:30) 休無休 料無料(参観寄付金300円) P近隣駐車場利用(有料)

91

③ 東後畑棚田
ひがしうしろばたたなだ

季節ごとに表情を変える
海と棚田が織りなす絶景

日本海に突き出た半島に広がる約600haの棚田地帯。なだらかな斜面が海岸近くまで迫り、壮大な日本海と稲の生長とともに表情を変える棚田が美しい光景をつくる。

🏠山口県長門市油谷後畑410-1 🅿30台

「日本の棚田100選」のひとつ。特に水田に空が映り込む田植えの季節がいい。夕景もおすすめ

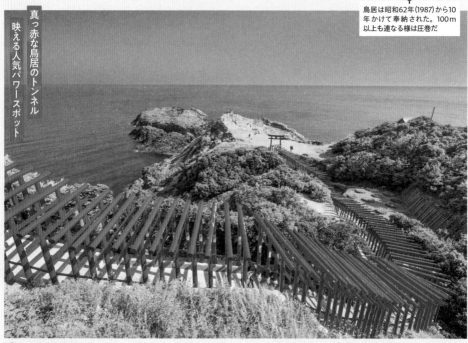

真っ赤な鳥居のトンネル
映える人気パワースポット

鳥居は昭和62年(1987)から10年かけて奉納された。100m以上も連なる様は圧巻だ

④ 元乃隅神社
もとのすみじんじゃ

本殿は日本海を望む高台に建ち、そこから123基の朱塗りの鳥居が断崖絶壁の海に向けてびっしり並ぶ。近くには、天然の穴から潮が噴き上がる名勝「龍宮の潮吹」がある。

📞0837-26-0708(長門市観光案内所YUKUTE) 🏠山口県長門市油谷津黄498 🕐7:00〜16:30 🈳無休 🉐無料 🅿116台

100mの長さで123基並ぶ鳥居をくぐり抜けたい

⑤ 一の俣桜公園
いちのまたさくらこうえん

別名「蒼霧鯉池」。立ち並ぶ水没林が青く澄んだ水面に映り込み、神秘的な光景が広がる。池では鯉が泳ぎ、その取り合わせは一枚の絵のようだ。

🏠山口県下関市豊田町一の俣 🅿15台

池に映り込む水没林の数々
神秘的な光景が話題に

砂防ダムの設置により林の一部が水没。寒い季節の早朝など霧がたちこめ、より神秘的に

ここにも、でかけたい！

美祢ICから56km

つのしま自然館
つのしましぜんかん

貴重な自然と生き物を紹介

角島の地形やそこに生息する動物や植物、海洋生物などを標本やパネルでわかりやすく紹介している。

☎083-786-0430 所山口県下関市豊北町角島893-1 時9:00～16:30 休火曜（祝日の場合は翌日）P 20台

↑海水浴場の近くに建つロケーション

↑角島で発見された新種のクジラの骨格標本は迫力

COURSE 18 走行距離 約**142km**

0 3 6km

② 角島灯台公園

★つのしま自然館

① 角島大橋

元乃隅神社 ④

東後畑棚田 ③

元乃隅神社の周辺は混雑緩和のため、一方通行になっている。

千畳敷
標高333mの高台に広がる草原。日本海が眼下に広がる

北浦街道 豊北

グランビスタ角島
ドラマのロケ地となり一躍有名になったレストラン。日本海を眺めながら海鮮料理が楽しめる

一の俣桜公園 ⑤

海士ヶ瀬公園
角島大橋の手前に位置、白い砂とエメラルドグリーンの海が眺められるビュースポット

名物グルメ

特牛イカ
こっといか

角島沖で一本釣りされ特牛漁港に水揚げされるケンサキイカで、ブランド化されている。独特の甘みと食感が特徴だ。

蛍街道西ノ市

長正司の大藤棚
東西20m、南北15mに伸びる大藤棚は樹齢150年以上、5月上旬に見頃を迎える

START & GOAL
美祢IC

駆け抜ける先に湯の街の癒やしを求めて

1泊2日 温泉＋絶景 ドライブ

絶景をたどり、風情ある温泉街を訪ねる。夕暮れどきに温泉街を歩き、
効能豊かな名湯に癒やされる。湯上がりの心地よさに
のんびりと心身を休めたあと、再び絶景を目指す、1泊2日の絶景ドライブへ。

別府温泉郷

日本有数の温泉地として知られ、噴気・熱泥・熱湯などが噴出する景観から、古来「地獄」と称されてきた。
➔P98

別府温泉郷・国東半島

べっぷおんせんきょう・くにさきはんとう

大分県

日本最大級の温泉地から、独自の文化を持つ自然豊かな半島へ

大分を代表する湯の町・別府を起点に、県北西部に突き出た国東半島の名刹や景勝地を訪ねる。湯気が立ち込める別府地獄めぐり 海地獄や湯けむり展望台で大地の力を実感。宿泊してたっぷりと温泉を楽しもう。翌日は、まず昔ながらの街並みが残る杵築へ。国東半島の山中に分け入れば、熊野磨崖仏や富貴寺で独特の宗教文化にふれられる。海沿いに抜ければ、長崎鼻に季節の花が咲き誇る。

■■■ DRIVE COURSE

走行距離	約148km

START 東九州自動車道・別府IC

4km／県道11号

① 別府地獄めぐり 海地獄

3km／県道11・218号

② 別府地獄めぐり 血の池地獄

3km／県道218号

③ 湯けむり展望台

5km／県道218号

別府温泉郷

28km／国道10・213号

④ 酢屋の坂・志保屋(塩屋)の坂

1km

⑤ 杵築城

19km／国道10号、県道655号

⑥ 熊野磨崖仏

9km／県道655号

⑦ 富貴寺

13km／県道655・405号

⑧ 両子寺

28km／県道31号、国道213号

⑨ 長崎鼻

35km／国道213・10・387号

GOAL 東九州自動車道・宇佐IC

■■■ INFORMATION

別府市観光協会 ☎0977-24-2828
杵築市観光協会 ☎0978-63-0100

神秘的なブルーに引き込まれる

\ CHECK! /

別府地獄めぐり

べっぷじごくめぐり

亀の井バスの定期観光バス「別府地獄めぐり」で、別府に点在する7つの地獄を巡ることもできる(要予約)。日本で初めて見どころを案内する女性バスガイドが乗車したことでも知られる。

☎0977-23-5170(亀の井浜バスセンター)

➲泥にポコポコと丸い泡が湧く「鬼石坊主地獄」

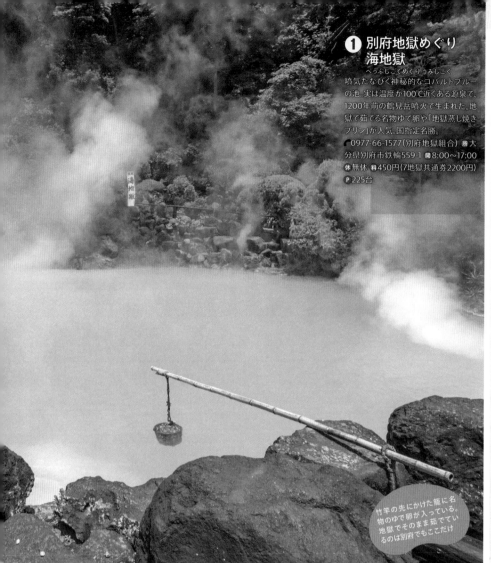

① 別府地獄めぐり 海地獄

べっぷじごくめぐりうみじごく

噴気たなびく神秘的なコバルトブルーの池。実は温度が100℃近くある源泉で、1200年前の鶴見岳噴火で生まれた。地獄で茹でる名物ゆで卵や「地獄蒸し焼きプリン」が人気。国指定名勝。

☎0977-66-1577（別府地獄組合）所大分県別府市鉄輪559-1 開8:00〜17:00 休無休 料450円（7地獄共通券2200円）P225台

竹竿の先にかけた籠に名物のゆで卵が入っている。地獄でそのまま茹でているのは別府でもここだけ

② 別府地獄めぐり 血の池地獄

べっぷじごくめぐりちのいけじごく

奈良時代『豊後国風土記』にも記され、日本最古といわれる地獄。大きな池に酸化鉄などを含む熱泥が1日に約1800tも吹き出し、まさに地獄を見る思いがする。国指定名勝。

☎0977-66-1577（別府地獄組合）所大分県別府市野田778 開8:00〜17:00 休無休 料450円（7地獄共通券2200円）P130台

温泉成分で作られた軟膏や入浴剤はおみやげにぴったり

池一面が血の色をした 日本最古の地獄

高台の展望台から一望する
泉都・別府を象徴する光景

③ 湯けむり展望台
ゆけむりてんぼうだい

高台の住宅地にある展望台で、いたるところから湯けむりの上がる別府の街並みや、扇山や鶴見岳を一望できる。大気との温度差の大きい冬には、湯けむりがよりくっきりと見えるそう。日本夜景遺産にも認定されており、土・日曜、祝日やイベント時は湯けむりのライトアップ（→P94）で幻想的な夜景も楽しめる。
☎0977-21-1128(別府市観光課) 所大分県別府市鉄輪東8組 開8:00〜22:00(11〜3月は〜21:00) 休無休 料無料 P 8台

扇山を背に無数の湯けむりがたなびく

別府湾と鶴見岳に挟まれた地に
多彩で豊かな湯が湧く

別府温泉郷
べっぷおんせんきょう

硫黄の匂いが立ち込める明礬温泉、眺めの良さが自慢の観海寺温泉、昔ながらの温泉街風情の鉄輪温泉など、それぞれ異なる泉質、魅力を持つ8つの温泉地が点在する。蒸し湯、砂湯、地獄蒸しなど、温泉の楽しみ方も多種多様。

↑温泉の蒸気で食材を蒸す地獄蒸し。
鉄輪温泉などで体験できる

鉄輪温泉は、情緒ある石畳の街並みが広がる

別府温泉郷の見晴らし宿

別府温泉 杉乃井ホテル
べっぷおんせん すぎのいホテル

別府湾を一望する観海寺温泉にある、別府最大級の温泉リゾート。2023年オープンの宙館では、宙館宿泊者のみ利用できる絶景の展望露天風呂「宙湯」が楽しめる。
☎0977-24-1141 所大分県別府市観海寺1 in15:00 out11:00 室554室 予料1泊2食付2万7500円〜 P900台

岡本屋旅館
おかもとやりょかん

別府八湯のなかでも最も高い場所にある明礬温泉の宿。美肌の湯として知られる白濁した硫黄泉を、露天風呂や客室風呂で楽しめる。アーチ橋越しの街並みと海の眺めも見事。
☎0977-66-3228 所大分県別府市明礬4組 in15:00 out10:00 室15室 予料1泊2食付2万5550円〜 P16台

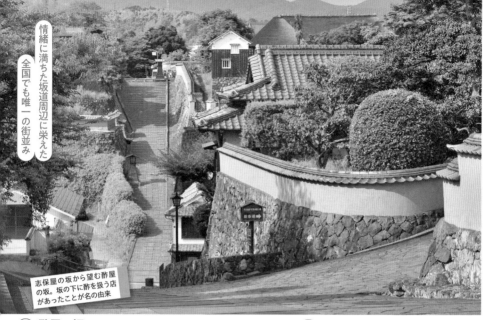

情緒に満ちた坂道周辺に栄えた
全国でも唯一の街並み

志保屋の坂から望む酢屋の坂。坂の下に酢を扱う店があったことが名の由来

④ 酢屋の坂・志保屋(塩屋)の坂
すやのさか・しおやのさか

石畳の坂道と、それに沿った石垣と土塀が美しい杵築城下町を象徴する風景。南北の高台に武家屋敷が置かれ、挟まれた低地に商家が置かれた、日本唯一の「サンドイッチ型城下町」といわれる構造がよく見える。周囲の武家屋敷も併せて訪ねたい。
所大分県杵築市杵築 P周辺駐車場利用

⑤ 杵築城
きつきじょう

室町時代初期に、木付氏により一帯を見下ろす丘の上に築かれた城。海と断崖に囲まれ、幾度もの籠城戦を耐え抜いた難攻不落の要害として知られる。現在の建物は模擬天守だが、上階で見られる見事な眺望は往時を思わせる。
☎0978-62-4532 所大分県杵築市杵築16-1 開10:00〜17:00 休無休
料400円 P17台

海にせり出した丘に建つ名城からあたりを見渡す

城内は資料館となっていて、甲冑などを展示

⑥ 熊野磨崖仏
くまのまがいぶつ

熊野権現へ通じる石段の脇に、巨大な岩壁に彫られた2体の磨崖仏が置かれている。平安時代後期の作とされる高さ8mに及ぶ不動明王像は、磨崖仏としては日本最大級。国東半島独自の六郷満山と呼ばれる仏教と山岳信仰が融合した宗教文化のシンボルのひとつ。
☎0978-26-2070 所大分県豊後高田市田染平野2546-3 開8:00〜17:00(11〜3月は16:30) 休無休 料300円 P10台

➡荒々しい石段は権現が鬼に築かせたという伝説が残る

険しい石段の先で柔和な顔の明王様が迎える

通常、怒り顔で表される不動明王だが、やわらかい表情。奥には穏やかな表情の大日如来も

周防灘

くにみ

長崎鼻 ⑨

尾崎

竹田津漁港
琵琶崎
亀崎
権現崎
両崎

丸石鼻
観音崎
姫島
柱ケ岳鼻
姫島村
矢筈岳
ス鼻
住吉崎
金比羅鼻

真玉海岸は恋人
の聖地にも選ば
れている夕日の
名所

213

31

鷲巣岳
不動山
千燈岳
文珠山

国東半島

豊後高田市

両子山
小門山
大嶽山

両子寺 ⑧

405

道の駅くにさき
半島の東端に位置する。農産
物直売所や食事処、サイクリ
ングターミナルなどが入る

富貴寺 ⑦

213

宇佐駅

10

杵築市

密乗院棚田
「つなぐ棚田遺産」に指定
された棚田。美しい田園風
景が山中に広がっている

⑥ 熊野磨崖仏

西叡山

華岳

田原山
(鋸山)

655

熊野権現

大分空港

宇佐IC

387

10

GOAL
和尚山
院内

御許山

西屋敷駅

石山

妙見山

大蔵山

雲ケ岳

立石駅

米神山

日豊本線

妙見山

安

酢屋の坂・
志保屋(塩屋)の坂 ④

杵築駅

安岐港連絡道路

見立山

大熊山

213

石丸鼻

⑤ 杵築城

杵築湾

大村山

中山香駅

東九州自動車道

安心院

500

387

唐木山

杵築城下町内に複
数の駐車場あり。
城は高台にあるの
で車でアクセス

宇佐市

大分農業
文化公園

鳥屋岳

日出町

相原PA

日出駅

別府湾SA
東九州自動車道では珍しい
充実したSAで、由布院温泉
の老舗宿がプロデュー
ス。スマートICもある

岳ノ下山

尼蔵岳

速見

藤原JCT

10

日出バイパス

大神駅

加貫鼻

鵜黄鼻

名物グルメ

鈴ケ塚山

樺木山

日出JCT

別府湾
スマート

伽藍岳
硫黄山

由布岳スマート

由布岳PA

別府湾SA

杵築駅

亀川駅

② 別府地獄めぐり
血の池地獄

玖珠町

雛戸山

立石山

鶴見岳

別府大学駅

別府IC

500

別府地獄めぐり 海地獄 ①

別府駅

③ 湯けむり展望台

別府温泉郷

福万山

飛岳

由布岳
(豊後富士)

鶴見岳山上へ続
く別府ロープ
ウェイ。別府を
見渡す絶景

別府高原駅

別府ロープ
山上駅

START

東別府駅

別府港

浜脇

日豊本線

とり天
とりてん
別府市内の中華料理店が発祥
といわれる大分名物。

湯布院

久大本線

南由布駅

湯布駅

星山

由布市

城ケ岳

雨乞山

210

小田の池

平山

鬼瀬山

大分市

賀来駅

南大分駅

古国府駅

豊後国分駅

210

滝尾駅

東九州自動車道

197

大分宮河内

大分松岡

大分米良

平等院鳳凰堂、中尊寺金色堂と並んで日本三阿弥陀堂のひとつとされる大堂

質素ながらも気品に満ちた平安時代の貴重な遺構

⑦ 富貴寺
ふきじ

平安時代に開かれた寺。現存する九州最古の建築物で国宝指定を受けている大堂（おおどう）が、周囲の緑のなかにひっそりとたたずむ姿が美しい。本尊・阿弥陀如来坐像や浄土を描いた壁画も国の重要文化財に指定されている。※内部は雨天時見学不可

秋には、境内は鮮やかな赤や黄色に包まれる

☎0978-26-3189 ㈢大分県豊後高田市田染蕗2395 ㉙8:30〜16:30 ㉘無休 ㉕500円 ㉟30台

立ち寄り! 道の駅

宇佐ICから40km

くにみ

国東半島の北端の海際にある道の駅。海向こうには姫島や本州の山口が見えることも。

☎0978-89-7117 ㈢大分県国東市国見町伊美4252-1 ㉙9:00〜17:00、レストラン11:00〜14:30(LO) ㉘無休(レストラン火曜) ㉟30台

↑直売所には近海の魚介や新鮮な野菜が揃う

緑深い森に抱かれ力強い仁王像が立つ

周囲の森は「森林浴の森日本100選」に選出

⑧ 両子寺
ふたごでら

国東半島中央にそびえる両子山の中腹にある寺院。江戸時代には国東半島の六郷満山寺院を統括していた。門前に立つ石像の仁王像は国東半島最大。

☎0978-65-0253 ㈢大分県国東市安岐町両子1548 ㉙8:30〜16:30 ㉘無休 ㉕300円 ㉟60台

⑨ 長崎鼻
ながさきばな

キャンプ場となっている国東半島から突き出た岬に、春は2000万本の菜の花、夏は150万本のひまわりが咲き誇る。オノ・ヨーコ氏やチェ・ジョンファ氏らのアート作品や美術館もあり、散策が楽しい。

☎0978-54-2237(長崎鼻リゾートキャンプ場) ㈢大分県豊後高田市見目4060 ㉙9:00〜17:00 ㉘木曜 ㉕無料 ㉟200台

菜の花、ひまわり以外にも季節の花が咲く

黄色く染まる海辺の岬をアートを探して散策

黒川温泉・久住高原・由布院温泉

くろかわおんせん・くじゅうこうげん・ゆふいんおんせん

熊本県・大分県

爽快に高原を走り抜け、全国的知名度の2つの温泉地を訪ねる

絶景ロードを走り、2つの人気温泉地を訪ねるコース。まずは緑深い鳴子川沿いの渓谷を進み、九重"夢"大吊橋で絶景を堪能。くじゅう連山周囲にはぐるっとくじゅう周遊道路が整備されていて、高原の景色を眺めながら気持ちの良いドライブが楽しめる。道路沿いの筋湯温泉に立ち寄るのもよい。くじゅう花公園で花々を満喫したら黒川温泉で一泊。翌日はやまなみハイウェイを走り由布院温泉へ。

■ D R I V E C O U R S E

走行距離 約113km

START 大分自動車道・九重IC
| 12km／県道40号
① 九重"夢"大吊橋
| 28km／県道40号、国道442号
② くじゅう花公園
| 13km／国道442号
黒川温泉
| 51km／国道442号、県道11号、
| 国道210号、県道216号
③ 金鱗湖
| 徒歩5分
④ 湯の坪街道
| 3km／県道617・11号
⑤ 山のホテル夢想園
| 6km／県道11号、国道210号
GOAL 大分自動車道・湯布院IC

■ I N F O R M A T I O N

九重町観光案内所 ☎0973-73-3800
風の舎(黒川温泉観光旅館組合) ☎0967-44-0076
由布市ツーリスト・インフォメーションセンター
☎0977-84-2446
🔄ぐるっとくじゅう周遊道路
沿いにある久住高原展望台に
広がる大パノラマ

橋の上からは、震動(しんどう)の滝の雄滝(落差83m)と雌滝(落差93m)が目に入る

① 九重"夢"大吊橋

ここのえ"ゆめ"おおつりはし

標高777m、紅葉の名所としても知られる鳴子川渓谷の最も高い場所に架けられた吊り橋。長さ390m、高さ173mと、歩道専用の吊り橋としては日本一の高さを誇る。緑豊かな渓谷や滝、天気が良ければ周囲のくじゅうの山々が並ぶ絶景が楽しめる。

所大分県九重町田野1208
時8:30〜17:00(7〜10月は〜18:00) 休無休 料500円
P275台

熊本県・大分県

黒川温泉・久住高原・由布院温泉

美しい渓谷に架かる

日本一の大吊り橋

◆紅葉に染まる渓谷と山々。見頃は10月下旬〜11月上旬頃

103

心地よい風吹く高原を季節の花が鮮やかに染める

春の花が10種類ほど植えてある「春彩の畑」。見頃は5月中旬〜6月中旬

② くじゅう花公園
くじゅうはなこうえん

久住高原の標高850mの位置、約22万㎡にもなる広大な敷地に、春のチューリップやネモフィラ、夏のラベンダー、秋のコスモスなど季節の花が咲き乱れる。園内にはレストランやカフェもあり、久住産の生乳を使ったソフトクリームなども味わえる。

☎0974-76-1422 所大分県竹田市久住町久住4050 営8:30〜17:30 休12〜2月、シーズン中無休 料500〜1300円(季節により異なる) P300台

美しい山並みを背景に一斉に太陽を向くひまわり。見頃は8月中旬

自然豊かな山々に囲まれた風情たっぷりの温泉街

黒川温泉
くろかわおんせん

熊本県と大分県の県境近くに、30軒ほどの旅館が点在。各旅館の露天風呂を巡る入湯手形や周辺の里山整備など、温泉地全体を楽しめる仕掛けや環境づくりに力を入れている。浴衣を着ての湯めぐりを楽しみたい。

➡冬に行われる「湯あかり」。幻想的な光に温泉街が包まれる

食事処や温泉宿が並ぶ川端通り沿い

黒川温泉の個性的な風呂のある宿

歴史の宿 御客屋
れきしのやど おきゃくや

享保7年(1722)創業の歴史ある宿。肥後藩主が浸かった露天風呂など、歴史を偲ぶ湯船がある。宿泊の際は素朴ながら味わい深い里山の食事で四季折々もてなしてくれる。

☎0967-44-0454 所熊本県南小国町満願寺6546 in15:00 out10:00 室13室 予1泊2食付2万1000円〜 Pなし

山の宿 新明館
やまのやど しんめいかん

手掘りの洞窟風呂で有名な老舗宿。料理は山の幸を使った山菜会席。囲炉裏端でのんびりいただける。洞窟風呂のほか、露天風呂(男性専用)、宿泊者専用の家族風呂などがある。

☎0967-44-0916 所熊本県南小国町満願寺6608 in15:00 out10:00 室12室 予1泊2食付1万9800円〜 P宿泊者のみ利用可

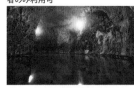

瀬の本高原ホテル
せのもとこうげんホテル

標高920mの文字どおり高原にある快適でモダンなリゾートホテル。「絶景 鼻の湯」は目の前に阿蘇の大草原が広がる、開放感いっぱいの露天風呂。夜は満天の星が広がる。

☎0967-44-0121 所熊本県南小国町満願寺5644 in15:00 out10:00 室70室 予1泊2食付1万4800円〜 P60台

コース内の絶景ロード

雄大な山並みの中を走る
やまなみハイウェイ

阿蘇からくじゅう連山を越えて水分峠までを結ぶ絶景ロードで、正式な名称は県道11号。よく整備された走りやすい道で、周囲の自然風景を眺めながら、爽快な高原ドライブが楽しめる。

↑観光地をつなぐ山岳道路

➡朝霧に包まれた金鱗湖。温泉が流れ込むことで水温が高く、周囲の温度差で霧が発生する

③ 金鱗湖
きんりんこ

緑深い場所に広がる湖で、秋から冬に見られる幻想的な朝霧が、由布院温泉の象徴的光景としてよく知られる。湖畔には散策路が整備されていて、一周400mほどとひと巡りするのにちょうどよい大きさ。
㊐大分県由布市湯布院町川上1561-1　Ｐ周辺駐車場利用

由布院温泉を象徴する
自然豊かな湖畔を散策

金鱗湖を望む湖畔のカフェテラスは大人気

遠くに見える由布岳を向いてまっすぐ道が続く

散策がてらショッピング
多くの人で賑わう通り

④ 湯の坪街道
ゆのつぼかいどう

スイーツショップやみやげ物店、ギャラリーなどが立ち並び、多くの観光客が訪れる。天気のよい日は由布岳を眺めながら散策を楽しめる。
㊐大分県由布市湯布院町川上湯の坪　Ｐ周辺駐車場利用

\ CHECK! /

観光辻馬車
かんこうつじばしゃ

由布院盆地に広がるのどかな田園風景のなかをのんびりと周遊する。JR由布院駅前を出発し、60分ほどで一周。乗車は要予約で、乗車当日のみ。
☎0977-84-2446(由布市ツーリストインフォメーションセンター)　㊐JR由布院駅隣　営運行時間、便数は日によって変動　休1月～3月1日。天候や馬の体調によって運休あり　料2200円　Ｐ周辺駐車場利用

由布院温泉随一の眺望を誇る大露天風呂でくつろぐ

季節ごとの木々や山並みの変化も趣深い

玖珠

豊後森駅

恵

❺ 山のホテル夢想園
やまのホテルむそうえん

由布院盆地と由布岳を一望する高台にある宿。女湯の空海の湯は150畳、男湯の御夢想の湯は100畳と、開放感抜群の露天風呂が、日帰りで楽しめる。宿泊では、厳選した地産食材を使った会席料理が味わえる。

📞0977-84-2171 所大分県由布市湯布院町川南1243 時日帰り入浴10:00〜14:00最終受付 休不定休(曜日によって利用できない風呂あり、要確認) 料1000円(眺望大露天風呂利用不可の日は700円) P60台

立ち寄り! 道の駅

湯布院ICからすぐ

ゆふいん

大分自動車道のインターチェンジがすぐにアクセスでき、ドライブで立ち寄りやすい道の駅。地元産の農産物や加工品などの販売のほか、レストランやテイクアウトで大分名物のとり天などが食べられる。

📞0977-84-5551 所大分県由布市湯布院町川北899-76 営9:00〜17:00 休無休 P107台

⬆カボス風味のとり天がのったとり天丼850円

⬆幻の果物といわれるポポーを使ったジャム1080円。まろやかで濃厚な味わい

⬆2022年にリニューアルされた

名物グルメ

大分県

中岳

涌蓋山

小国町

あか牛
あかうし

阿蘇の大草原で育った和牛。赤身のおいしさに定評がある

高津屋山

442

筋湯温泉
約20軒の温泉旅館が点在する。打たせ湯が有名で日帰り利用可

黒川温泉

442

熊本県

南小国町

⬇阿蘇

COURSE 20 走行距離 約113km

0 1.5 3km

N

宇佐市

立石山

玖珠町

福万山

飛岳

由布岳スマート

由布岳PA

大分自動車道

由布岳
(豊後富士)

平家山

カルト山

水分PA

ゆふいん

216

湯の坪街道 ④

③ 金鱗湖

横山

水分峠

210

210

由布院駅

湯布院IC

⑤ 山のホテル夢想園

青野山

START

210

617

GOAL

九重IC

11

野矢駅

豊後中村駅

九重町

大吊橋までは
カーブの続く
山道

野稲岳

南由布駅

城ヶ岳

雨乞岳

40

鹿伏岳

小田の池

由下池

星岳

湯平駅

崩平山

久大本線

庄内駅

210

① 九重"夢"大吊橋

由布市

時山

花牟礼山

阿蘇野川

▶タデ原湿原

湿原に木道の散策路が整備さ
れている。春はキスミレ、夏は
ヒゴダイの花が咲く

黒岩山

平治岳

やまなみ
ハイウェイ

三俣山

黒岳

くじゅう連山

法華院温泉

大船山

11

星生山

中岳

▶ガンジー牧場

動物とのふれあいが楽しめる
牧場。生産した牛乳を使った
ソフトクリームが人気

名物グルメ

久住山

久住高原ロードパーク

442

やせうま

小麦を平たく練って茹でた大分
伝統菓子。由布市発祥とされる

くじゅう花公園 ②

竹田市

亀ヶ岳

442

産山村

豊後大野市

442

COURSE 21 雲仙温泉・長崎・稲佐山

うんぜんおんせん・ながさき・いさやま

長崎県

美しい海と山の眺め、大地の鼓動、長崎のたどった歴史を体感

諫早ICを下り、一路白木峰高原へ。高原の四季の眺めと空気を堪能しよう。島原半島を海沿いに走り大三東駅を経て、半島中央の仁田峠展望所で海と山の眺めを味わう。さらに雲仙地獄で大地の営みを体感したあとは、雲仙温泉に宿泊し、疲れを癒やそう。長崎では眼鏡橋や祈念坂、グラバー園で歴史にふれ、モナコ、上海と並び世界新三大夜景に数えられる長崎の夜景を稲佐山展望台で堪能したい。

■■■ D R I V E C O U R S E

走行距離	約161km

START 長崎自動車道・諫早IC

14km/国道207号、県道184号

① 白木峰高原

41km/県道184号、国道207・251号

② 大三東駅

29km/国道251・389号

③ 仁田峠展望所

7km/国道389号

雲仙地獄（雲仙温泉）

48km/県道128号、国道251・34号

④ 眼鏡橋

3km/国道499号

⑤ 祈念坂

0.1km

⑥ グラバー園

8km/国道499・202号

⑦ 稲佐山展望台

11km/国道202号

GOAL 長崎自動車道・長崎IC

■■■ I N F O R M A T I O N

長崎市コールセンター「あじさいコール」
☎095-822-8888
長崎市文化観光部観光推進課 ☎095-829-1314
稲佐山公園管理事務所 ☎095-861-7742

秋空のもと高原を埋める可憐なコスモスに癒やされる

① 白木峰高原

しらきみねこうげん

約1万㎡の広大な丘陵地を、春は10万本の菜の花、秋は20万本のコスモスが埋め尽くす。壮観の花景色や心地よさを求めて多くの人が訪れる観光スポットだ。標高1057mの五家原岳の中腹に広がり、眺めの良さや開放感も別格で四季を通じて楽しめる。

☎0957-23-9003(コスモス花宇宙館) ㊟長崎県諫早市白木峰町828-1 ℗500台

☯高原からは諫早湾が一望でき、雄大な日の出が見られる。元旦の初日の出には多くの人が集まる

五家原岳の中腹、約350m地点にある丘陵。春の菜の花と桜が描く美しいコントラストも絶景

秋はピンク、赤、赤紫、白と、色とりどりのコスモスが開花する。県内有数のコスモス園だ

【 コース内の絶景ロード 】

諫早湾の堤防上を走る道路
雲仙多良シーライン
うんぜんたらシーライン

諫早湾の干拓事業に伴って造られた道路で、海のど真ん中を走る爽快感が得られる。有明海沿いのドライブルートのなかでも群を抜く絶景ロードだ。

↑有明海と諫早新地を望む展望歩道橋も

ホームから見る朝焼けも格別。一日いても飽きない

青い波が足元でさざめくまるで海の中に建つような駅

駅ではおみくじ入場券と「幸せの黄色いハンカチ」入りガチャを販売

② 大三東駅
おおみさきえき

ホームからは、穏やかな有明海が足元から広がり、まるで海に包まれているような感覚になる。干満の差が日本一大きい有明海では、干潮時に遠浅の干潟が美しい砂模様を描く。その光景を駅から堪能。

☎0957-62-4705（島原駅・島原鉄道総合案内所）⊕長崎県島原市有明町大三東丙135-2 Ⓟなし

妙見岳へは全長11.3kmの展望スカイラインで向かう

花や樹林、有明海や天草諸島

山と海と温泉郷の眺めを満喫

秋、山々を染める紅葉を縫って走るロープウェイからの景色は圧巻

③ 仁田峠展望所
にたとうげてんぼうしょ

仁田峠からは四季折々の自然が美しい雲仙岳や、平成2年(1990)の普賢岳の火山噴火でできた平成新山の眺めが楽しめる。展望処からの眺望のほか、妙見山頂までロープウェイでの眺めを楽しみつつ、山頂では雲仙温泉郷も見下ろすことができる。

☎0957-73-3434(雲仙観光局) 🏠長崎県雲仙市小浜町雲仙 🕗8:00～18:00(11～3月は～17:00) 休悪天候時 🉐無料 🅿200台

↑春には峠にツツジが咲き、夏の緑、秋の紅葉、冬の霧氷まで四季を通じて彩りが楽しめる

遊歩道を歩いて地獄めぐりへ
地熱や噴気を五感で体感

雲仙地獄(雲仙温泉)
うんぜんじごく(うんぜんおんせん)

硫黄臭と白い水蒸気が立ち込め、さながら地獄の光景のような、雲仙を代表する観光名所。大叫喚地獄やお糸地獄、清七地獄など約30の地獄が点在する。かつて外国人避暑地として栄えた歴史がある雲仙温泉にあり、周辺は今も洋館のホテルや和洋折衷の商店などが並びレトロ感が楽しめる。

江戸時代にはキリシタン殉教の舞台となった

↑休憩所や温泉玉子、足湯もある「雲仙地獄工房」

遊歩道で約60分の地獄めぐり。迫力満点の「体感する地獄」だ

雲仙温泉の名宿

雲仙観光ホテル
うんぜんかんこうホテル

昭和10年(1935)創業、雲仙の象徴的存在。東西の美が混在する建物は国の有形文化財に登録。
☎0957-73-3263 🏠長崎県雲仙市小浜町雲仙320 in14:00 out11:00 室27室 予約1泊2食付3万9600円～ 🅿30台 送迎あり

雲仙九州ホテル
うんぜんきゅうしゅうホテル

大正6年(1917)創業の老舗が大人のリゾートホテルにリニューアル。上質な山岳リゾートが満喫できる。
☎0957-73-3234 🏠長崎県雲仙市小浜町雲仙320 in15:00 out11:00 室25室 予約1泊2食付3万2050円～ 🅿36台 送迎あり

④ 眼鏡橋
めがねばし

日本初にして現存する最古のアーチ型石橋。橋長22m、幅3.65m、高さ5.46mで、川面に映る姿がさながらめがねに見えることから、この名で呼ばれる。寛永11年(1634)興福寺2代目住職の唐僧によって架けられ、当時はここも参道だったとされる。
所長崎県長崎市魚の町～諏訪町 Pなし

川面にめがねを映し出す
日本初の石造りアーチ橋

河畔の遊歩道にはしだれ柳。夜にはライトアップされる

旧居留地時代の遺構として
貴重な石畳の坂道

⑤ 祈念坂
きねんざか

数々の映像作品の撮影や名作の舞台となった坂道

街歩きの休憩所である南山手レストハウスと大浦天主堂を通る階段状の細い坂道。教会の尖塔の先に港が見える。祈念坂が始まる地点には、大浦諏訪神社、妙行寺、大浦天主堂があり「祈りの三角ゾーン」と呼ばれている。

所長崎県長崎市南山手町 Pなし

⑥ グラバー園
グラバーえん

園内2カ所にある幸福のハートストーン探しやグラバーナイトも魅力！

日本の文明開化に多大な貢献を果たしたトーマス・B・グラバーの旧宅をはじめ、市内に点在していた洋風建築を移築・復元し現在9つの建物を公開中。幕末から明治にかけての長崎のハイカラな空気を体感したい。
☎095-822-8223 所長崎県長崎市南山手町8-1 営8:00～18:00(夏期は夜間開園を実施) 休無休 料620円 Pなし

↑旧ウォーカー住宅。明治中期に大浦天主堂そばにあったものを移築。細部に日本趣味がのぞく

↑2021年12月に約半世紀ぶりの耐震保存修理工事が完了し、室内展示もリニューアル。古写真や資料をもとに当時の雰囲気を再現した展示に注目

↑旧リンガー住宅。木材と石材が調和した木骨石造りという日本には珍しいスタイルの建築物。国指定重要文化財

↑旧三菱第2ドックハウス。明治初期の典型的な洋風建築で、昭和47年(1972)に当時の三菱重工長崎造船所より長崎市が寄贈を受け移築・復元された

昭和49年(1974)開園。国内最古の木造洋風建築も

世界文化遺産登録で注目される旧グラバー住宅

🚗 **ここにも、でかけたい！**

【諫早ICから21km】

出島
でじま
19世紀初頭の出島を復元公開

オランダ商館長の事務所兼住居、カピタン部屋などの復元建造物や明治期の洋館など計16棟を公開中。出島の変遷や日本の近代化の歴史にふれられる。
☎095-821-7200 所長崎県長崎市出島町6-1 営8:00～21:00 休無休 料520円 Pなし

↑敷地約1万5000㎡に復元建造物やレストランなどが点在

111

⑦ 稲佐山展望台
いなさやまてんぼうだい

晴れた日は雲仙・天草・五島列島まで望め、長崎で最も知られる夜景スポットでもある。円柱状の建物の4階屋上がLEDを敷き詰めた展望スペースになっていて、幻想的な光りとともに、1000万ドルの夜景と称される圧倒的な光景に没頭できる。

🏠 長崎県長崎市稲佐町364
🅿 38台

長崎の街の上に広がる幻想的な雲海を見られることもある

標高333mの山頂から望む
市内全景360度のパノラマ

きらめく夜景を旅のベストショットに

カトリック浦上教会
浦上天主堂の名で親しまれるレンガ造りのロマネスク様式大聖堂。現在の建物は昭和34年（1959）に再建されたもの

平和公園
平和祈念像は長崎出身の彫刻家によるもので、右手は原爆の脅威、左手は平和を意味する

稲佐山展望台 ⑦

④ 眼鏡橋

⑥ グラバー園

⑤ 祈念坂

START

GOAL

鍋冠山公園
回廊形式の展望台から長崎港を一望することができる

大村湾

橘湾

立ち寄り! 道の駅

諌早ICから48km

ひまわり

平成新山を一望できるロケーション。島原半島産の野菜や果物、地元産島原バーガーや佐世保バーガーなどを販売。土石流被災家屋保存公園と隣接している。

☎0957-61-0771 所長崎県南島原市深江町丁6077 営9:00～17:00 休無休 P177台

↑国道251号沿い、雲仙普賢岳噴火で被害を被った場所にある

名物グルメ

具雑煮
ぐぞうに

餅と山海の食材の雑煮。「島原の乱」で天草四郎が発案し、これを食べて戦ったという郷土食。

温泉＋絶景ドライブ ――― 長崎県 雲仙温泉・長崎・稲佐山

COURSE 21 走行距離 約**161km**

0　2　4km

自然干陸地フラワーゾーン
10月中旬～下旬にコスモスが見頃を迎え、コスモスまつりも開催

しまばら 火張山花公園
平成新山麓に位置し、春は桜・菜の花・ポピー、秋にはコスモスが園内を彩る

②**大三東駅**

百花台公園
雲仙普賢岳を間近に望む公園。スポーツ施設や多彩な遊具を備える

③**仁田峠展望所**

**雲仙地獄
(雲仙温泉)**

⚐**ひまわり**

天橋立・城崎温泉・竹田城跡

あまのはしだて・きのさきおんせん・たけだじょうせき

京都府・兵庫県

日本海に臨む丹後半島を一周し天空の城を目指す旅

丹後半島は断崖絶壁が連続するリアス海岸と、雄大な日本海が織りなす奥深い自然が魅力。神話や伝説に彩られた名勝・天橋立から、舟屋の町・伊根をはじめ、丹後半島沿岸部をたどり、1300年以上もの歴史を持つ城崎温泉へ。温泉街では外湯めぐりも楽しめる。標高約353mの山頂に築かれた竹田城跡は雲海たなびく「天空の城」。早朝に展望スポットの立雲峡へ向かい、幻想的な絶景を堪能したい。

■ D R I V E C O U R S E

走行距離	約226 km

START 山陰近畿自動車道・与謝天橋立IC

5km／国道176号

① 天橋立ビューランド

26km／国道176号

② 伊根の舟屋

31km／国道178号

③ 立岩

22km／国道178号

④ 夕日ヶ浦

23km／県道44・9号

城崎温泉

48km／国道312号、県道104号

⑤ 立雲峡

8km／国道312号

⑥ 竹田城跡

59km／県道136号、国道427・176号

⑦ 篠山城跡

4km／県道36号

GOAL 舞鶴若狭自動車道・丹南篠山口IC

■ I N F O R M A T I O N

伊根町観光案内所 ☎0772-32-0277
夕日ヶ浦観光協会 ☎0772-74-9350
城崎温泉観光協会 ☎0796-32-3663
朝来市役所産業振興部観光交流課
☎079-672-4003

龍が天に飛び立つような飛龍観の絶景を堪能

① 天橋立ビューランド

あまのはしだてビューランド

文殊山公園に位置し、観覧車やゴーカート、展望レストランのある山頂遊園地まではモノレール、またはリフトで上る。股の間から見る天橋立は天地が逆転し、龍が天に昇るような姿に見えるため、飛龍観と呼ばれている。

☎0772-22-1000 ⑩京都府宮津市文珠437 ⑱9:00～17:00（季節により異なる）⑭無休 ⑭850円（モノレール・リフト往復料金込）⑭17台

白砂青松が続く天橋立は歌川広重はじめ、江戸時代の浮世絵師に描かれ、絶景として周知されるようになった

○サイクルカーやSLをイメージした乗り物など、園内には多彩なアトラクションが揃う

○全長393mのモノレールの車窓からは飛龍観が一望できる

海辺に連なる舟屋が詩情豊かな風景を織りなす

伊根湾に沿って、約230軒の舟屋が軒を連ねる

② 伊根の舟屋
いねのふなや

船を雨風から守る1階と、漁師の仕事場である2階からなる「舟屋」が沿岸に軒を連ねる。家々が海に浮かんでいるかのような独特の景観を作る伊根湾沿いの5kmほどの地域が、国の重要伝統的建造物群保存地区に選定されている。

所 京都府伊根町伊根湾周辺 P 公共駐車場利用

三方を山と島に囲まれ、波も穏やかな伊根湾を約25分かけてクルーズ。カモメにエサをあげる体験も

\ CHECK! /

伊根湾めぐり遊覧船
いねわんめぐりゆうらんせん

舟屋群は海側から眺めると、その特徴が最もよくわかる。伊根湾を巡る遊覧船を利用すれば、海上から舟屋の連なりや山に囲まれた伊根浦の風景をゆっくりと満喫できる。

TEL 0772-32-0009 所 伊根町日出11 時 9:00〜16:00、毎時0分、30分発(季節により変動あり) 休 荒天時 料 1000円 P 45台

立ち寄り!道の駅

与謝天橋立ICから35km

てんきてんき丹後
てんきてんきたんご

弥生遺跡の上に建つ道の駅。周辺には日本海側最大級の遺跡や古墳が点在し、古代の里資料館では遺跡からの出土品などを展示。海の幸を味わえるレストランや丹後ちりめんの販売コーナーも。

TEL 0772-75-2525 所 京都府京丹後市丹後町竹野313-1 時 9:00〜17:30 休 第2・4火曜 P 54台

③ 立岩
たていわ

砂浜に屹立する巨大な一枚岩

日本海を背に高さ20mの柱状節理の安山岩がつくり出す自然の造形美は、まさに絶景。鬼が封じ込められているとの伝説がある。

所 京都府京丹後市丹後町間人 P 6台

1500万年前に噴出したマグマが冷えて固まった岩床

ウユニ塩湖のように
黄昏れを海面に映す

④ 夕日ヶ浦
（ゆうひがうら）

「常世の浜」とも呼ばれ、海は鏡面のように夕焼け空を映し出し、その様子は「日本のウユニ塩湖」とも呼ばれる。春から夏にかけて、夕日が最も美しく輝く。

🏠京都府京丹後市網野町浜詰 🅿周辺駐車場利用

> 夕日の光が海面に反射し、幻想的な風景が見られる

川辺に揺れる柳並木と
木造の旅館が醸す情緒

城崎温泉
きのさきおんせん

1300年の歴史を持つという山陰の名湯。古くから多くの文人墨客に愛され、江戸時代にその名が全国に知られた。大谿川に架かる太鼓橋と水辺の柳並木、木造3階建ての旅館や外湯が城崎らしい情緒を誘う。

> 城崎温泉は浴衣姿がよく似合う

＼ CHECK！／

7つの外湯めぐり

御所の湯、一の湯、柳湯、鴻の湯、まんだら湯、地蔵湯、さとの湯の7つの外湯があり、それぞれに味わいがある。宿泊客はチェックアウトまで何度でも無料で利用可能。入浴料はそれぞれ800〜900円。日帰り客には、7つの外湯が入り放題の1日券がある。

> ↑良縁成就の湯として人気の「御所の湯」。近年改修し、全面露天風呂に

> 大師山山頂へと延びる城崎温泉ロープウェイ。街並みと日本海を一望できる

城崎温泉の名宿

三木屋
みきや

創業300年以上の歴史を持ち、一部木造3階の建物と日本庭園が和の風情満点。志賀直哉が愛用した客室が残されている。

📞0796-32-2031 🏠兵庫県豊岡市城崎町湯島487 🕒15:00 out 11:00 室16室 予1泊2食付2万6400円〜 🅿15台

西村屋本館
にしむらやほんかん

安政年間(1860)創業、160余年の伝統を伝える老舗旅館。朝食会場の「泉霊の間」は、桐の格天井など豪華な造りの国登録有形文化財。

📞0796-32-4895 🏠兵庫県豊岡市城崎町湯島469 🕒15:00 out 11:00 室32室 予1泊2食付4万8830円〜 🅿30台

0　　5　　10km
N

てんきてんき丹後 🅿️

立岩 ③

丹後松島
リアス海岸の風景が日本三景の松島に似ていることから名付けられた

若狭湾を眺めながらドライブが楽しめる

琴引浜
歩くとキュッキュッと音がする鳴き砂で有名な美しい浜辺

犬ヶ岬

経ヶ岬

権現山

布引滝
伊根町山中にあり、白い布を垂らしたように見える美しい滝

野室崎

依遅ヶ尾山

城崎温泉

夕日ヶ浦 ④

高天山

太鼓山

伊根町

蝙蝠岳

新井崎

猫崎

竹野駅

山陰本線

城崎温泉駅

小天橋駅

来日岳

玄武洞駅

夕日ヶ浦木津温泉駅

金剛童子山

角突山

宮津市

青島

網野駅

峰山駅

② 伊根の舟屋

黒崎

9

178

49

136

玄武洞公園
160万年前の火山活動で生まれた玄武岩の石柱が魅せる原初の地球

京丹後市

京丹後大宮駅

天橋立ビューランド ①

宮津湾

栗田湾

無双ヶ鼻

博奕岬

金ヶ崎

矢次山

豊岡市

野田駅

三開山

日高北
国府駅

コウノトリ
但馬空港

大岡山

312

磯砂山

312

与謝天橋立IC

京丹後大宮駅

宮津天橋立駅

宮津市

栗田駅

由良川

舞鶴市

小浜線

松尾寺駅

舞鶴東

養老山

君ヶ山

綾部市

日高神鍋
高原

江原駅

須留岐山

426

郷路岳

権現山

与謝野町

START

与謝野駅

宮津天橋立駅

176

八鹿氷ノ山

養父駅

光明山

和田山IC

出石城跡
野面積みの見事な石垣が残り、城下町が一望できる桜の名所

西床尾山

江笠山

大江山

辛皮駅

舞鶴大江

314

483

312

朝来市

梁瀬駅

和田山JCT

和田山

竹田駅

赤石ヶ峰

二俣駅

天ヶ峰

大江駅

公庄駅

下天津駅

名物グルメ

松葉ガニ
まつばガニ
丹後半島や島根県沖の日本海側漁港（京都府から島根県に限定）で水揚げされたズワイガニの雄を松葉ガニと呼び、漁期は11月6日から3月20日の間に定められている。

山陰本線

舞鶴若狭自動車道

京都丹波高原国定公園

京丹波町

京丹波みずほ

27

京丹波

養父市

粟鹿山

朝来市

青倉駅

朝来山

⑤ 立雲峡

⑥ 竹田城跡

カヤマチ山

427

483

青垣

烏帽子山

牧駅

烏ヶ岳

石原駅

高津山

福知山市

福知山駅

429

福知山

山陰本線

175

丹波竹田駅

丹波市

市島駅

黒井城跡
戦国時代末期に築城され山全体が巨大な要塞に。秋には雲海も見られる

山陰本線

綾部駅

下山駅

山下駅

藤和峠
竹田城跡の西約2kmに位置し、雲海を望む絶好の撮影スポット

段ヶ峰

429

新井駅
朝来

312

生野駅

神河町

長谷駅

播但連絡道路

寺前駅

新野駅

312

鶴居駅

福崎町

甘地駅

福崎駅

市川町

田原駅

市川駅

中国自動車道

道の駅 あおがき
国指定の無形文化財・丹波布の歴史と技術を伝える伝承館を併設

丹波大山駅

久下村駅
下滝駅

船町口駅

本黒田駅

黒田庄駅

石生駅

氷上

柏原駅

丹波市

春日IC

春日JCT

黒井駅

黒頭峰

175

自動車道

舞鶴若狭自動車道

丹波おばあちゃんの里 🅿️

176

⑦ 篠山城跡

盃ヶ岳

丹波篠山市

胎金寺山

南丹市

亀岡市

能勢町

加古川線

多可町

日本へそ公園駅

比延駅

西脇市駅
新西脇駅

西脇市

滝駅

西光寺山

古市駅

草野駅

古市駅

篠山口駅

丹波大山駅

草野駅

福知山線

矢代駅

丹南篠山口IC

GOAL

愛宕山

弥十郎ヶ嶽

深山

372

加西市

加東市

黒田庄駅

西脇市

三田市

三田市

三草山

三草山

大船山

猪名川町

甘地駅
福崎駅

三木市

藍本駅

千丈寺山

相野駅

剣尾山

173

能勢町

雲の海に浮かぶ竹田城跡を望む

雲海は9〜11月の晴れた日の早朝が狙い目だ

⑤ 立雲峡
りつうんきょう

3つの展望台と立雲峡テラスや光の道天望所があり、光の道天望所からの眺望は格別。天空の城・竹田城跡が一望できるほか、城下町も遠望できる。但馬吉野と呼ばれ、北近畿有数の桜の名所としても名高い。

☎079-674-2120(情報館 天空の城) 所兵庫県朝来市和田山竹田 時見学自由 料300円 P50台

⑥ 竹田城跡
たけだじょうあと

高353.7mの古城山(虎臥山)に築かれた山城で、現在は石垣のみが残る。自然石を積み上げる野面積みという技法による石垣は、戦国期に活躍した穴太衆の手によるもの。

所兵庫県朝来市和田山町竹田古城山169 P JR竹田駅周辺駐車場利用 ※JR竹田駅から竹田城跡までは天空バスで20分、下車後徒歩20分

雲上にそびえる壮大な天空の城

城の周囲を包む雲海を城内から望むのも格別

⑦ 篠山城跡
ささやまじょうせき

徳川家康の命で慶長14年(1609)に築城。天守の代わりに主要な建物をなした大書院が復元され、内部を一般公開している。

☎079-552-4500 所丹波篠山市北新町2-3 時8:30〜20:00(11〜4月は〜19:00) 休散策自由
大書院 時9:00〜17:00(受付は〜16:30) 休月曜(祝日の場合は翌日) 料400円

古き良き風情が残る丹波篠山。散策が楽しいエリアだ

大名の書院としては類いまれな規模を誇る

家康の命によって築かれた大書院のある名城

立ち寄り！道の駅

丹南篠山口ICから15km

丹波おばあちゃんの里
たんばおばあちゃんのさと

故郷のおばあちゃんのようにぬくもりと優しさで旅人を包んでくれる道の駅。木の香りあふれるフードコートは教室のように机と椅子が並ぶどこかなつかしい場所だ。

☎0795-70-3001 所兵庫県丹波市春日町七日市710 時9:00〜17:00 休無休 P180台

丹波の牛乳を使ったジェラートはシングル380円〜

➡地元でのびのびと育った丹波赤鶏のからあげ定食1000円

COURSE 23 | よしが浦温泉・能登半島

よしがうらおんせん・のとはんとう

石川県

海絶景の宝庫・能登半島を巡り、青く冴え渡る海と断崖の秘湯へ

能登半島をぐるりと一周し、日本海の表情豊かな情景に出会う。まずは西海岸へ向かい、荒波が造形した巌門、機具岩、日本のワイキキとも称される増穂浦海岸を観賞。日本の棚田百選に選ばれた白米千枚田を一望し、奥能登絶景海道を東へ。半島の最先端、珠洲岬周辺を散策し、よしが浦温泉に宿泊。翌日は巨大な軍艦を思わせる見附島を眺め、七尾湾に架かる能登島大橋を爽快ドライブ。

■ DRIVE COURSE

走行距離	約217km

START | 徳田大津IC

13km／県道301・36号

1 巌門

4km／県道36号、国道249号

2 機具岩

2km／国道249号

3 増穂浦海岸

53km／国道249号

4 白米千枚田

39km／国道249号、県道28号

5 珠洲岬

0.1km

よしが浦温泉

22km／県道28・287・12号

6 見附島

72km／県道57号、国道470号

7 能登島大橋

12km／県道47号

GOAL | 徳田大津IC

■ INFORMATION

志賀町観光協会 ☎0767-42-0355
輪島市観光課 ☎0768-23-1146
珠洲市観光交流課 ☎0768-82-7776
七尾市観光交流課 ☎00767-53-8424

① 巌門
がんもん

能登半島の西岸に続く景勝地・能登金剛を代表する観賞スポット。波の浸食によって巨大な岩壁に高さ約15m、幅約6m、奥行き約60mの洞門がぽっかりとあき、日本海を見通すことができる。近くには遊覧船もあり、迫力満点の断崖や奇岩を海上からも楽しめる。

🏠石川県志賀町富来牛下 🅿100台
【能登金剛遊覧船】☎0767-48-1233
🕘9:00〜16:00頃、随時運航（所要約20分）🈺11月中旬〜3月中旬、荒天時
💴1400円

日本海の荒波が生み出した自然の芸術作品に驚嘆する

海にたたずむ姿が神々しい

注連縄で結ばれた夫婦岩

② 機具岩
はたごいわ

大きいほうが女岩で高さ16m、男岩は12m

2つの岩が寄り添うように並ぶ夫婦岩で能登金剛の名勝のひとつ。岩の誕生や姿形に機織りの神様の伝説があり、名前の由来となっている。伊勢の二見岩に似ていることから能登二見とも呼ばれる。能登屈指の夕焼けスポットでもある。

🏠石川県羽咋郡志賀町七海 🅿10台

120

荒々しい岩肌に生い茂る松。独特の景観は浮世絵師・歌川広重の『六十余州名所図会』にも描かれた

⬆洞門の中からは水平線が遠望。日没時には夕日が差し込み、格別の美しさに

透明度が高く、エメラルドグリーンの水がきらめく美しい海

❸ 増穂浦海岸
ますほがうらかいがん

透き通る海と抜群の開放感

知る人ぞ知る日本海の白砂青松

さくら貝など美しい貝殻が流れ着く浜辺

全長約4km、能登半島の西側に広がる美しい海岸。青く澄んだ海と白く輝く砂浜に心奪われる。海水浴やマリンスポーツも楽しめ「日本の水浴場55選」に選定。過去にギネスブックに掲載された全長約460mの長いベンチがあり、波音や潮風をゆっくり堪能できる。

所 石川県志賀町相神イ3番1　Ｐ100台

田んぼの数はその名
のとおり1004枚！

人の営みと自然が織りなす

日本海に沈む夕日と水田
に映る夕焼けがフォトジェ
ニック。冬はあぜ道をイル
ミネーションが彩る

④ 白米千枚田
しろよねせんまいだ

奥能登を代表する絶景スポット。日本海に面した斜面に小さな棚田が
無数に連なり、海岸まで続く。空を映す春の水田、まぶしい夏の青田、
黄金色の秋の稲穂、雪化粧された冬のあぜ道と、移りゆく四季の情景
や色彩は特筆もの。一年を通して日本の美しい原風景が楽しめる。

所 石川県輪島市白米町ハ部99-5 P 51台

立ち寄り！道の駅

のと里山空港ICから15km

輪島
わじま

旧輪島駅の跡地に建つ。かつての線路
やホームの一部が当時のまま残されて
いて、フォトスポットに。観光案内所
のほか、売店や喫茶店がある。

☎0768-22-1503 所 石川県 輪島市
河井町20部1-131 営8:30～17:00(店
舗により異なる) 休 無休(店舗により
異なる) P 61台

↑特産品販売所には輪島塗も並ぶ

のと里山空港ICから25km

千枚田ポケットパーク
せんまいだポケットパーク

国道249号沿いにある、白米千枚田を
眺める絶好のスポット。能登のお米を
使ったおにぎりが絶品。ショップでは
貴重な千枚田のコシヒカリや輪島の名
物が購入できる。

☎0768-34-1004
所石川県輪島市
白米町ハ部99-5
営9:00～18:00
(10月中旬～3月
中旬は～20:00)
休 無休 P 56台

↑千枚田のお米を
使ったポン菓子

🚗 ここにも、でかけたい！ ....

のと里山空港ICから55km

禄剛埼灯台
ろっこうさきとうだい

日本海に臨む能登半島の最先端

明治時代に造られた白亜の灯台。能登半島の突端に
あり、海から昇る朝日と海に沈む夕日が同じ場所で見
られるスポットとして知られる。

☎0768-82-7776(珠洲市観光交流課) 所石川県珠
洲市狼煙町イ51 営休料見学自由(内部は年に数回一
般公開) P 110台

←「日本の灯
台50選」や
「恋する灯台」
に認定され
ている

122

風光明媚な岬の上に建つスリル満点の展望台

海を望む四角い穴があいた石彫モニュメントは人気の撮影スポット

海絶景を独り占めできる 能登半島の最果てに湧く秘湯

よしが浦温泉
よしがうらおんせん

珠洲岬の崖下に湧く。かつては舟でしかたどり着けなかったという奥能登の秘湯で、泉質は肌にやさしい弱アルカリ性のナトリウム－塩化物冷鉱泉。宿は、断崖絶壁を背にした入り江にひっそりとたたずむプライベートリゾートの「よしが浦温泉 ランプの宿」のみ。

よしが浦温泉の名宿

よしが浦温泉 ランプの宿
よしがうらおんせん ランプのやど

人気の一軒宿。日本海を一望する洞窟風呂やプールに囲まれた露天風呂などがあり、日常を離れた贅沢な湯浴みが体験できる。
📞0768-86-8000(よしが浦温泉 ランプの宿)
🏠石川県珠洲市三崎町寺家10-11 in15:00 out10:00 室14室 予算1泊2食付2万5560円〜 P50台 送迎あり

↑全室オーシャンビューの極上宿

夜は館内にランプが灯り、ロマンチック

⑤ 珠洲岬
すずみさき

眺望抜群の空中展望台「スカイバード」

海に囲まれた能登半島の北東端に位置する珠洲岬。自然界のパワーが集まるというこの地は、「聖域の岬」とも呼ばれる日本三大パワースポットのひとつ。岬の先端には崖からせり出して宙に浮いたかのような展望台があり、眼前に広がる大海原や岩礁をスリリングに観賞できる。
📞0768-86-8000(よしが浦温泉 ランプの宿) 🏠石川県珠洲市三崎町寺家10-11 時9:00〜16:00 休無休 料青の洞窟とのセットで1500円 P50台

🚗 ここにも、でかけたい!

のと里山空港ICから55km

青の洞窟
あおのどうくつ

幻想的な写真が撮れるパワースポット

珠洲岬の空中展望台の先にあるパワースポットの洞窟。海に面したドーム型の洞窟に光が差し込むことで海水や内部が青く光ることから命名。現在は遊歩道や内部が整備され、より幻想的で写真映えする観光名所に。
📞0768-86-8000(よしが浦温泉 ランプの宿) 🏠石川県珠洲市三崎町寺家10-11 時9:00〜16:00 休無休 料空中展望台とのセットで1500円 P50台

↑波の音が静かに響く洞窟内。天に昇る仙人が修行した場所との伝説も

⑥ 見附島
みつけじま

鵜飼海岸にある高さ28m、周囲約300mの無人島で県指定の天然記念物。船の船首のような尖った崖と重厚感のある姿から、別名「軍艦島」と呼ばれている。踏み石が並べられているので、引き潮のときには島の近くまで歩いて行ける。

所石川県珠洲市宝立町鵜飼 P200台

これぞ能登のシンボル
軍艦のように見える奇岩の島

浜辺には縁結びの鐘が設置されている

海の中にそびえ立つ姿は迫力満点。日没後はライトアップされ、幻想的な光景が眺められる

⑦ 能登島大橋
のとじまおおはし

能登島と七尾市街を結ぶ、全長1050mの石川県で一番長い橋。中央部が海面から約24mと最も高く、波打つようにゆるやかな美しい曲線を描く。七尾市側には公園があり、海と島が織りなす雄大な景色を堪能できる。

所石川県七尾市石崎町～能登島半浦町 P100台

大空に翼を広げたカモメをイメージした優美な白い橋

橋上から見える屏風瀬戸の断崖は壮観

能登丼
のとどん

能登の海鮮や能登牛などをふんだんに使った地物の丼。器や箸も輪島塗や珠洲焼など能登で作られたものを使用。珠洲市、輪島市、能登町、穴水町の飲食店で提供している。

桶滝
桜や花菖蒲など季節の花が美しい。プラネタリウムや宿泊施設なども併設

大本山總持寺祖院
鎌倉末期創建の曹洞宗の名刹。大火で焼失後、再興され、今も多くの参拝者が訪れる

増穂浦海岸③

機具岩②

巌門①

徳田大津IC

START & GOAL

花のミュージアム フローリィ
約500種類の草花が楽しめる植物園。南欧風の建物や温室のほか、ショップも

COURSE **23** 走行距離 約**217**km

0　3　6km

N

珠洲岬 **⑤**

よしが浦温泉

禄剛埼灯台 ★

シーサイドビューが楽しめる奥能登絶景海道

青の洞窟 ★

28

禄剛崎

遭崎

輪島キリコ会館
「能登のキリコ祭り」の資料館。高さ数十ｍもある大キリコが多数展示されている

大崎

鯛崎

堂ヶ崎

287

紀ノ川

鞍崎

249

猫ヶ岳　見平岳

ツバ崎

白崎

249

長手崎

白米千枚田 **④**

千枚田ポケットパーク ♨

岩山町

249　12

珠洲市

鉢伏山

宝立山

飯田湾

輪島

249

センターラインがあり走りやすい

鵜飼川

⑥ 見附島

輪島市

能登町

舟橋川

249

赤崎

曽又山

57

城ヶ崎

宮崎

祖倉山

焼山

のと里山空港

✈ 能登空港

矢波山

城ヶ崎

249

御舟崎

九十九湾

470

249

吉が池山

249

太田川

穴水町

沖波山

恵比須崎

金剛崎
日本屈指のパワースポット。周囲にある禄剛崎、長手崎などの岬を含めて珠洲岬と呼ばれることも。写真は神秘的な雰囲気に満ちた「青の洞窟」の入り口

青島

野々木鼻

神社崎

椿崎

カマエ鼻

やなぎだ植物公園
桜や花菖蒲など季節の花が美しい。プラネタリウムや宿泊施設なども併設

能登鹿島駅

七尾北湾

立ヶ鼻

牧崎

マン崎

そわじ鼻

城ヶ鼻

勝尾崎

ツインブリッジのと
能登島と能登島を結ぶ全長620mの美しい斜張橋。橋からの眺望も素晴らしい

種ヶ島

七尾西湾

能登島

四村塚山

新崎

松島

観音崎

石川県能登島ガラス美術館
世界各国の現代ガラス作家による造形作品を中心に400点近くの作品を収蔵

田鶴浜駅

47

屏風崎

屏風岬

和倉温泉駅

七尾南湾

大杉崎

七尾港

160

⑦ 能登島大橋

七尾市

七尾駅

のとじま水族館
イルカやカワウソなど海の生き物に親しむ体験型アトラクションが充実

七尾線

徳田駅

七尾城山

470

COURSE 24 | 白浜温泉

しらはまおんせん

和歌山県

太平洋沿岸の絶景と万葉の時代より知られる名湯を巡る

阪和自動車道・南紀田辺ICを下り、絶景が連なる白浜へ向かう。白浜では円月島、千畳敷、三段壁と国の名勝にも指定された景勝地を巡ろう。白浜温泉は、宿の湯だけでなく、崎の湯など公営の外湯で楽しむのもおすすめ。国道42号をさらに南下し、枯木灘海岸で名高いすさみも訪ねたい。すさみ町が選定した「すさみ八景」のうち、稲積島、雫の滝、婦夫波は外せない絶景スポットだ。

■■■ DRIVE COURSE

| 走行距離 | 約 **91** km |

START 阪和自動車道・南紀田辺IC

3km／県道210号

① 天神崎

17km／県道33・34号

② 円月島

2km／県道34号

③ 白良浜

白浜温泉

④ 千畳敷

1km／県道34号

⑤ 三段壁

30km／県道34号、国道42号

⑥ 稲積島

12km／国道42号、県道38号

⑦ 雫の滝

20km／県道38号、国道42号

⑧ 婦夫波

6km／国道42号

GOAL 紀勢自動車道・すさみ南IC

■■■ INFORMATION

田辺観光協会 ☎0739-26-9929
白浜町観光課 ☎0739-43-6588
すさみ町観光協会 ☎0739-34-3200

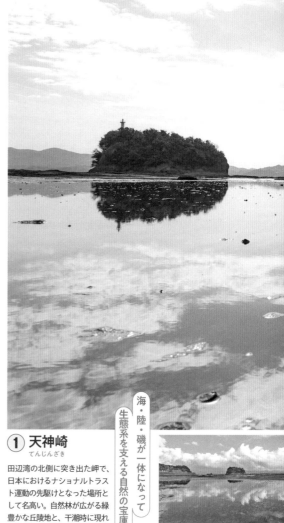

海・陸・磯が一体になって生態系を支える自然の宝庫

↑中央に見える丸山は干潮時には陸と岩礁でつながる

① 天神崎

てんじんざき

田辺湾の北側に突き出た岬で、日本におけるナショナルトラスト運動の先駆けとなった場所として名高い。自然林が広がる緑豊かな丘陵地と、干潮時に現れる広い岩礁によって形成され、海と陸の動植物が岩礁を挟んで同居している。豊かな自然が市街地近くにあるのも特徴だ。

📍和歌山県田辺市天神崎目良19-7(天神崎元島第一駐車場)

🅿25台

天神崎丸山灯台の夕景。周囲の岩礁は釣り場や磯遊びの場として人気

条件が揃えば、岩礁に溜まった水が光に反射してウユニ塩湖のような絶景が見られる

海食洞の中央に沈む夕日の絶景が見られるのは、春・秋分前後

明るい日差しにのどかな姿を見せる円月島

夕日の名所として知られる南紀白浜のシンボル

② 円月島
えんげつとう

白浜の臨海浦の海上に浮かぶ、南北130m、東西35mの小島。正式名は高嶋だが、中央に円い海食洞が開いていることから、円月島と呼ばれる。夕映えに島影が浮かぶ時刻はひときわ美しい。島周辺を巡るグラスボートも運航している。

所和歌山県白浜町3740 Pなし

127

毎年5月3日に本州一早い海開きが行われる、関西屈指の人気ビーチ

まぶしい白砂の海岸

白浜の名の由来となった

③ 白良浜
しららはま

白良浜はハワイのワイキキビーチの友好姉妹浜

延長620mにわたる白砂の海岸。白浜温泉の中心で、夏の海水浴をはじめさまざまなイベントもこの海岸で行われる。周辺にはリゾートホテルや公営浴場、足湯も連なり、散策にも最適の場所だ。

所 和歌山県白浜町864
P 60台

万葉集にも詠われた
関西有数の温泉リゾート

白浜温泉
しらはまおんせん

有馬温泉・道後温泉と並ぶ日本三古湯のひとつ。1350年の歴史を誇り、歴代天皇も湯治と海の景色を楽しみに訪れたという名湯だ。白浜温泉の象徴、万葉の昔から残る海際の露天風呂「崎の湯」をはじめ、公営浴場や足湯も各所にあり、気軽に温泉を楽しむことができる。

海沿いにリゾートホテルや温泉旅館が立ち並ぶ

白浜温泉の名宿

INFINITO HOTEL & SPA 南紀白浜
インフィニートホテルアンドスパなんきしらはま

白浜の海と街を見晴らす高台にある。海と一体になれるような、開放感あふれる露天風呂が特に人気。

📞0379-42-2733 所 和歌山県白浜町2018 in 15:00 out 11:00 室 74室 予算 1泊2食付 2万7500円〜 P 90台 送迎 あり

浜千鳥の湯 海舟（共立リゾート）
はまちどりのゆ かいしゅう（きょうりつリゾート）

岬全体を敷地にする。露天風呂、内湯、貸切露天風呂と趣向を凝らした湯屋で白浜温泉を満喫できる。

📞0739-82-2220 所 和歌山県白浜町1698-1 in 15:00 out 11:00 室 109室 予算 1泊2食付 2万3000円〜 P 80台 送迎 なし

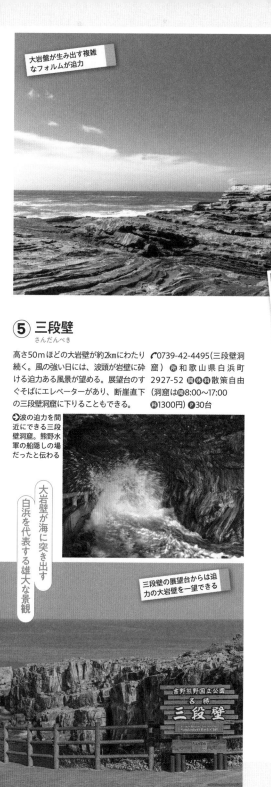

大岩盤が生み出す複雑なフォルムが迫力

広大な岩畳と紺碧の海が織りなす絶景スポット

④ 千畳敷
せんじょうじき

新第三紀層の砂岩が長い年月波に浸食されて生まれた広大な岩畳。畳を千畳敷いたような姿から千畳敷と名付けられた。岩畳には下りることができ、海と波を間近にすることができる。夕日に映える岩畳も必見。
📍和歌山県白浜町2927-319 🅿41台

岩畳の面積はおよそ2haに及ぶ。「日本の夕陽百選」にも選定されている

⑤ 三段壁
さんだんべき

高さ50mほどの大岩壁が約2kmにわたり続く。風の強い日には、波頭が岩壁に砕ける迫力ある風景が望める。展望台のすぐそばにエレベーターがあり、断崖直下の三段壁洞窟に下りることもできる。

📞0739-42-4495(三段壁洞窟) 📍和歌山県白浜町2927-52 🕐散策自由(洞窟は8:00〜17:00) 💴1300円 🅿30台

➡波の迫力を間近にできる三段壁洞窟。熊野水軍の船隠しの場だったと伝わる

大岩壁が海に突き出す

白浜を代表する雄大な景観

三段壁の展望台からは迫力の大岩壁を一望できる

🚙 ここにも、でかけたい！ ……………

南紀田辺ICから33km

アドベンチャーワールド

140種1400頭の動物たちが暮らす

4頭のジャイアントパンダをはじめ、たくさんの動物とふれあえる体験型テーマパーク。広大な敷地ではツアーやアトラクションも充実している。
📞0570-06-4481(ナビダイヤル) 📍和歌山県白浜町堅田2399 🕐10:00〜17:00(季節により異なる) 休不定休 💴4800円〜 🅿5000台

⬆何回でも見たくなるパンダたちの愛らしいしぐさ

⑥ 稲積島
いなづみじま

神武東征伝説が残る島

周参見湾にぽっかり浮かぶ

古くから周参見の海の守り神とされてきた周囲約1kmの無人島。島内はイヌマキ、タチバナなどの暖地性植物に覆われ、オオタニワタリの自生北限地でもあり、「稲積島暖地性植物群落」として国の天然記念物に指定されている。
🏠和歌山県すさみ町周参見
🅿70台

防波堤で陸地と結ばれているが、上陸には許可が必要

島の向こうに太陽が沈む風景は、すさみ自慢の夕日スポットのひとつ

⑦ 雫の滝
しずくのたき

四季折々の自然に映える

高さ30mの二段滝

「すさみ八景」のひとつで、周参見川の本流にかかる美しい滝。新緑や紅葉の季節は特に見事だ。少し急だが遊歩道も整備され、滝つぼの近くまで行くことができる。夏には鮎やアマゴなどの渓流釣りを楽しむ人もいる。
🏠和歌山県すさみ町小河内 🅿2台

二段の滝の清らかな水と瀑音に癒やされる

サンセットの美しさで名高い

枯木灘海岸の景勝地

国道42号沿いの恋人岬から眺める婦夫波

⑧ 婦夫波
めおとなみ

陸の黒島と岬の間は陸繋砂州が形成されつつあり、その両側から打ち寄せる波が寄り添うように見えることから名付けられた。「これからは女性が強い時代」と夫婦を逆にしたとか。
🏠和歌山県すさみ町見老津 🅿20台

立ち寄り! 道の駅

すさみ南ICから1km

すさみ

名物のイノブタや近郊で獲れる魚が楽しめる食事処、みやげ物店、カフェなど充実した施設を備えている。展望台も併設。
📞0739-58-8888 🏠和歌山県すさみ町江住808-1
🕐9:00〜18:00(10〜3月は〜17:00) 休無休 🅿131台

店内やパーキングからも周参見の海を一望できる

COURSE 24　走行距離 約91km

0　　2　　4km

みなべ町

和自動車道

424 みなべ

南部駅

START

田辺市

南紀田辺IC

42

芳養駅　紀伊田辺駅

元島

南方熊楠記念館
紀州が生んだ世界的博物学者の遺品や遺稿を展示する

高畑山

天神崎①

田辺湾

紀伊新庄駅

文里港

33 42

神島

円月島②

上富田

311 朝来駅

上富田町

34

塔島

四双島

麦粉森山

日置川峡
清流日置川にある峡谷で春はサツキ、秋は紅葉の名所

半田峯

良浜③

城ノ森山

白浜駅

42

白浜温泉

南紀白浜空港

★アドベンチャーワールド

畳敷④

紀伊富田駅

南紀白浜

三段壁⑤

白浜町

塩津山

富田川

見草崎

見草トンネル

富田川

すさみ町

42

烽火ノ鼻

椿駅

善司ノ森山

道の駅椿はなの湯
国道42号の道の駅。椿温泉の入浴施設と足湯も併設する

市江崎

紀伊日置駅

日置川

ベアーズロック
志原海岸の砂浜にある熊が頭だけ出しているように見える岩

安宅トンネル

in the Outdoor 白浜海岸
敷地が白浜志原海岸の一部にある新感覚のグランピング施設

日置川

38 すさみ

周参見第二トンネル

⑦雫の滝

安宅崎

周参見駅

紀勢自動車道

GOAL

瀬島

長井坂トンネル

すさみ南IC

稲積島⑥

和深崎

42

江住駅

見老津駅

沖ノ黒島

江住

名物グルメ

なれ寿司
なれずし
魚と塩、米を熟成させて乳酸発酵させたもので、寿司のルーツといわれる。和歌山県北部ではサバ、南部ではサンマが名高く、発酵が進んでいない「早なれずし」もある。

すさみ海中郵便ポスト
沖合約100m、水深約10mの海中にあり実際に投函できる

婦夫波⑧

🚉 すさみ

恋人岬
枯木灘を代表する奇勝、婦夫波を見晴らすビュースポット

COURSE 25 ｜ 湯原温泉・蒜山高原

ゆばらおんせん・ひるぜんこうげん

岡山県

中国山地の大自然に抱かれた感動と癒やしの風景を訪ねる

　旅の始まりは早朝の備中松山城展望台から。雲上の山城を眺望し、城下町の紺屋川美観地区を散策。山道を北へ走ると突如現れるのは赤い町並みの吹屋ふるさと村。マイナスイオンたっぷりの神庭の滝、美作三湯のひとつ、湯原温泉でリフレッシュを。翌日は塩釜の冷泉で喉を潤し、ひるぜんジャージーランドで高原リゾートを満喫。鬼女台展望休憩所で雄大な中国山地と蒜山高原を目に焼き付けて。

■■■ DRIVE COURSE

走行距離	約 168 km

START 岡山自動車道・賀陽IC

9km／国道484号

① 備中松山城展望台

8km／国道484・180号

② 紺屋川美観地区

25km／国道180号、県道85号

③ 吹屋ふるさと村

61km／県道85・33・32号

④ 神庭の滝

19km／国道313号

湯原温泉

20km／国道313・482号、県道422号

⑤ 塩釜の冷泉

4km／県道422号

⑥ ひるぜんジャージーランド

11km／県道422・114号

⑦ 鬼女台展望休憩所

11km／県道114号

GOAL 米子自動車道・蒜山IC

■■■ INFORMATION

高梁市観光協会 ☎0866-21-0461
湯原観光情報センター ☎0867-62-2526
真庭観光局 ☎0867-45-7111
真庭市蒜山振興局地域振興課 ☎0867-66-2511
蒜山観光協会 ☎0867-66-3220

雲海に浮かび上がる天空の山城を眺望

① 備中松山城展望台

びっちゅうまつやまじょうてんぼうだい

標高430mの臥牛山の頂に建つ備中松山城。現存12天守のうち、唯一の山城で日本三大山城にも数えられる。近年は雲海に包まれた幻想的な光景が「天空の山城」として話題の絶景スポットに。フォトジェニックな山城を見るなら、城の向かい側の山中にある展望台からがおすすめ。

所岡山県高梁市奥万田町 P 4台

② 紺屋川美観地区

こうやがわびかんちく

備中松山城の外堀の役割を果たしていた紺屋川の河畔に桜と柳の美しい並木道が続く。県内最古の教会・高梁基督教会堂や藩校有終館なども建ち、情緒あふれる町並みが広がっている。

所岡山県高梁市鍛冶町 P高梁市観光駐車場利用

川沿いに続く桜と柳　レトロな並木道を散策

風情ある町並みは「日本の道100選」にも選出

高梁川に流れ込む紺屋川。春には満開の桜並木が目を楽しませてくれる

雲海観賞の狙い目は9月下旬～4月上旬の早朝、湿度が高く無風で前日の日中との寒暖差が大きい朝

山陰と山陽をつなぐ戦略的な位置に築かれた難攻不落の山城

ノスタルジックなベンガラ色の里山集落

鮮やかな赤色の格子が目を引く郵便局。周辺にはカフェやショップも

③ 吹屋ふるさと村
ふきやふるさとむら

吹屋は赤色の顔料・ベンガラの産地として繁栄した町。幕末から明治期に財を成した豪商たちが赤銅色の石州瓦とベンガラ塗りの格子で家々を飾り、整然と統一された美観を造り上げた。往時を物語る独特の町並みは国の重要伝統的建造物群保存地区に選定。
🏠岡山県高梁市成羽町吹屋 Ｐ吹屋千枚駐車場利用

中国山地の山あいに忽然と現れる赤い町並み

133

豪壮かつ神秘的な景観に
圧倒される西日本屈指の名瀑

周辺には野生のニホンザルが生息している

④ 神庭の滝
かんばのたき

高さ約110m、幅約20mの中国地方随一の滝で「日本の滝百選」に選ばれている。断崖絶壁を流れ落ちる豪快さと白布をまとったようにも見える水しぶきの優美さが見どころ。周囲の渓谷林との調和も美しく、初夏の新緑や秋の紅葉は見事で国の名勝にも指定。

☎0867-44-2701(神庭の滝自然公園管理事務所)
🏠岡山県真庭市神庭640 🕐8:30〜17:15(入園は〜16:30) 休無休 💴300円 🅿72台

🚗 **ここにも、でかけたい!** ‥‥‥

賀陽ICから31km

井倉洞
いくらどう

巨大鍾乳洞を探検!

高梁川上流に広がる鍾乳洞で全長約1200m、高低差は約90mにも及ぶ。洞内には銀すだれ、くらげ岩などと名付けられた観賞スポットが多数点在。

☎0867-75-2224 🏠岡山県新見市井倉409
🕐8:30〜17:00(入洞は〜16:30) 休無休
💴1000円 🅿300台

⤴ライトアップされた洞内は40分ほどで探勝できる

自然豊かな清流沿いに湧く
美人の湯でリラックス

湯原温泉
ゆばらおんせん

旭川沿いに自噴する岡山県を代表する人気温泉地。泉質はアルカリ性で肌ざわりが良く、湯量も豊富。足元湧出の名物露天風呂「砂湯」は、全国露天風呂番付で「西の横綱」に評された名湯として知られている。

オオサンショウウオが棲む山川に囲まれた温泉地

湯原温泉の名宿

湯の蔵 つるや
ゆのくらつるや

創業100年を超える元造り酒屋の宿。源泉かけ流しの湯と日本酒が楽しめる。日帰り入浴も可能。

☎0867-62-2016 🏠岡山県真庭市湯原温泉144 in15:00 out10:00 🛏15室 予約1泊2食付 1万8700円〜 🅿70台

八景
はっけい

野菜を主役にした山里料理が評判。露天風呂からは川のせせらぎや山々、満天の星が堪能できる。

☎0867-62-2211 🏠岡山県真庭市豊栄1572 in15:00 out11:00 🛏26室 予約1泊2食付 1万9950円〜 🅿30台

COURSE 25 走行距離 約168km

甲ヶ山

三鈷峰

大山

烏ヶ山

象山

蒜山大山スカイライン。冬期は雪のため通行止

⑥ ひるぜんジャージーランド

上蒜山 蒜山 下蒜山
中蒜山

仏ヶ仙

⑤ 塩釜の冷泉

岸本駅　本宮山
大山高原スマート　溝口

越敷山

大山町

伯耆町

江府町

三朝町

鳥取県

若杉山

南部町

伯耆溝口駅

大山住山

鬼女台展望休憩所 ⑦

江尾駅
伯備線
古峰山
武庫駅
根雨駅

江府町

GOAL

蒜山IC

三平山

岡山県

津黒山

湯原温泉

入道山

霞ヶ山

ロマンチック街道313の通称で親しまれている

日野町

宝仏山

二子山

雌山

雄山

新庄村

山乗渓谷

山水画を思わせる巨岩に囲まれた渓谷。遊歩道の先に落差20mの不動滝がある

湯原湖

湯原

扇山

鏡野町

花見山

剣森山

天銀山

醍醐桜

県下一の巨木ともいわれる孤高の一本桜がそびえ立つ

星山

三坂山

勝山町並み保存地区

城下町の面影が色濃く残る町並みに、色とりどりの暖簾がかかる

砥石山

美作追分駅

坪井駅

神庭の滝 ④

真庭市

姫新線

中国勝山駅

久世駅

出雲街道

加子山

足立駅

新見市

刑部駅

富原駅

月田駅

落合JCT

美作落合駅

美咲町

二上山

剣山

岩山駅
姫新線
黒髪山

大佐スマート

新見

新見駅

大野呂山

四峰山

北房JCT

北房

岡山自動車道

神郷PA
備中神代駅
坂根駅

石蟹駅
井倉駅
★ 井倉洞

猪風来美術館

小学校の跡地を利用して開館した日本で唯一の現代縄文アートの美術館

吉備中央町

名物グルメ

新見美術館

高台に建つ見晴らしの良い美術館。近現代の日本画を多く収蔵

大坊山

③ 吹屋ふるさと村

備中川面駅

方谷駅

高村山

① 備中松山城展望台

大和山

大陣山

賀陽IC

天神山

霧の海展望の丘

かぐら街道沿いの休憩所。晩秋～冬に霧の発生が多く、雲海がしばしば見られる

高梁市

紺屋川美観地区 ②

備中高梁駅

木野山駅
臥牛山

START

鶏足山

ジンギスカン

ドーム型の鍋でラム肉や野菜を焼く料理。昭和30年代、北海道のジンギスカンをお手本に牧歌的な雰囲気を味わえる観光資源として導入。人気のご当地メニューとなった。

広々とした緑の牧草地　四季の花畑に心癒やされる

丘をピンク色に埋め尽くす満開のコスモス

ジャージー牛がいる牧草地のほか、ホースパークやドッグランも隣接

蒜山三座の山裾から湧く夏でも涼しい緑の泉

水面に緑が映えて神秘的な雰囲気が漂う

⑤ 塩釜の冷泉
しおがまのれいせん

日本名水百選に認定されている冷泉。静謐な森の中、冷たい清水がこんこんと湧いて小さな泉をつくっている。水温は一年を通じて約11℃、毎秒300ℓの天然水が湧出する。近隣には採水場や茶屋もあり、ドライブの休憩にも最適。

所岡山県真庭市蒜山下福田　Ｐひるぜん塩釜キャンピングヴィレッジ駐車場利用

⑥ ひるぜん ジャージーランド

岡山県北部に広がる蒜山高原屈指の人気観光スポット。蒜山三座を望む広大な緑の牧場でのどかに草を食む愛らしいジャージー牛が眺められる。8月上旬のひまわり畑、10月中旬のコスモス畑も圧巻で、その美しさは一見の価値あり。

☎0867-66-7011　所岡山県真庭市蒜山中福田956-222　営9:30～16:30(12月～3月中旬10:00～16:00)　休1・2月の火・水曜(祝日の場合は営業)　料無料　Ｐ300台

蒜山高原と名峰・大山を一度に楽しむ撮影スポット

秋には紅葉やススキが見事で、夜明けには雲海が見られることもある

南北で2つの絶景が眺められる

⑦ 鬼女台 展望休憩所
きめんだいてんぼうきゅうけいじょ

岡山と鳥取の県境、蒜山大山スカイライン沿いの標高900mの高台にあるビューポイント。北側には鳥取県の名峰・大山から烏ヶ山、象山などの雄大な山並みが広がり、南側には緑の稜線の蒜山高原が一望できる。

所岡山県真庭市蒜山下徳山1109　休冬期は通行止めのため利用不可　Ｐ30台

のどかな自然を多様な美景が彩る

東海・北陸

23

石川県

2

富山県

10

32

福井県

29

33

34

岐阜県

27

28

9

30

26

愛知県

三重県

31

三河湾とアジサイを楽しみ焼物の街を探訪する

愛知県

佐久島・
形原温泉・常滑

さくしま・かたはらおんせん・とこなめ

三河湾に浮かぶアートと自然の美しい佐久島の景色やグルメを堪能、一色港から時折三河湾を眺めながら三ヶ根スカイラインへ入り、形原温泉あじさいの里へ向かう。美人の湯や6月のアジサイ絶景を楽しみ、巨大万華鏡のある三河工芸ガラス美術館へ。めくるめくガラス作品の世界を体感したら、知多半島の常滑へ。やきもの散歩道を巡り、明治から続く焼物文化にふれてみたい。

DRIVE COURSE 走行距離 約82km

START	知多半島道路・半田IC
	19km／県道34・265号、国道247号
	一色港
	フェリー利用
①	佐久島
	フェリー利用
	一色港
	23km／国道247号
②	形原温泉あじさいの里
	18km／県道41号
③	三河工芸ガラス美術館
	20km／国道247号、県道34号
④	やきもの散歩道
	2km／県道265号
GOAL	知多横断道路・常滑IC

☐ INFORMATION

西尾市佐久島振興課 ☎0563-72-9607
常滑市観光プラザ ☎0569-34-8888

---

① アートな景色に癒やされる

佐久島
さくしま

三河湾に浮かぶ、信号機もコンビニもない里山風景が広がる島。随所にアート作品が設置されたSNS映えスポットとしても話題。黒壁の家々が連なる集落の風景や、点在するくつろぎカフェと、タコ、アサリなど島のグルメも魅力。
🅟愛知県西尾市佐久島 Ⓟ1000台(一色さかな広場共有) ※一色港の佐久島行船のりばから定期船で約25分

島の風景と一体化したような作品の数々。写真は大島桟橋ポケットパークのイーストハウス／南川祐輝

② 5万株のアジサイが壮観

形原温泉
あじさいの里
かたはらおんせんあじさいのさと

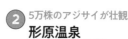

蒲郡温泉郷のひとつで、毎年6月にはおよそ5万株のアジサイが咲き誇る名所でも知られる。6月の1カ月間はアジサイ祭りが開かれ、21時までのライトアップも美しい。
☎0533-57-0660 🅟愛知県蒲郡市金平町一ノ沢28-1 🕗6月8:00〜21:00 休期間中無休 💰500円 Ⓟ300台
➔補陀ヶ池周辺に広がるアジサイ。夜はゲンジボタルに出会えることも

おひるねハウス／南川祐輝は黒壁集落の家をモチーフにした漆黒のオブジェ

③ ガラス作品の世界を体感できる
三河工芸ガラス美術館
みかわこうげいガラスびじゅつかん

作品を、「観る」から「体感する」ミュージアムへと
変身を遂げた注目の施設。ギネス認定された巨大
万華鏡「スフィア」や、全面ガラス張りの彫刻鏡の
部屋「四季」など、斬新な作品群は写真撮影も可
能。万華鏡などガラス工芸も体験できる。

📞0563-59-3334
🏠愛知県西尾市富山町
東郷5 🕙10:00〜17:30
🈲月曜、第1火曜
🈴1000円 🅿40台

↑巨大万華鏡「スフィア」と一体化したような写真はSNS映え間違いなし

④ 焼物の街を歴史散策
やきもの散歩道
やきものさんぽみち

焼物の歴史が感じられるレンガ造りの煙突や黒塀の
工場が残り、迷路のような道を散策できる人気の観
光スポット。スタート地点の陶磁器会館で散策マップ
を入手することができる。
🏠愛知県常滑市栄町 🅿常滑市陶磁器会館駐車場利用

↑土管坂は散歩道を代表す
る有名スポット。明治
期の土管や昭和初期の焼
酎瓶が壁を覆い、道には
土管焼成時に出る捨て輪
の「ケサワ」が敷き詰め
られている

\ コース内の絶景ロード /

6月にはアジサイが一斉に沿道を彩る
三ヶ根山スカイライン
さんがねさんスカイライン

西尾市から蒲郡市形
原温泉に至る5.1kmの
有料道路（普通車
420円）。6月〜7月上
旬にかけて7万本のア
ジサイが沿道に咲き
誇る「あじさいライ
ン」としても知られる。

とこなめ招き猫通り
で39体のとこにゃ
んを見つけよう

寄り道スポット

●常滑ICから3km

INAX ライブミュージアム
イナックスライブミュージアム

水まわり・建材製品を開発、提供する LIXIL が運営する、土とやきものの多様な世界を体感できる文化施設。日本六古窯のひとつに数えられる常滑で培われたやきものの技術や魅力を6つの施設で紹介。タイルとテラコッタの実物展示や、土管製造・窯焚き作業の再現も見どころ。

☎0569-34-8282 所愛知県常滑市奥栄町1-130 時10:00~17:00 休水曜（祝日の場合は開館）料700円 P80台

↑ランドマークの煙突が建つ窯のある広場。随所にタイルや土管を見つけることができる

↑「世界のタイル博物館」のイスラームタイル張りドーム天井。モスクや宮殿を彩った幾何学パターンを見事に再現

COURSE 26　走行距離 約82km

名物グルメ　ウナギ

全国生産量の5分の1を占める一色町の養殖ウナギ。シラス（稚魚）から成魚までを一貫生育し、無投薬を基本とした減投薬と矢作川の清流水を利用した環境で育った、良質な脂とやわらかな皮が特徴だ。

COURSE 27

長良川流域の景勝地を巡り
山紫水明の地の魅力を味わう

岐阜県

郡上八幡城・名もなき池・岐阜城

ぐじょうはちまんじょう・なもなきいけ・ぎふじょう

　城下町を見下ろす山城から川底まで透き通るほどの清流と、変化に富んだ長良川流域の景観を味わう旅。郡上八幡ICで東海北陸自動車道を下り、街並みを見下ろす八幡山の山頂にある郡上八幡城へ。株杉の森、名もなき池(モネの池)、円原川などの絶景にふれ、長良川河畔にそそり立つ金華山の山頂、織田信長ゆかりの岐阜城から濃尾平野を一望。長良川ではぎふ長良川の鵜飼を見学しよう。

DRIVE COURSE 走行距離 約113km

START	東海北陸自動車道・郡上八幡IC
	4km／県道320号
1	郡上八幡城
	25km／国道256号、県道52号
2	株杉の森
	12km／県道52号、国道256号
3	名もなき池（モネの池）
	27km／国道256号、県道200号
4	円原川
	32km／県道200号、国道418・256号
5	岐阜城
	2km／国道256号
6	ぎふ長良川の鵜飼
	11km／国道156号
GOAL	東海北陸自動車・岐阜各務原IC

INFORMATION

関市板取事務所 ☎0581-57-2111
山県市役所 まちづくり・企業支援課 ☎0581-22-6831

鵜飼で有名な清流長良川の河畔に建つ長良川うかいミュージアム

---

1 城下町を見下ろして建つ天空の城

郡上八幡城

ぐじょうはちまんじょう

☎0575-67-1819 🏠岐阜県郡上市八幡町柳町 🕐9:00～17:00(6～8月は~18:00、11～2月は~16:30) 🚫12月20日～1月10日 💴320円 🅿25台

郡上八幡市街地の北東にそびえる八幡山の山頂にあり、城下町を見下ろす絶景ポイント。戦国時代末期に建てられたが明治維新で取り壊され、その後国宝・大垣城の天守(戦災で焼失)をモデルに再建された。日本最古の木造再建城。

↑白亜の壁が陽光に照り映えて美しい。野面積の石垣は戦国時代を思わせる

秋から冬にかけて朝霧が雲海のように立ち込め城を覆う様子は実に幻想的

---

2 枝分かれした神秘的な姿の天然杉

株杉の森

かぶすぎのもり

関市板取地区の蕪山自然観察道には、1本の株から複数に枝分かれして生長する株杉と呼ばれる巨大な天然杉が群生。神秘的な樹形を目の当たりにしたい。
🏠岐阜県関市板取2340-5 21世紀の森公園 🅿70台

↑巨大な株杉の群生が見られるのは全国唯一。パワーみなぎる姿はまるで森の王

③ モネの名画そっくりと話題
名もなき池（モネの池）
なもなきいけ（モネのいけ）

根道神社の参道脇にある池。高賀山の伏流水を
引き込み、抜群の透明度を誇る。クロード・モネ
の名画『睡蓮』そっくりとSNSで話題になり、全
国に知られるようになった。光と水が織りなす幻
想的な風景美が楽しめる。
所岐阜県関市板取448（根道神社）P 140台

湧水の量が増え
水の透明度が増す春
から秋にかけてが見頃。
5月末から10月は
睡蓮が咲く

光芒は7〜9月の朝、気象条件が揃ったときに見られる神秘的な自然現象

④ 光芒と清流が魅せる渓谷美

円原川
えんばらがわ

円原川は長良川の源流のひとつ。川底が透けて見える清流と木の間から差し込む光芒、気象条件によって発生する川霧が奇跡のような渓谷美を幻想的に演出する。

🅿岐阜県山県市円原 P8台※2023年8月現在治山工事のため通行止め、開通時期未定

⬆岩と緑の苔が神秘的な風景をつくる

満月をバックに岐阜城が浮かび上がる様子は映画のワンシーンのよう

⑤ 岐阜の街と長良川を一望

岐阜城
ぎふじょう

標高329mの金華山山頂に建つ岐阜城は織田信長ゆかりの城。井ノ口という地名を岐阜に改め、稲葉山城を岐阜城とした。現在は3層4階建てで鉄筋コンクリート造りだが、長良川や岐阜の街が一望できる絶景ポイントだ。

📞058-263-2853 🅿岐阜県岐阜市金華山天守閣18 🕘9:30〜17:30 🈺無休 💴200円 P岐阜公園堤外駐車場利用

⬆山頂へは徒歩のほかロープウェイもあり、山頂駅付近にはリス村も

⑥ かがり火が照らし出す匠の技

ぎふ長良川の鵜飼
ぎふながらがわのうかい

鵜飼とは鵜を巧みに操り鮎などを捕る漁法。ぎふ長良川の鵜飼は1300年以上の歴史を持ち、鵜を操る鵜匠は宮内庁式部職である。かがり火で水面を照らしながら鵜を操る鵜匠の妙技は長良川の夏の風物詩だ。

📞058-262-0104(岐阜市鵜飼観覧船事務所) 🅿岐阜県岐阜市湊町1-2 🕘5月11日〜10月15日18:15、18:45、19:15 ※前日までに要予約 🈺9月28日、10月16日〜5月10日 💴乗合船3500円(平日の18:45、19:15は3200円) P岐阜公園市営駐車場利用

⬆観覧船に乗り、心地よい夜風を受けながら火の粉がかかるほど間近で鵜飼を見学できる

COURSE 27 走行距離 約113km

0 2.5 5km N

① 郡上八幡城

郡上八幡IC
START
郡上八幡駅

郡上市

東海北陸自動車道

長良川鉄道

② 株杉の森

蕪山

板取川

関市美濃市を流れ、エメラルドグリーンで透明度抜群の清流

タラガトンネル

あじさいロード

板取川沿い約24kmは夏には10万本のアジサイが咲く

高賀山

幟が立ち並ぶ入口から徒歩で約15分。落差15mほどの美しい滝

瓢ヶ岳PA

美並

美並苅安駅

④ 円原川

北山

・白水の滝

③ 名もなき池(モネの池)

フラワーパーク板取

瓢ヶ岳

関市の園芸店。モネの池のすぐそばにある温室で直売所を併設

井伏山

2023年8月現在、治山工事のため通行止め

高賀神水庵

水晶山

美並

大黒山

山県市

ミネラルウォーターで有名な「高賀の神水」の取水口

関市

桔梗塚

古城山PA

美濃の守護大名である土岐氏が標高407.5mの山頂に城を築いた

金ヶ谷山

古城山

中洞白山神社の林の中にある明智光秀のものと伝えられる墓

誕生山

古城山

平成

昭和生まれのレトロな文化を後世に残したいと平成28年(2016)オープン

美濃にわか茶屋

美濃市

美濃市駅

岐阜レトロミュージアム

武儀川

岐阜三輪スマート

岐阜三輪PA

むげ川

美濃関JCT

富加関

山県

織部の里もとす

巣駅

岐阜県

関広見

関広見IC

長良川鉄道

長良川ISA

関SA

富加町

富有柿の里いとぬき

巣駅

長良川鵜飼の魅力を詳しく紹介。鵜匠宅のある「鵜飼の里」も近い

⑥ ぎふ長良川鵜飼

長良川うかいミュージアム

関

権現山

名物グルメ

鮎 あゆ

天然鮎は清流で知られる長良川の特産品。岩についた苔だけを食べ、天然物はスイカの香りがするともいわれている。特に長良川の上流にあたる郡上市の辺りには鮎料理や、川の瀬に簗と呼ばれる仕掛けを作って、鮎料理を食べさせてくれる店が多い。

木製格子屋根を持ち知・絆・文化の3拠点が集まった複合文化施設

⑤ 岐阜城

みんなの森 ぎふメディアコスモス

岐阜駅

名鉄岐阜駅

北方真桑駅

西岐阜駅

笠松駅

岐阜市

名鉄名古屋本線

名鉄各務原線

岐南町

東海道本線

各務原市

各務原線

高山本線

蘇原駅

那加駅

岐阜各務原IC

GOAL

川島PA

柳津駅

名鉄竹鼻線

穂積駅

岐南町

愛知県

江南市

扶桑町

犬山市

名鉄犬山線

小牧線

COURSE 28

奇岩の峡谷と神秘の滝壺
城跡の大パノラマを堪能

岐阜県

苗木城跡・
付知峡・恵那峡
なえぎじょうあと・つけちきょう・えなきょう

　自然の巨岩をそのまま使った石垣で知られる苗木城跡。今も城跡に残る迫力ある石垣が訪れるマニアを唸らせる。木曽川右岸の高森山に築かれ、天守跡の展望台からは中津川市街地が一望できる。周辺では透明度の高い滝の水が見える付知峡や、日本観光地百選にも選ばれた景勝地、恵那峡など、自然の織りなす驚異の絶景に出会える。滝や峡谷のマイナスイオンに癒やされたい。

DRIVE COURSE　走行距離 約105km

START 中央自動車道・中津川IC

　　　6km／国道257号

1 苗木城跡

　　　28km／国道257・256号、県道486号

2 付知峡

　　　42km／県道486号、国道256号、県道408号

3 坂折棚田

　　　18km／県道68号

4 恵那峡

　　　11km／国道257号

GOAL 中央自動車道・中津川IC

☐ I N F O R M A T I O N

中津川市商工観光部観光課 ☎0573-66-1111
付知町観光協会 ☎0573-82-4737
恵那市観光協会 ☎0573-25-4058

木曽川に架かる恵那峡大橋。
恵那市と中津川市を結ぶ

1 特徴的な石垣と大パノラマ
苗木城跡
なえぎじょうあと

大永6年(1526)に遠山氏が築いた城で、巨岩をそのまま使った石垣が特徴だ。年代ごとに異なる積み方も見どころのひとつとされる。城跡入口付近には「苗木遠山史料館」があり、ガイドの案内で歴史にふれつつ城跡を巡ることができる。
☎0573-66-8181(苗木遠山史料館) 所岐阜県中津川市苗木 開休料見学自由 P苗木遠山史料館駐車場ほか周辺駐車場利用

天守跡にある
展望台では日本百
名山の恵那山、木曽川、
市街地を360度の
大パノラマで
望める

3階建てで城内最大の櫓
建物だった大矢倉跡

天守跡の展望台からは笠
置山などが一望できる

❷ 清流と自然の別天地
付知峡
つけちきょう

御嶽山系からの雪解け水が清流となった渓谷が、四季折々の自然と一体となって絶景を生み出す。岐阜県の名水50選に選ばれ、付知川では鮎釣りも楽しめる。森林浴の森日本100選にも選ばれ紅葉の名所でもある。キャンプ場も完備。
🏠岐阜県中津川市付知峡下浦 🅿100台
※駐車場から不動滝までは徒歩10分

最大落差約20mで、滝つぼに虹がかかる高樽の滝

⬆雄大な滝が流れ落ちる滝つぼで、神秘的な水をたたえる不動滝

❸ 心に染みる原風景
坂折棚田
さかおりたなだ

日本の棚田百選のひとつで、約400年前に築かれた。山に包まれ扇状に広がる石積みの棚田の美しい光景は、訪れる人を癒やしてくれる。坂折川上流部から流れる湧水で、おいしい米が作られている。
🏠岐阜県恵那市中野方町782-1
🅿30台

⬅笠置山と権現山に包まれて広がる棚田。周囲に民家も並ぶ

❹ 四季折々の渓谷美
恵那峡
えなきょう

約100年前、木曽川をダムでせき止めてできた人造湖。かつての急流が生み出した獅子岩や鏡岩などの奇岩が描く絶景はまさに別世界。桜や紅葉が湖面を彩るほか四季折々、絵になる名所だ。遊歩道や遊覧船からも楽しめる。
🏠岐阜県恵那市大井町 🅿周辺駐車場利用

⬇「恵那峡」は大正9年(1920)、地理学者の志賀重昻(しがしげたか)が命名したもの

岐阜県　苗木城跡・付知峡・恵那峡

中央本線・落合川駅

道の駅を PICK UP!!

飛騨牛丼を堪能

●中津川ICから38km

花街道付知
はなかいどうつけち

樹齢300年の天然檜を柱とした吹き抜け天井が特徴だ。飛騨牛や郷土料理のけいちゃんなどの定食や、農産物の直売が楽しめる。観光案内所や休憩所も完備。

☎0573-82-2000 所岐阜県中津川市付知町8581-1 営9:00〜18:00 休第1・3火曜日 P214台

↑付知峡ヒノキを使ったモデルハウスも展示

2 **付知峡**

高時山

奥三界岳

塔の岩オートキャンプ場

雨乞棚山

付知川沿いに位置するキャンプ場。付知川の透明度の高さが実感できる

竜神の滝

新巣山

道の駅 **花街道付知**

熊谷守一つけち記念館

下呂温泉〜中津川間を結ぶ

城ヶ山

洋画家・熊谷守一の約500点に及ぶ作品を収蔵している

黒川

箱岩山

二ツ森山

岩山

北恵那鉄道廃線跡に残る巨大な鉄橋で、鉄道ファンからの人気も高い

浅間山

鉄分を多く含む茶褐色の湯が楽しめる、山奥にたたずむ温泉

古代の文字とみられる文様が刻まれた三角錐状の巨石

見行山

ピラミッド形巨石

笠置山

鷲巣山

東山温泉・観音の湯

1 **苗木城跡**
北恵那鉄道線恵那峡口駅跡

中津川駅

坂折棚田 3

八百津町

佐藤農園

秋葉山

笠置峡

恵那峡大橋

恵那峡 4

恵那峡SA

美乃坂本駅

中津川市

19

中津川IC

坂折棚田の麓に位置し、ブルーベリー狩り体験が楽しめる

笠置ダムによって形成された湖。V字谷の地形が美しい

高根山

権現山

中央自動車道

中央本線

恵那駅

恵那市

東野駅

START & GOAL

木曽川に架かる1連上路アーチ橋。展望台が設置されている

瑞浪市

屏風山

名物グルメ

とりトマ丼
とりトマどん

中津川のご当地グルメで、商工会議所による料理コンテストの入賞作品から新開発された。地元産の鶏「恵那どり」とトマトを使うのがルールで、和洋中ほかそれぞれの店の調理で味わえるのが魅力。

花無山

阿木駅

明知鉄道

天狗森山

飯沼駅

飯羽間駅

岩村駅

COURSE 29

深き飛騨の山々で育まれた
人の息吹と大自然に出会う

岐阜県
白川郷・白水湖・
飛騨高山
しらかわごう・はくすいこ・ひだたかやま

　世界文化遺産の白川郷合掌造り集落で、古くから自然と共生してきた人々の知恵を垣間見る。原生林の中のエメラルドグリーンの湖水をたたえた白水湖の幻想的な美しさに魅了され、冬はスキー場となるゲレンデを活用したアウトドア施設、ひるがのピクニックガーデンで夏から秋にかけて色づく桃色吐息(ペチュニア)の花畑で深呼吸。最後は江戸期の風情が色濃く残る飛騨高山 古い町並を散策しよう。

DRIVE COURSE 走行距離 約117km

START 東海北陸自動車道・白川郷IC
　　　4km／国道156号
1 白川郷合掌造り集落
　　　26km／国道156号、県道451号
2 白水湖
　　　39km／県道451号、国道156号
3 ひるがのピクニックガーデン
　　　54km／国道158号
4 飛騨高山 古い町並
　　　20km／国道158号
GOAL 東海北陸自動車道・飛騨清見IC

INFORMATION

白川村観光振興課 ☎05769-6-1311
飛騨・高山コンベンション協会 ☎0577-36-1011

白山白川郷ホワイトロードは、金沢や加賀
温泉と白川郷を結ぶ林間のドライブコース

築約300年の重要文化財の和田家。代表的合掌造り住宅の一部を一般公開している

庄川に架かる長さ107mの吊り橋、であい橋。橋からは美しい風景が見られる

城山天守閣展望台は集落を一望するのに絶好の場所のひとつとして人気

① 往時の暮らしが根付く伝統家屋

白川郷合掌造り集落

しらかわごうがっしょうづくりしゅうらく

「人類の歴史上重要な時代を例証するある形式の建造物、建築物群技術の集積、または、景観の顕著な例」として世界文化遺産に。合掌造り集落や公開施設などで、山深き隠れ里で育んだ人と自然との共生を感じることができる。

所岐阜県白川村荻町 ℗ 周辺駐車場利用
※本通りは9：00〜16：00にマイカーの自主規制あり

ミュージアムに注目

●白川郷ICから2km
白川郷
しらかわごう

白川郷IC付近、世界遺産集落に近い道の駅で、地酒などのみやげ物販売のほか、郷土料理も楽しめる。

📞05769-6-1310 🏠岐阜県白川村飯島411 🕐8:30〜17:00、レストラン9:30〜16:00 休無休 🅿46台

↑合掌ミュージアムも併設されている

---

2 神々しいエメラルドグリーンの輝き
白水湖
はくすいこ

白山国立公園内にある湖で、硫黄分を多く含むため美しいエメラルドグリーンに輝く。ブナ原生林が湖面を囲む風景も神秘的で白山主峰群の眺めも美しい。

🏠岐阜県白川村平瀬 🅿50台

活火山の白山から湖へ流れ込む成分により独特の色になる

↑白水湖へと通じる県道451号(白山公園線)が開通しているのは、6月上旬〜10月下旬頃の期間のみ

---

3 標高約1000mの山頂にある絶景花畑
ひるがの
ピクニックガーデン

アクティビティなど遊べるアウトドア施設で、人気は2つの広大な花畑。山頂エリアには日本最大級2万5000株のベゴニアが植えられ、ゲレンデには6000株のコキアが9月末〜10月上旬にかけて紅葉し見頃を迎える。

↓カフェやレストランがあり絶景を見ながらスイーツやランチも楽しめる

📞0570-73-2311
🏠岐阜県郡上市高鷲町ひるがの4670-75 🕐7月中旬〜10月中旬9:00〜17:00 休期間中無休
🅰600円 🅿200台

ベゴニアは7〜10月まで長期間咲き、山頂エリアが赤色に染まる

④ タイムスリップした気分に

飛騨高山 古い町並
ひだたかやま ふるいまちなみ

江戸時代、飛騨国の中心地として栄えた飛騨高山。宮川の東部には古い商家や寺院が残る2つの伝統的建造物群保存地区がある。商人町として発達した上町、下町の三筋の町並みを合わせて「古い町並」と呼ばれ、当時の雰囲気を今も残す。

所 岐阜県高山市
P 周辺駐車場利用

高山のシンボルの中橋。陣屋と古い町並を結ぶ

↑町並みを人力車で散策することができるほか、着物や浴衣のレンタルも人気

COURSE 29 走行距離 約117km

0　3.5　7km　N

石川県白山市と岐阜県白川村を結ぶ33.3kmのドライブロード

START

① 白川郷合掌造り集落

② 白水湖

③ ひるがのピクニックガーデン

④ 飛騨高山古い町並

飛騨清見IC GOAL

飛騨白山

昭和36年 (1961) に完成した当時東洋一の規模を誇ったロックフィル式ダム

古くから荘川に伝わる200年以上前の多数の民家を移築保存する野外博物館

人類史展示室や美術展示室などがある総合博物館で考古遺物を展示

飛騨の伝統的な建築技術が随所に見られる美しい町並みが残る

6月下旬～7月上旬には園内に約4000株のラベンダーが咲き誇る

樹齢約500年の老桜はアズマヒガンザクラ。県の天然記念物に指定

名物グルメ

朴葉味噌
ほおばみそ

飛騨を代表する郷土料理で、朴葉の上に自家製のこうじ味噌をのせて焼いた料理。ネギなどの薬味、シイタケなどの山菜・キノコを味噌とからめながら焼く。香ばしくてご飯によく合うほか、酒の肴としても人気。

153

木曽川の名城から伊勢湾へ
大パノラマと夜景を求めて

愛知県・三重県

犬山城・
なばなの里・四日市

いぬやまじょう・なばなのさと・よっかいち

　尾張エリアを縦断し、高所の絶景スポットを巡る。スタートは木曽川河畔の国宝犬山城。望楼から濃尾平野を眺め、戦国武将の気分を堪能したら、海を目指して南へ。名古屋港ポートビルで港を行き来する船や伊勢湾を眺望。なばなの里では趣向を変え、めくるめく花の世界を楽しんで。ドライブの締めくくりは海に架かる四日市・いなばポートラインを快走し、四日市港ポートビルから工場夜景を。

DRIVE COURSE　走行距離 約104km

START	東海北陸自動車道・岐阜各務原IC

12km／県道95号

1　国宝 犬山城

44km／国道41号、県道106・70号

2　名古屋港ポートビル

21km／国道23号

3　なばなの里

15km／国道23号

4　四日市港ポートビル

12km／国道477号

GOAL	東名阪自動車道・四日市IC

☐ I N F O R M A T I O N

犬山市観光協会 ☎0568-61-6000
桑名市観光協会 ☎0594-41-2222
四日市観光協会 ☎059-357-0381

S字カーブと夜景が美しい四日市・いなばポートライン

---

① 木曽川と濃尾平野を一望

国宝 犬山城
こくほう いぬやまじょう

築城は室町時代の天文6年(1537)。姫路城や彦根城などとともに国宝5城に数えられる。尾張と美濃の国境という要衝に立ち、信長・秀吉・家康も重要視した。天守は現存する日本最古のもので、最上階からの眺めはまさに絶景。☎0568-61-1711 ⑰愛知県犬山市犬山北古券65-2 ⑰9:00～17:00(入場は～16:00) ⑯無休 ⑯550円 ⑰250台

別名は「白帝城」。木曽川沿いの小高い山の上に建つその姿から、江戸時代の儒学者・荻生徂徠(おぎゅうそらい)が命名

寄り道スポット

●岐阜各務原ICから45km

博物館 明治村
はくぶつかん めいじむら

約100万㎡の敷地に明治時代を中心とする60以上の歴史的建造物を移築し、保存・展示する野外博物館。☎0568-67-0314 ⑰愛知県犬山市内山1 ⑰9:30～17:00(季節やイベントにより変動あり)、入村は各30分前まで ⑯不定休(公式HP要確認) ⑯2000円 ⑰900台

↑レトロな建造物のほか、SL乗車や明治時代風のハイカラ衣装、グルメも体験できる

天守から西側の眺望。木曽川を挟んで伊木山や金華山、遠くには伊吹山も望める

② 名古屋港のランドマーク
名古屋港ポートビル
なごやこうポートビル

昭和59年(1984)に開館した高さ63mのシンボルタワー。最上階の展望室からは、360度の大パノラマで名古屋港や名古屋市街を見渡すことができる。

☎052-652-1111(名古屋みなと振興財団)
所愛知県名古屋市港区港町1-9 営9:30～17:00 休月曜 料展望室300円 P1200台

海に浮かぶ白い帆船をイメージした外観

↑港に停泊している船舶や大観覧車、遠くには名古屋駅周辺の高層ビル群など、抜群の眺望

冬のイルミネーションも
圧倒的なスケールと輝き

レンコンが主役！

●四日市ICから29km

立田ふれあいの里
たつたふれあいのさと

木曽川に架かる立田大橋の東、県道125号沿いにある。地元の新鮮野菜や特産品のレンコンを使った惣菜やパンなどを販売。レンコンのラーメンやスイーツも味わえる。

☎0567-23-1011 所愛知県愛西市森川町井桁西27 営9:00〜18:00（季節により変動あり）休木曜 P50台

↑水屋をイメージした黒塀の建物

---

③ 絵画のようなベゴニアガーデン

なばなの里
なばなのさと

三重県北部に位置する国内最大級の花のテーマパーク。大温室には大輪のベゴニアをはじめ、世界各国から集められた約1万2000株の花々が絢爛豪華に咲き乱れる。まるで夢のような空間は写真映えスポットとして話題に。

☎0594-41-0787 所三重県桑名市長島町駒江漆畑270 営10:00〜21:00 休不定休 料イルミネーション期間2500円※ベゴニアガーデン入館料は別途 P5700台

三重県一の高層タワー、地上90mから見下ろす光の絨毯にうっとり

④ 工場夜景の「聖地」へ

四日市港ポートビル
よっかいちこうポートビル

14階の展望展示室「うみてらす14」から幻想的できらびやかな四日市コンビナートの工場夜景が観賞できる。平成27年（2015）には「日本夜景遺産」にも認定。

☎059-366-7022 所三重県四日市市霞2-1-1 開10:00〜17:00（土・日曜、祝日は〜21:00）入場は各30分前まで 休水曜（祝日の場合は開館） 料310円 P76台

COURSE 30 走行距離 約104km

0 3 6km

N

名物グルメ
ひつまぶし

お櫃に入れたご飯の上に刻んだウナギの蒲焼を盛った郷土料理。茶碗に取り分けてそのまま食べたり、わさびやネギなどの薬味と一緒に味わったり、お茶漬けにしたりと味の変化を楽しめるのが特徴。市内を中心にウナギ専門店で提供。

岐阜県

関市

権現山

東海・北陸／

坂祝駅

各務原市

岐阜県

START

東海道本線

西岐阜駅

岐阜各務原IC

21

笠松町

玉ノ井駅

羽島市

一宮木曽川

22

一宮市

尾西

一宮西

一宮JCT

萩原駅

稲沢市

丸渕駅

渕高駅

155

駒野駅

海津市

養老鉄道

石津駅

いなべ市

美濃津屋駅

258

美濃松山駅

桑名市

多度山

多度駅

421

東員町

三岐鉄道北勢線

桑名東

新四日市JCT

六華苑

桑名駅

421

東員

垂坂公園・羽津山緑地

四日市IC

富田駅

富田浜駅

1

朝日駅

近鉄湯の山線

47

西日野駅

四日市

南日野駅

25

河田駅

1

鈴鹿市

河原田駅

各務ケ原駅

蘇原駅

高山本線

鵜沼駅

新鵜沼駅

名鉄各務原線

伊木山

国宝犬山城 1

扶桑町

博物館明治村 ★

41

犬山市

織田信長が築城した小牧山城の遺構が残る史跡公園。桜の名所

江南市

江南駅

大口町

布袋駅

名鉄犬山線

小牧

大口町

楽田駅

小牧市

東名高速道路

小牧山城跡・

小牧市

岩倉市

岩倉駅

小牧駅

41

牛山駅

一宮

稲沢駅

県営名古屋空港

北名古屋市 豊山町

春日井市

中央本線

名古屋第二環状

302

楠JCT

新守山駅

庄内緑地

バラ園や温泉、テニスコートなどがある総合公園。BBQもできる

清洲駅

清洲JCT

302

あま市

名鉄津島線

藤浪駅

106

枇杷島駅

清須市

「熱田さん」の名で崇敬を集める神社。御神体は草薙神剣

津島駅

津島市

大治町

名古屋市

名古屋駅

高針JCT

立田ふれあいの里

愛西市

佐屋駅

蟹江

永和駅

名鉄名古屋線

302

春田駅

名古屋西JCT

関西本線

302

八田駅

名古屋港ポートビル 2

蟹江町

池泉回遊式庭園に明治・大正期の洋館と和風建築が調和した名所

長島

弥

金山駅

熱田神宮

あおなみ線

70

弥富市

3 なばなの里

長島駅

1

近鉄名古屋線

飛島村

名古屋港水族館

154

笠寺駅

鳴海

木曽岬町

飛島JCT

東海JCT

伊勢湾岸自動車道

大高駅 南大高駅

新幹線

名鉄名古屋本線

有松

伊勢湾や鈴鹿山脈を一望できる展望台や芝生広場、散策路がある

1

飛島

名港中央

金城ふ頭駅

名港トリトン

名古屋港

東海市

太田川駅

155

豊明市

名古屋南

23

名港潮見

東海エリア屈指の規模。イルカやシャチのショーが人気

伊勢湾岸自動車道に架かる3つの海上斜張橋。夜はライトアップも

ナガシマスパーランド

四日市・いなばポートライン

四日市港のフォトジェニックな工場夜景が楽しめる臨海道路

4 四日市港ポートビル

南加木屋駅

知多市

尾張横須賀駅

緒川駅

東浦知多

石浜駅

東浦町

東浦駅

佐布里池

巽ケ丘駅

阿久比

阿久比町

常滑市

常滑駅

中部国際空港

伊勢湾

刈谷市

高浜市

366

武豊線

亀崎駅

半田中央

半田中央JCT

247

半田駅

半田

知多半島

近鉄四日市駅

四日市港

鈴鹿川

河原田駅

名近

伊勢鉄道

157

COURSE 31

高原を彩る花々を楽しみ
豪商の街と豊饒の海景へ

三重県

メナード青山リゾート・松阪・英虞湾

メナードあおやまリゾート・まつさか・あごわん

　南伊賀の最奥、青山高原のゆるやかな丘に展開する総合リゾート施設・メナード青山リゾートを目指す。色鮮やかなハーブ園や豊富な体験施設を楽しみ、江戸時代の風情が残る松阪城の城下町へ。護衛武士たちが暮らした御城番屋敷界隈の散策やグルメを堪能したら、的矢湾や英虞湾の大パノラマを体感できる絶景ロード・伊勢志摩e-POWER ROADを走り抜け、桐垣展望台で英虞湾の絶景を満喫しよう。

DRIVE COURSE 走行距離 約185km

START 伊勢自動車道・松阪IC
　　33km／県道580・29号
1 メナード青山リゾート
　　37km／県道29・580・24号
2 御城番屋敷
　　39km／国道23号、伊勢志摩e-POWER ROAD
3 朝熊山頂展望台
　　41km／県道32号、国道167・260号
4 桐垣展望台
　　35km／国道260・167号、県道32号
GOAL 伊勢自動車道・伊勢IC

INFORMATION

松阪駅観光情報センター ☎0598-23-7771
伊勢志摩観光コンベンション機構
☎0596-44-0800

伊勢と鳥羽をつなぐ伊勢志摩
e-POWER ROADのパノラマ

1 ハーブ園や温泉を楽しめる
メナード青山リゾート
メナードあおやまリゾート

標高600mの伊賀・青山高原に広がる100万坪のリゾート施設。季節ごとにさまざまな花が咲き誇る広大なハーブ園や、和と洋の2つのお風呂を備えた霧生温泉と4つの宿泊施設が揃う。オリジナルコスメなどの創作体験施設にも注目。

☎0595-54-1326 ㊇三重県伊賀市霧生2356 ハーブガーデン ㊇9:00～17:00(受付は～16:00) ㊇11月下旬～4月下旬 ㊋1100円(季節により変動あり) ㋬100台

春から秋にかけ、8haの畑に300種のハーブが揺れる「香りの庭」。花の摘み取り体験も実施

5月下旬～6月中旬には可憐なジャーマンカモミールが満開に

地面が鮮やかな水色に染まるネモフィラの見頃は4月下旬～5月

↑松坂城の徳川陣屋跡からは御城番屋敷と周辺の街を一望できる

2 整然と並ぶ武家屋敷跡
御城番屋敷
ごじょうばんやしき

松坂城を警護する「御城番」という役職の武士20人とその家族が住んだ組屋敷で、美しい石畳と手入れの行き届いた垣根が見どころ。屋敷には現在も子孫が暮らし、西棟北端の一棟は内部を見学できる。
☎0596-26-5174 所三重県松阪市殿町1385 営10:00〜16:00 休月曜(祝日の場合は火曜) 料無料 P周辺駐車場利用

3 エリア最高峰の景色を
朝熊山頂展望台
あさまさんちょうてんぼうだい

標高555mの伊勢志摩e-POWER ROAD山頂地点に位置。広大な伊勢平野と、英虞湾に浮かぶ大小の島々を見渡せる。山頂広場にある展望足湯も人気。
☎0596-22-1248(朝熊山頂売店) 所三重県伊勢市朝熊町名古185-3 営休料見学自由(足湯営10:00〜17:00 料100円 休無休) P100台

山頂広場に設置された真っ赤な天空のポスト。無料でレンタルできるほうきを使って、フォトジェニックな写真撮影も楽しめる

↓山頂にある展望足湯でくつろぎながら、景色を満喫

4 志摩の絶景夕日スポット
桐垣展望台
きりがきてんぼうだい

夕日に染まったリアス海岸の風景を眺められる有名スポット。春と秋は英虞湾のほぼ真ん中に、夏は右手、冬は左手に夕日が沈むのが見られる。
所三重県志摩市大王町波切2199 Pともやま公園大駐車場利用

重なり見える前島半島や賢島の間に、真珠養殖の筏やブイが独特の風景を演出

コース内の絶景ロード

天空の爽快ドライブウェイ
伊勢志摩 e-POWER ROAD
いせしまイー・パワーロード

伊勢〜鳥羽をつなぐ全長16kmの有料道路。伊勢志摩と伊勢湾に広がる絶景が楽しめるほか、中腹の一宇田展望台や、朝熊山頂展望台からは鳥羽湾や五十鈴川河口の平野も見渡せる。

名物グルメ
松阪牛
まつさかうし

全国各地から選び抜かれた黒毛和牛を、指定生産地域で厳しい管理のもとに育てられた最高級ブランド肉。甘く上品な香りとまろやかな食感が特徴で、松阪市内には名店や気軽に楽しめる店が点在する。

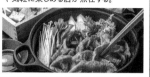

COURSE 31 走行距離 約 **185km**

0　4.5　9km　N

津市

伊勢湾

① メナード青山リゾート　START　松阪IC

ローズガーデンなど9つのイングリッシュガーデンが見どころ

松阪農業公園ベルファーム

② 御城番屋敷

松阪市

明和町

GOAL

③ 朝熊山頂展望台

二見興玉神社

満願蛙など、境内のいたるところにあるカエルの縁起物を見つけよう

伊勢IC

伊勢西IC

猿田彦神社

八角形の石を見つけて自分の願う方位に触れるとご利益がある

伊勢志摩 e-POWER ROAD

鳥羽市

伊勢市

英虞湾の地形図を見ながら眺めを楽しみたい

横山展望台

賢島大橋

南伊勢町　伊勢志摩

志摩市

賢島の入口に架かる橋で、夕日の名所として知られる

御座岬　金比羅山

④ 桐垣展望台

大王崎灯台

藤島武二ら画家たちが愛した風景を眺めたい

道の駅を PICK UP!!

伊勢志摩のおみやげがずらりと並ぶ

●伊勢ICから20km
伊勢志摩
いせしま
国道167号沿いのスペイン村近くにある道の駅。隣接する物産館には伊勢志摩のおみやげが一堂に集まり、眺望の良いレストランもある。
☎0599-56-2201
所 三重県志摩市磯部町穴川511-5
営 9:00〜18:00 休 無休 P 28台

↑建物もスペイン風の道の駅

紀北町

熊野灘

COURSE 32

富山の大自然と共存する
先人たちの知恵を学ぶ

富山県

五箇山・散居村・
越中八尾

ごかやま・さんきょそん・えっちゅうやつお

　厳しい冬を乗り越えるために工夫してきた先人たちの歴史と今も息づく生活を知る旅。世界遺産にも登録されている五箇山・相倉では伝統的な合掌造り集落を見学。水運として活用された庄川峡では遊覧船からの景色を楽しむ。のどかな散居村の風景を堪能したら、越中おわらを受け継ぐ八尾へ。岐阜県との県境に近い神通峡では険しい岩肌や広大なダム湖から、大自然の迫力を間近で感じる。

DRIVE COURSE 走行距離 約92km

START	東海北陸自動車道・五箇山IC

12km／国道156号

1 相倉合掌造り集落

26km／国道156号

2 庄川峡

5km／県道346号

3 散居村展望広場

27km／県道25・222号

4 越中八尾

11km／県道25号

5 神通峡

11km／国道41号

GOAL	北陸自動車道・富山IC

☐ INFORMATION

五箇山総合案内所 ☎0763-66-2468
砺波市商工観光課 ☎0763-33-1397
富山市観光政策課 ☎076-443-2072

五箇山は5つの谷に集落が点在。菅沼集落も世界遺産

---

1 山に抱かれた伝統家屋

相倉合掌造り集落

あいのくらがっしょうづくりしゅうらく

平成7年(1995)に世界遺産に登録された合掌造り集落。20棟の合掌造り家屋を含む、計24棟の茅葺き家屋が立ち並び、四季折々さまざまな表情を見せる。家屋を利用した資料館やみやげ店、飲食店、民宿が点在するほか、住居として今なお利用されている。
⧉富山県南砺市相倉 Ｐ相倉共同駐車場利用(1回500円)

年3回ほど幻想的な夜のライトアップを実施

合掌造りの家屋は江戸時代後期〜明治時代に建てられたものが多い

道の駅をPICK UP!!

観光の要所を結ぶ

●富山ICから28km

庄川

しょうがわ

五箇山と金沢、富山市街の中間地点にある道の駅。温泉を肥料として育てた庄川おんせん野菜や工芸品なども揃う。レストランでは日替わりランチが人気のほか、オリジナルのスイーツも味わえる。
☎0763-82-7779 ⧉富山県砺波市庄川町示野437 ⧖9:00〜18:00 休火曜 Ｐ60台

↑国道156号沿いに位置する

↑特産の庄川ゆずを使用した商品も揃う

青々と茂る森林やエメラルドグリーンの水面に、赤い橋梁が映える庄川峡を代表する風景

五箇山のなかでも最大規模の集落。水田や和紙漉きの道具、祭りの衣装などもあり生活が垣間見える

雪が積もる冬には水墨画のような美しい景色が楽しめる

② 透明度抜群の水面を船が進む

庄川峡
しょうがわきょう

砺波市から五箇山まで広がる全長20kmの峡谷。昭和初期までは木材を運搬する水運として利用されていたが、昭和5年(1930)に日本初の高堰堤式ダムが造られた。湖上では遊覧船が運航されており、終着地には徒歩や車では行けない温泉旅館もある。

所富山県砺波市庄川町　P40台

夏の強い日差しや冬の季節風、吹雪などから生活を守ってくれる屋敷林は代々大切に受け継がれてきた

5月上旬には水を張った田んぼに夕日が反射し、一帯が黄金色に染まる

300年以上の歴史を持つ越中おわら。ぼんぼりで彩られた街並みも必見

③ 農村の原風景を眺める
散居村展望広場
さんきょそんてんぼうひろば

広大な砺波平野に、カイニョと呼ばれる屋敷林を持つ民家が約7000軒点在。展望広場からは農村ならではののどかな風景を、大パノラマで楽しめる(12月1日〜3月31日は展望広場までの道路が封鎖される)。高台から眺める夕景や夜景も美しい。

🏠富山県砺波市五谷160 🅿10台

④ 伝統の踊りを今に伝える
越中八尾
えっちゅうやつお

江戸時代に街道の拠点となり、蚕の繭や生糸の取引などで栄えた町。屋根瓦や格子戸が特徴的なレトロな建物が立ち並ぶ諏訪町本通りは「日本の道100選」に選出されている。例年9月1〜3日に開催される「おわら風の盆」の舞台としても有名だ。

🏠富山県富山市八尾町諏訪町 🅿周辺駐車場利用

↑八尾のメイン通りである諏訪町本通り。「おわら風の盆」開催時は県内外から観光客が訪れ、賑わう

⑤ 大迫力の峡谷美が広がる

神通峡
じんづうきょう

岐阜県との県境を流れる神通川がつくり出した全長約15kmにわたる峡谷。壮大なダム湖のほか、国の有形文化財に指定されている旧笹津橋、天然記念物の猪谷の背斜、V字型に鋭く切れ込んだ壮大な造形を見せる片路峡など、見どころが豊富。庵谷峠展望台からは峡谷を一望できる。

所 富山県富山市庵谷(庵谷峠展望台)

← ゴツゴツとした岩肌をエメラルドグリーンの飛騨の雪解け水が流れる風景

ヘンおやべ あいの風とやま鉄道 石動駅 小矢部東 矢部市 北陸新幹線 福岡 戸出駅 能越自動車道 油田駅 高岡砺波スマート 小矢部砺波JCT 陸自動車道 東野尻駅 471 砺波 砺波駅 砺波 小杉 高津峰山 472 小杉駅 射水市 富山西 速星駅 359 富山市 富山きときと空港 ← 北陸自動車道 稲荷町駅 不二越駅 富山 登山鉄道 開発駅

散居村の歴史や文化を発信する情報館
となみ散居村ミュージアム

千里駅 高山本線 ますのすしミュージアム GOAL 富山IC

高儀駅 南砺スマート 城端線 福野駅 東石黒駅 304 福光駅 越中山田駅 福光 城端駅 東海北陸自動車道

③ 散居村展望広場 鉢伏山 庄川 井波 346 八乙女山

② 庄川峡 156

① 相倉合掌造り集落 道の駅 たいら 五箇山和紙の里

五箇山の名産品を販売する道の駅。和紙漉きの体験施設を併設

庄川峡にある遊覧船でしか行けない温泉宿

高落場山 304

道の駅たいら 五箇山和紙の里

高坪山 村上家

上梨集落にある村上家は約350年前の最も古い合掌家屋のひとつ

相合掌造り集落 庄川 沼合掌造り集落 平 五箇山IC START

ンボウ山 人形山

砺波市 222 25 越中八尾 ④ 八尾おわら資料館 越中八尾駅 25 東八尾駅 笹津駅 猿倉山 神通峡 ⑤ 小佐波御前山 楡原駅

「おわら風の盆」を解説。大画面で実際の祭りの様子が見られる

471 御鷹山 472

県道228号の八尾町布谷～西川倉は通行止

名物グルメ

大門そうめん
おおかどそうめん

散居村を形成する砺波平野のほぼ中央に位置する大門地区のグルメ。江戸時代後期に加賀藩から伝わり、現在も20軒ほどの農家が昔ながらの製法で冬に生産。細く長くのばすことで、コシの強い麺に仕上がる。周辺の食事処で味わえるほか、おみやげとしても人気。

大牧温泉 赤祖父山 高峰 御前山 五郎丸 高清水山

9戸の合掌造り家屋が建つ集落。喫茶やみやげ店がある

金剛堂山 蕎麦角山

高山本線 41 洞山 猿倉山 細入 猪谷駅 大高山 360 ソンボ山 漆山岳

岐阜県 飛騨市

COURSE 32　走行距離 約92km
0　2.5　5km　N

日本海の荒波がつくり出した
個性豊かな地形と奇岩を巡る

福井県

三方五湖・越前海岸・東尋坊

みかたごこ・えちぜんかいがん・とうじんぼう

福井県沿岸部に点在する海の浸食によって形成されたスポットを巡る。5つの湖の総称である三方五湖周辺には観光ロードの三方五湖レインボーラインが通る。古くから景勝地として愛される気比の松原を散策したら、水仙で有名な越前海岸へ。見頃の冬には可憐な花が楽しめる。海沿いを北上して鉾島を見学したら、北陸を代表する絶景スポット・東尋坊から日本海に沈む夕日を眺める。

DRIVE COURSE 走行距離 約144km

START 舞鶴若狭自動車道・三方五湖スマートIC

13km／国道162号、県道273号

1 三方五湖

24km／県道273号、国道27号

2 気比の松原

50km／国道8・305号

3 越前海岸

18km／国道305号

4 鉾島

22km／国道305号

5 東尋坊

17km／国道305号

GOAL 北陸自動車道・金津IC

INFORMATION

若狭三方五湖観光協会 ☎0770-45-0113
越前町観光連盟 ☎0778-37-1234
福井市おもてなし観光推進課 ☎0776-20-5346
東尋坊観光案内所 ☎0776-82-5515

越前海岸沿いにある景勝地・呼鳥門(こちょうもん)

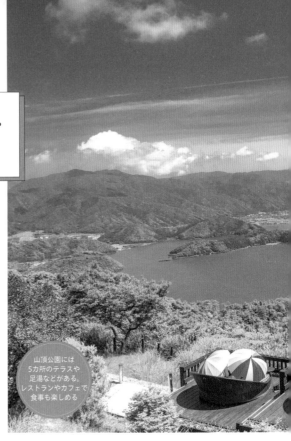

山頂公園には5カ所のテラスや足湯などがある。レストランやカフェで食事も楽しめる

2 古くから親しまれる日本三大松原のひとつ

気比の松原

けひのまつばら

敦賀湾の奥に、約1kmにわたり赤松や黒松が茂る風景。その歴史は古く、『日本書紀』や『万葉集』にも詠まれているほか、歌川広重の浮世絵の舞台にもなっている。夏期には海水浴場として開放され、花火大会も開催される。
🅿福井県敦賀市松島町 Ｐ50台(海水浴場開設期間中は有料)

↪現在見られる松の平均樹齢は約200年。近くには多くの句碑や記念碑が立つ

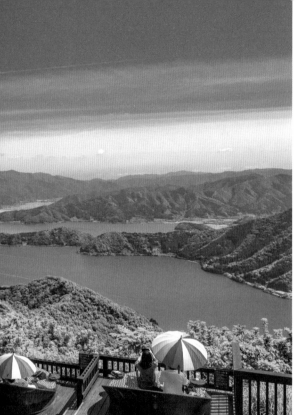

① 5色の湖に浮かぶ天空テラス

三方五湖
みかたごこ

美浜町と若狭町に点在する5つの湖。それぞれ深さや水質が違うことで、色が異なって見えるのが特徴。背景となっている日本海と相まって独特の風景を生み出している。駐車場からリフトやケーブルカーで景色を一望するレインボーライン山頂公園へ行ける。

📞0770-45-2678 ⓐ福井県若狭町気山18-2-2 ⓣ9:00～17:00(冬期は～16:30) ⓗ無休 ⓨ1000円(リフト・ケーブルカー料金込み) Ⓟ200台(1回500円)

╲コース内の絶景ロード╱

5つの湖を縫うように走る

三方五湖レインボーライン
みかたごこレインボーライン

三方五湖を眼下に望む県道273号で、全長11.2km。山道のように急勾配とカーブが続く。昭和43年(1968)の開通以降有料道路だったが、2022年に無料化された。夜間は閉鎖となる。

道の駅を PICK UP!!

絶景温泉が楽しめる

●金津ICから52km

越前
えちぜん

越前海岸の中央に位置する道の駅で、越前がにをはじめとする海鮮物が豊富に揃う。温泉露天風呂「漁火」や越前がにミュージアムを併設している。

📞0778-37-2360 ⓐ福井県越前町厨71-335-1 ⓣ9:00～17:00(施設、季節により異なる) ⓗ火曜 Ⓟ215台

⬆日本海の景色が広がる3種の露天風呂が人気
⬆冬にはたくさんのカニが並ぶ

➡例年11月下旬から咲き始め、12月中旬頃から見頃を迎える。見頃の時期には越前海岸水仙まつりが行われる

③ 海岸に甘い香りが広がる冬の風物詩

越前海岸
えちぜんかいがん

淡路島、房総半島と並ぶ日本水仙三大群生地で、群生地の面積は日本最大の60～70ha。越前水仙は花が引き締まり、草姿が良いのが特徴。越前岬水仙ランドから梨子ヶ平にかけて約6kmにわたり水仙畑が広がっている。

ⓐ福井県越前町血ヶ平～梨子ヶ平 Ⓟ周辺駐車場利用

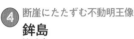

④ 断崖にたたずむ不動明王像
鉾島
ほこしま

越前海岸沿いにある日本海の荒波に浸食された高さ約50mの岩場。遊歩道が整備されており、頂上まで登ることができる。頂上には黒松が生え、海鳥の巣となっているほか、不動明王像が安置されている。
🏠福井県福井市南菅生町 🅿10台

➡迫力ある柱状節理を間近に見られるスポットは夕日や星空観賞でも人気

遊覧船は断崖や個性的な岩、雄島などを解説付きで周遊する

⑤ 1kmにも及ぶ岩壁の芸術
東尋坊
とうじんぼう

福井県や日本海を代表する絶景スポット。高さ20m以上の柱状節理による断崖絶壁が約1kmも続き、国の名勝や天然記念物に指定されている。駐車場から東尋坊までは商店や食事処が並んでおり、名物の海鮮グルメやおみやげ探しが楽しめる。
🏠福井県坂井市三国町東尋坊 🅿150台

地平線に夕日が沈むタイミングは特に美しい。日本の夕日100選にも選ばれている

0　4　8km　N

東海・北陸

石川県
加賀市

GOAL 金津IC

北前船交易で栄えた街。町家や商家など、レトロな建物が残る

関西の奥座敷と呼ばれる福井屈指の人気温泉地

2024年に北陸新幹線が延伸予定。福井県の3駅に停車する

長い年月をかけて形成された自然のトンネル

一部区間は片側交互通行規制あり

北陸新幹線（金沢駅〜敦賀駅間、2024年春開業）

夏は海水浴場として人気の無人島

柱状節理によってできた断崖絶壁

1300年以上の歴史があり、『古事記』や『日本書紀』にも登場

福井県
三方五湖・越前海岸・東尋坊

福井県

東尋坊 5
鉾島 4
越前海岸 3
気比の松原 2
三方五湖 1

START

名物グルメ

越前がに
えちぜんがに

福井県の漁港で水揚げされるオスのズワイガニ。福井県は最も古いカニの漁場のひとつとされ、甘く引き締まった品質からトップブランドとして全国的な知名度を誇る。毎年11月6日から3月20日まで漁が行われ、食事処や宿などで提供されている。

越前の歴史を伝える地を巡り
往時の人々に思いを馳せる

福井県

越前大野城・平泉寺白山神社・九頭竜湖

えちぜんおおのじょう・へいせんじはくさんじんじゃ・くずりゅうこ

幅2.3mの唐門には朝倉家と豊臣家の紋が刻まれている。現在の門は江戸時代中期頃に再建されたもの

歴史ある神社仏閣や城、城下町跡を巡り、越前・福井の波乱の歴史を紐解くコース。まずは北陸の小京都とも呼ばれるほど発展しながら、織田信長によって壊滅させられた城下町跡・一乗谷朝倉氏遺跡を見学。近年雲海で注目を集める越前大野城から街を見下ろし、1300年以上の歴史を持つ平泉寺白山神社へ。美しい苔に包まれた静寂の空間に癒やされたら、巨大なダム湖を有する九頭竜湖を散策する。

DRIVE COURSE 走行距離 約100km

START	北陸自動車道・福井IC
	7km／国道158号
1	一乗谷朝倉氏遺跡
	21km／国道158号
2	越前大野城
	10km／国道157号
3	平泉寺白山神社
	42km／国道157・158号
4	九頭竜湖
	20km／国道158号
GOAL	東海北陸自動車道・白鳥IC

INFORMATION

勝山市商工文化課 📞0779-88-8117
大野市観光交流課 📞0779-66-1111

毎年10〜4月、特定の気象条件が揃うことで雲海が発生する

牛が放牧されている六呂師高原はのどかなエリア

2 雲海に浮かぶ天空の城
越前大野城
えちぜんおおのじょう

天正8年(1580)に金森長近によって建てられた城で、現在の天守は昭和期に再建されたもの。1年のうち10日前後、雲海に包まれる天空の城として近年有名になった。天守内では歴代の城主に関する資料を展示しているほか、階段アートが施されている。
📞0779-66-0234 📍福井県大野市城町3-109 🕐9:00〜17:00(季節により異なる) 休12〜3月 料300円 Ｐ100台

1 かつての栄華を今に伝える

一乗谷朝倉氏遺跡
いちじょうだにあさくらしいせき

戦国大名である朝倉氏が5代、約103年間治めた城下町の遺跡で、武家屋敷や寺院、町屋、道路など、町並みがほぼ完全な姿で発掘された。2022年には遺跡や朝倉氏の歴史を解説する福井県立一乗谷朝倉氏遺跡博物館が開館した。

📞0776-41-2330(朝倉氏遺跡保存協会)
所福井県福井市城戸ノ内町 遊復原町並
9:00～17:00(入場は～16:30) 休無休
料復原町並入場330円 P80台

期間限定で登場する復原町並内に和傘を使った写真スポットも人気

天守は山頂にあり登山口から歩いて20分ほど。雲海は1kmほど離れた戌山がおすすめの眺望スポット

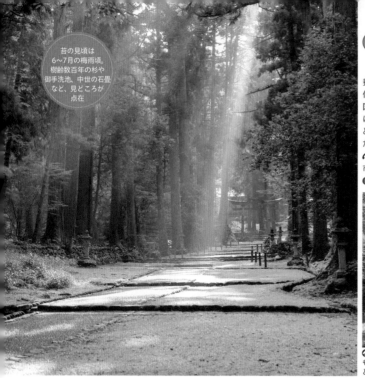

昔の見頃は6〜7月の梅雨頃。樹齢数百年の杉や御手洗池、中世の石畳など、見どころが点在

平泉寺白山神社
へいせんじはくさんじんじゃ

養老元年(717)に泰澄によって開かれ、白山信仰における越前側の拠点として栄えた。戦国時代には一大宗教都市として現在の10倍ほどの規模だったが、越前一向一揆によりほとんどが焼失。数百種類ほどの苔に覆われた境内にひっそりと社殿が建つ。

☎0779-88-1591(社務所) 所福井県勝山市平泉寺町平泉寺56-63 開休料見学自由 P87台(有料)

↑源頼朝に追われた源義経が、奥州藤原氏のもとへ落ち延びる途中で平泉寺に立ち寄ったといわれ、武蔵坊弁慶に関する伝説も残る

参道は食事処やみやげ店が軒を連ねる

START

福井IC

勝山は恐竜の化石の産地として有名。恐竜博物館は2023年にリニューアル

大本山 永平寺

一乗谷あさくら水の駅

一乗谷朝倉氏遺跡 ①

越前大野城 ②

福井県立一乗谷朝倉氏遺跡博物館

朝倉館の原寸再現や城下町の巨大ジオラマなど、見応えがある

寄り道スポット

●福井ICから15km

大本山 永平寺
だいほんざんえいへいじ

寛元2年(1244)に道元禅師によって開かれた曹洞宗の大本山。広大な敷地内に70もの殿堂楼閣が点在し、約160名の雲水(修行僧)が日々修行に励む。

☎0776-63-3102 所福井県永平寺町志比5-15 開8:30〜16:30 休不定休 料500円 P80台(有料)

↑厳かな雰囲気のなか、開創時と変わらぬ座禅修行が行われている

○全長266mの箱ヶ瀬橋（夢のかけはし）は瀬戸大橋のプロトタイプ

④ 四季折々の姿を見せる巨大なダム湖
九頭竜湖
くずりゅうこ

ダムの建設により九頭竜川がせき止められて造られた巨大なダム湖。岩石や土砂を積み上げて建設するロックフィル式で造られており、高さ128m、面積890haと全国有数の大きさを誇る。桜や紅葉の名所としても知られる。
所福井県大野市箱ヶ瀬 P10台

道の駅を
PICK UP!!

名所のそばに位置する道の駅

●福井ICから4km
一乗谷あさくら水の駅
いちじょうだにあさくらみずのえき
県道31号、一乗谷朝倉氏遺跡の入口にある道の駅。そもそもは農業体験施設として建てられ、敷地内の水路に水を送る三連水車や体験水田、ビオトープなどの設備も見られる。
℡0776-41-2777 所福井県福井市安波賀中島町1-1-1 営9:00〜18:00（施設・季節により異なる）休無休 P46台

●白鳥ICから29km
九頭竜
くずりゅう
国道158号沿いに位置するJR九頭竜湖駅一帯を道の駅として整備。特産の九頭竜まいたけを使った弁当や惣菜のほか、旬の野菜や地元の工芸品などを販売。恐竜の親子像がシンボル。
℡0779-78-2300 所福井県大野市朝日26-30-1 営8:30〜17:00（季節により異なる）休無休（直売所12〜3月）P65台

名物グルメ
越前おろしそば
えちぜんおろしそば
そば殻が付いたまま挽いたそば粉を強力粉をつなぎに茹で上げる。太めの黒っぽい麺をよく噛んでそばの風味を楽しむ。辛味大根の大根おろしや汁は薬味ではなく、だしとして利用するのも特徴。

COURSE 34 走行距離 約**100km**

荒島岳への登山はここからスタート

仏御前の滝へは通行止

福井県

大野市

荒島岳●

福井県で唯一日本百名山に選定。標高1523mで、登山客で賑わう

法恩寺山

勝原駅

越前下山駅
下山

九頭竜

九頭竜湖駅

九頭竜

鷲鞍岳

九頭竜湖④

箱ヶ瀬橋（夢のかけはし）

天狗山
大日ヶ岳

大日岳

ひるがの高原

ひるがの高原SA

高山市

岐阜県

人気の高原リゾート。夏は体験型農場、冬はスキー場として楽しめる

毘沙門岳

北濃駅

白山文化の里長滝
白山長滝駅

福井、岐阜の交差点。郡上味噌やケイちゃんなど岐阜みやげを扱う

白尾ふれあいパーク

道の駅 清流の里しろとり

美濃白鳥駅

白鳥IC

GOAL

③ 平泉寺
白山神社

東海と北陸の、自慢の海の幸と山の幸がSA・PAに勢揃い。グルメを目指して走る旅へ。

新東名高速道路
NEOPASA岡崎 集約

【伊藤和四五郎商店】

名古屋コーチン親子丼 1133円
自社で飼育から販売まで管理する名古屋コーチンを使用。その歯ごたえとふわトロ卵の贅沢な旨み。

東名高速道路
豊田上郷SA 下り

【上郷ローストビーフ＆スパイシーカレー「キッチン杏」】

上郷ローストビーフ丼 1400円〜
サーロイン使用のローストビーフを贅沢に盛ったこだわり丼。八丁味噌の特製ソースとの相性も抜群。

名神高速道路
養老SA 下り

【Highway ラの壱】

名古屋とんこつ 800円
十数時間炊き込んだ豚骨スープとコクの強いスープとのWスープに極細麺が絡む創業以来の味。

中央自動車道
恵那峡SA 下り

【大井宿食堂】

六尺棒ヒレの味噌カツ定食 1480円
約18cmの棒状のヒレをまるごと使ったボリューミーなとんかつ。八丁味噌使用のタレはコクと風味抜群。

北陸自動車道
小矢部川SA 下り

【白えび亭】

白えび亭の白えび天丼 1350円
富山湾の宝石、白エビを揚げた人気No.1メニュー。味付けや衣を極力抑えエビ本来の甘みと食感に。

北陸自動車道
有磯海SA 下り

【UMItoYAMA】

UMItoYAMAカレー 1500円
スパイシーなルーに白エビコロッケ(海)と氷見牛メンチ(山)をトッピング。富山の幸を味わうカレー。

北陸自動車道
尼御前SA 下り

【フードコート】

能登豚ステーキ金沢カレー 1300円
もちもちした食感と甘みが特徴の石川名産「能登豚」。そのステーキを使ったカレーが絶品と評判。

北陸自動車道
尼御前SA 上り

【美岬亭】

金沢カツカレー 980円
サクサクに揚げたカツにたっぷりのキャベツが特徴のカレー。揚げたてが味わえる人気メニュー。

北陸自動車道
南条SA 上り

【海鮮レストラン越前地磯亭】

海鮮丼 2500円
甘エビ、ブリ、マグロ赤身、イクラなど5種類以上の海鮮がのり、旬の海の幸が堪能できる贅沢丼。

近畿

歴史と文化が寄り添う美景の宝庫

京都府

兵庫県

滋賀県

大阪府

奈良県

和歌山県

COURSE 35

人の営みと自然が溶け合う
京阪奈丘陵の周辺を巡る

京都府・大阪府

石寺の茶畑・
星のブランコ

いしでらのちゃばたけ・ほしのブランコ

　京都、大阪、奈良の府県境近くに広が
る自然あふれたエリアを周遊するコース。
山々と木津川が織りなす四季の色あいの
なかに、宇治茶の郷、石寺の茶畑の絶景
や、懐かしい里山の風景が広がるけいは
んな記念公園、森の上を空中散歩するよ
うな星のブランコ、ノスタルジックな上
津屋橋などが連なっている。車から降り
て、ハイキング気分で各スポットを散策
するのもおすすめだ。

DRIVE COURSE　走行距離 約72km

START	新名神高速道路・城陽IC

24km／国道24・307号、府道62号

1 石寺の茶畑

16km／国道163号

2 けいはんな記念公園

12km／府道65号、国道168号

3 星のブランコ

17km／国道168号

4 上津屋橋

3km／国道1号

GOAL	新名神高速道路・城陽IC

INFORMATION

和束町観光案内所 ☎0774-78-0300

京都市街から生駒山まで見晴らせる
万灯呂山(まんとろやま)展望台は日
本夜景遺産にも指定されている

急斜面だけでなく、山の上にも茶畑が広がる風景は圧巻。茶摘みは4月下旬に始まる

① 空へと続くかのような茶畑
石寺の茶畑
いしてらのちゃばだけ

宇治茶の生産量が京都府内で最も多い和束町を代表する茶畑。京都府景観資産第一号で、日本遺産にも登録されている。
⊕京都府和束町石寺 ⓟ町営駐車場利用

2 水と緑、四季の花があふれる
けいはんな記念公園
けいはんなきねんこうえん

けいはんな学研都市(関西文化学術研究都市)建設を記念する公園。日本の里の風景をテーマに、日本庭園や里山、棚田風の広場などが約24.1haの広大な敷地にゆったりレイアウトされている。

☎0774-93-1200 ㊟京都府精華町精華台6-1 ㊠水景園9:00〜17:00 ㊡無休 ㊕水景園200円 Ⓟ200台

⬆日本庭園「水景園」に架かる長さ123m、高さ10mの観月橋の上からは庭園内を一望できる

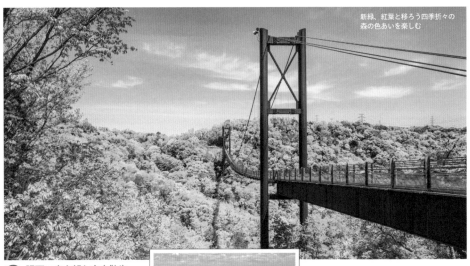

新緑、紅葉と移ろう四季折々の森の色あいを楽しむ

3 眼下に森を望む空中散歩
星のブランコ
ほしのブランコ

「大阪府民の森ほしだ園地」にある、標高180m、全長280m、最大地上高50mの全国最大級の木床版吊り橋。七夕伝説の地として知られる交野市のシンボルとして「星のブランコ」と名付けられた。

☎072-891-0110(府民の森ほしだ園地) ㊟大阪府交野市星田5019-1 ㊠9:30〜16:30 ㊡無休 ㊕無料 Ⓟ90台

展望台からは市街地の景観も一望できる

4 流れ橋とも呼ばれる木橋
上津屋橋
こうづやばし

洪水のときはあえて流されるように設計された流れ橋は、京都府南部を流れる木津川に架かる、日本最長級の木橋。時代劇撮影の定番スポットとされるように、その風情が郷愁を誘う人気の観光地となっている。

㊟京都府八幡市上津屋宮前川端 Ⓟ周辺駐車場利用

⬆全長356.5mの流れ橋の夕景は風情ひとしお。自転車や二輪車は押して通行できる

1953年の架設以来、23回も流されたという

0　　2　　4km
N

近畿

京都府・大阪府

石寺の茶畑・星のブランコ

名物グルメ

和束茶
わづかちゃ

京都府の南部に位置する和束町は京都府の茶の生産量の約4割を生産する茶源郷だ。鎌倉時代に定植されて以来、800年にわたり栽培されてきた和束のお茶。なかでも、茶農家が独自のお茶を楽しんでもらいたいとブランド化されたのが「和束茶」だ。

西大路駅　近鉄京都線　京都駅　東山区　山科区　東海道新幹線
山科駅　1
南区　京都市　1　東海道新幹線
向日市　桂川駅　171　24
阪急京都線　向日町駅　JR藤森駅　伏見区
京都南　丹波橋駅
向日町駅　稲荷駅
名神高速道路
長岡京市　大山崎町　京都本線　桃山駅　六地蔵駅
長岡京　長岡京駅　中書島駅　木幡駅
京都縦貫自動車道
島本町　天王山　大山崎JCT　宇治市　黄檗駅
大阪府　山崎駅　大山崎　巨椋池　JR小倉駅　宇治駅
島本駅　久御山JCT　巨椋池　宇治川
久御山町　平等院鳳凰堂　宇治駅　大峰山

浄土の理想郷を表現した鳳凰堂でも名高い世界遺産

宇治田原町　御林山　鷲峰山

上津屋橋 **4**
八幡市
START & GOAL
城陽IC　城陽市　長池駅
八幡東　城陽JCT　24
八幡京田辺　八幡京田辺JCT　京田辺松井　京田辺PA
田辺北　山城青谷駅　大焼山　井手町

和束町内一望の山のてっぺんにある木造の貸切個室

広々とした山田池を中心に四季折々の花が楽しめる

山田池公園　松井山手駅　田辺西
長尾駅　園内のいたるところで車窓から夜景が望める
307　田辺西　山城多賀駅　万灯呂山展望台
枚方東　京田辺市　同志社前駅
枚方市　枚方学研　空見の丘公園　JR三山木駅

天空カフェ
三上山

標高300mにある展望台からは京都タワーも見晴らせる

修験者が身を浄めたという交野山麓にある高さ18mの滝

津田駅　源氏の滝
交野北　片町線　24　下狛駅　石寺の茶畑 **1**

お茶の京都
みなみやましろ村

交野南　星田駅　精華下狛駅
私市駅　24　銭司聖天
河内磐船駅　精華町　祝園駅　棚倉駅

渓流と多くの池がある起伏に富んだハイキングコース

府民の森くろんど園地　西木津駅　笠置町

けいはんな記念公園 2

星のブランコ **3**　163
寝屋川公園駅　精華学研　上狛駅　加茂駅　灯明寺山
忍ケ丘駅　168　登美ケ丘駅　山田川　木津川
条畷駅　高山竹林園　生駒市　近鉄けいはんな線
飯盛山　163　近鉄奈良線　木津駅
白庭台駅　163

竹の生態園、日本庭園、茶室、資料館などがある

聖天、歓喜天を祀る金運向上のご利益で名高い寺

大東市　生駒市　木津川市　京都府
信貴生駒スカイライン
東大阪市　308
168　阪奈道路　近鉄奈良線
生駒　第二阪奈道路
生駒山

奈良県

奈良市

道の駅を PICK UP!!

村の特産品が充実

●城陽ICから37km

お茶の京都 みなみやましろ村
おちゃのきょうとみなみやましろむら

京都府にある唯一の村、南山城村にある。特産品のお茶を使った、プリンやソフトクリーム、茶そばなどが人気。

☎0743-93-1392　⑰京都府南山城村
北大河原殿田102　◷9:00〜18:00
◉無休　Ⓟ120台

信貴生駒スカイライン
平群町　松尾山　大和郡山市　168

いにしえの京都の美観と
京丹波の城跡を巡る

京都府

瑠璃光院・美山・
福知山城

るりこういん・みやま・ふくちやまじょう

　京都嵐山にある竹林の小径を散策した
ら、息をのむ美しさを体感しに八瀬の瑠
璃光院の特別公開へ向かう。亀山や南丹
の渓谷美のなかを走り、美山かやぶきの
里へ。西の鯖街道の歴史にふれ、茅葺き
民家の下で素朴な味覚に舌鼓。綾部経由
で福知山へ向かい、明智光秀が丹波の拠
点に築いた福知山城と、元伊勢内宮皇大
神社にある一願成就の日室ヶ岳遥拝所で、
たったひとつの願い事をしてみよう。

DRIVE COURSE 走行距離 約172km

START	京都縦貫自動車道・京都南IC
	12km／府道132・29号
1 竹林の小径	
	16km／府道29号、国道367号
2 瑠璃光院	
	55km／国道162号
3 美山かやぶきの里	
	60km／府道12号、国道27号
4 福知山城	
	19km／府道55号
5 元伊勢内宮皇大神社	
	10km／国道175号
GOAL	京都縦貫自動車道・舞鶴大江IC

I N F O R M A T I O N

京都総合観光案内所 ☎075-343-0548
南丹市美山観光まちづくり協会 ☎0771-75-1906

重要伝統的建
造物群保存地
区に指定され
ている美山か
やぶきの里

茅葺き民家の残る
北集落は平成5年
（1993）に重要伝統的
建造物群保存地区に
選定された

① 春夏秋冬の美しさ漂う
竹林の小径
ちくりんのこみち

野宮神社から天龍寺北門を通り、大河内山荘へと続く400mの散策路。高さ5〜10mの竹が林立する京都を代表する美観。雪景色もまた幻想的。
⸤所⸥京都市右京区嵯峨天龍寺芒ノ馬場町
⸤P⸥なし

周辺は平安時代の貴族の別荘地であったとも。夏でも涼しく、幽玄の世界へと誘ってくれるよう

竹の葉や木々がこすれる音にも耳を傾けてみたい

② 浄土世界の美を垣間見る
瑠璃光院
るりこういん

比叡山口・八瀬を流れる高野川沿いの渓谷にたたずむ無量寿山光明寺京都本院。浄土世界を表す「瑠璃」の名がついた美しい苔の庭園で知られる。
☎075-781-4001 ⸤所⸥京都府京都市左京区上高野東山55 ⸤開⸥4月中旬〜5月、7月〜8月中旬、10月〜12月上旬の10:00〜17:00(受付は〜16:30) ※HPを要確認 ⸤休⸥期間中無休 ⸤料⸥2000円 ⸤P⸥周辺駐車場利用

紅葉の季節は燃えるようなモミジが映える

⸤↻⸥書院の名建築と一体化したように映る瑠璃の庭のアオモミジ

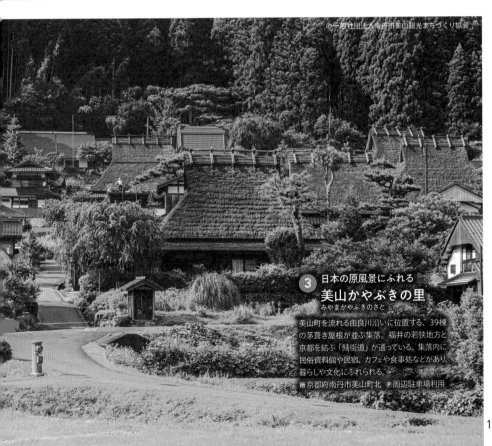

◎一般社団法人南丹市美山観光まちづくり協会

③ 日本の原風景にふれる
美山かやぶきの里
みやまかやぶきのさと

美山町を流れる由良川沿いに位置する、39棟の茅葺き屋根が並ぶ集落。福井の若狭地方と京都を結ぶ「鯖街道」が通っている。集落内に民俗資料館や民宿、カフェや食事処などがあり、暮らしや文化にふれられる。
⸤所⸥京都府南丹市美山町北 ⸤P⸥周辺駐車場利用

④ 福知山の城下町を一望する大天守

福知山城
ふくちやまじょう

由良川と土師川が合流する台地に建つ平山城で、丘陵地の先端にある地形から臥龍城の異名を持つ。天正7年(1579)に丹波を平定した明智光秀が築いた城で、野面積みの豪放な石段は当時から残るもの。北近畿唯一の天守も見られる。

☎0773-23-9564 ㊟京都府福知山市内記5 ㊟9:00～17:00(入場は～16:30) ㊡火曜 ㊟330円 ㊟70台

↑三重四階の大天守と二重二階の小天守は昭和61年(1986)に復元された

⑤ シイの森にたたずむ神秘の古社

元伊勢内宮皇大神社
もといせないくうこうたいじんじゃ

神社の名称は、伊勢神宮が現在の場所に鎮座する54年前に天照大神を祀っていた神社であることが由来。現在も御祭神は天照大神。大晦日・元旦の歳旦祭は多くの参拝客で賑わう。原初的な皮つき杉の黒木の鳥居も見どころ。

☎0773-56-1011 ㊟京都府福知山市大江町内宮217 ㊟㊡参拝自由 ㊟周辺駐車場利用

「ひとつだけ願い事をすれば叶う」と伝わる一願成就の日室ヶ岳遥拝所

本殿は伊勢神宮と同じ茅葺きの神明造

巨大な花崗岩が男滝・女滝に分かれて流れる名爆

農業の神・豊受大神を祀る元伊勢三社のひとつ

和風庭園を眺めながら多彩な風呂を楽しめる

9月下旬～12月上旬には雲海が見られることも

元伊勢内宮皇大神社
与謝野町

GOAL

④福知山城跡

0　　4　　8km

道の駅を
PICK UP!!

のどかな農村風景のなかに立つ

● 舞鶴大江ICから60km
美山ふれあい広場
みやまふれあいひろば
国道162号沿いにある道の駅。地元産の新
鮮野菜をはじめ、美山牛乳を使ったプリン
やジェラート、無添加のジビエソーセージ、
美山米など多彩な商品が並ぶ。

☎0771-75-1906 ⬤京都府南丹市美山町安掛
下23-1 営⬤店舗により異なる 水曜 P65台

近畿

京都府
瑠璃光院・美山・福知山城

毛島
押廻鼻
今戸鼻
正面崎
内浦湾
風島

金ケ岬
戸島
乙島
舞鶴湾
松尾寺駅
青葉山
高浜町
三松駅
青郷駅
青葉山
高浜町

舞鶴市
東舞鶴駅
小浜線

西舞鶴駅
三国岳
養老山
福井県
おおい町
小浜市

弥仙山
君尾山
頭巾山

綾部市
4月上旬の日曜
日には桜祭り
が開催される

京都府
京丹波町

八ヶ峰
三国岳
滋賀県
高島市

百里ヶ岳

雨の後は水量が増
して絶景が見られる

③ 美山かやぶきの里

天狗岳
経ヶ岳

長老ヶ岳
白尾山
蓮如の滝
美山町自然文化村
キャンプ場
南丹市

武奈ヶ岳

山家城址公園
京丹波わち
立木駅
12
162

ソロサイトや日帰り
で楽しめるサイトも

大悲山

安栖里駅
和知駅
大野ダム
打見山
蓬莱山
権現山
霊仙山

三峠山
ダム湖百選に選ばれ
た桜と紅葉の名所
胡麻駅
美山ふれあい広場
京丹波町

京丹波みずほ
9
山陰道
鍼灸大学前駅
黒尾山
織田信長ゆかりの
滝。42体の石仏
群にも出会える

天ヶ岳
477

日吉駅
橋のたもとに春は
しだれ桜、秋は紅
葉が広がる
魚ヶ渕吊り橋

貴船山
鞍馬駅
金毘羅山

樋爾嶽
丹波
船岡駅
滝又の滝
鞍馬山

三国岳
胎金寺山
園部駅
南丹市
十三石山

瓢箪崩山
おごと温泉駅

73
吉富駅
八木西
八木中
八木東
八木駅
明智光秀が本能寺の
変の折に出陣した城

朝日峯

② 瑠璃光院

十郎ヶ嶽
372
千代川
千代川駅
並河駅
馬堀駅
亀岡駅
丹波亀山城跡
愛宕山
保津峡駅
嵯峨嵐山駅
太秦駅
宝ヶ池駅

① 竹林の小径
京都市
北野白梅町駅

比叡山
比叡山
坂本駅
大津市

名物グルメ

京地どり
きょうじどり

シャキッとした歯ごたえにさらりとした脂身と
深い味わいが自慢の、京都オリジナルのブラ
ンド鶏。在来種100%の品種を、通常ブロイラ
ーの2倍近い日数をかけ、さらにSDGsに配慮
した籾米と竹粉を加えた飼料で育てたもの。
京地鶏を使った親子丼や焼鳥の名店も多い
ので、ぜひ味わいたい。

大井
9
亀岡
亀岡市
明神ヶ岳
黒柄岳

京都縦貫
自動車道

桂駅
西大路駅
大野原
桂川駅

START
千頭駅
醍醐山

京都南IC
JR藤森駅

ボンボシ山
釈迦岳
長岡京
向日町
長岡天神
西山天王山
大山崎JCT

大阪府
高槻市

宇治田原町
宇治東

COURSE 37

自然と歴史にふれながら
奥琵琶湖が美しい湖北を周遊

滋賀県
伊吹山・余呉湖・
メタセコイア並木
いぶきやま・よごこ・メタセコイアなみき

　湖北エリアの変化に富む自然と長浜の町歩きを楽しむ旅。伊吹山ドライブウェイで滋賀県の最高峰・伊吹山山頂へ向かい、スカイテラス伊吹山から奥琵琶湖を眺望。豊臣秀吉の居城・長浜城では長浜と城の歴史にふれられる。鏡写しの湖面が神秘的な余呉湖、メタセコイア並木の緑のトンネルを走り抜け、ゴンドラで山頂リゾートのびわこ箱館山へ。琵琶湖ビューの展望デッキなど豊富な施設が揃う。

DRIVE COURSE 走行距離 約151km

START	名神高速道路・関ヶ原IC

19km／国道365号、伊吹山ドライブウェイ

① スカイテラス伊吹山

37km／国道365号、県道244号

② 長浜城

26km／県道331号、国道303号

③ 余呉湖

30km／国道303号、県道287号

④ メタセコイア並木

9km／国道303号

⑤ びわこ箱館山

30km／国道303・27号

GOAL	舞鶴若狭自動車道・小浜IC

INFORMATION

長浜観光協会 ☎0749-53-2650
びわ湖高島観光協会 ☎0740-33-7101

余呉湖あじさい園は例年6月下旬〜7月上旬が見頃

① 標高1260mからの雄大な眺め
スカイテラス伊吹山
スカイテラスいぶきやま

伊吹山ドライブウェイの山頂駐車場にある休憩スポット。展望テラスや展望階段から琵琶湖や白山、北アルプスを眺望し、飲食店での休憩や売店での買い物も楽しめる。

↑伊吹山コーヒーを飲みながら眺望を楽しみたい
☎0584-43-1155(伊吹山ドライブウェイ管理事務所)
所滋賀県米原市大久保
時10:00〜16:00
休11月最終月曜〜4月中旬
P600台

╱ コース内の絶景ロード ╲

日本百名山を車で走破
伊吹山ドライブウェイ
いぶきやまドライブウェイ

伊吹山の麓から標高1260mの山頂駐車場へ続く全長17kmの有料道路。濃尾平野や琵琶湖の絶景を眺めながらドライブを楽しめる。夜間は通行できず、冬の間は道路が閉鎖される。

② 秀吉の居城にそびえる再興天守
長浜城
ながはまじょう

戦国末期に豊臣秀吉が初めて築いた居城。江戸時代に取り壊された天守が、昭和58年 (1983) に安土桃山時代の建築を模して再興された。内部は歴史博物館になっている。5階の展望台から湖北を一望できる。

📞0749-63-4611 所滋賀県長浜市公園町10-10 営9:00〜17:00（入場は〜16:30）休無休 料410円 P436台

湖岸に建つ天守から琵琶湖の風景を楽しもう

⬆長浜城址を整備した豊公園に再興天守が建つ。春には約600本の桜が園内に咲き誇る

道の駅を
PICK UP!!

湖畔の夕日がきれい
●関ヶ原ICから39km
湖北みずどりステーション
こほくみずどりステーション

湖岸に広がる湖北水鳥公園内にある。小鮎の天ぷらや鮒ずし、焼鯖そうめんなどの湖北グルメが味わえ、丁子麸、菊水飴、のっぺいうどんなどのローカルみやげも手に入る。

📞0749-79-8060 所滋賀県長浜市湖北町今西1731-1 営売店9:00〜18:00（11〜3月は〜17:00）、レストラン10:30〜17:30（11〜3月は〜16:30）休第3火曜 P103台

⬆公園内で野鳥の観察も楽しめる

➡琵琶湖をオレンジ色に染めるサンセットも魅力的

③ 景色を映し込む鏡湖
余呉湖
よごこ

三方を山々に囲まれた景勝地。羽衣伝説や龍神・菊石姫伝説が残る神秘的な湖。周囲約6.4kmの湖畔に遊歩道が整備されている。春は導水路沿いに桜と菜の花が咲き、冬はワカサギ釣りを楽しむ人々で賑わいをみせる。

所滋賀県長浜市余呉町 P余呉湖観光館駐車場利用

余呉湖の別名は鏡湖。風のない日には、湖面が鏡のようになって山々や空を映し込む

白一色の冬には「ウユニ塩湖」のような世界が広がる

↑木洩れ日が心地よい。並木沿いに散策道も設けられている

④ 緑のトンネルをドライブ

メタセコイア並木
メタセコイアなみき

延長約2.4kmの道路沿いに約500本のメタセコイアが並木をつくる。春から夏にはさわやかな緑に包まれてのドライブを楽しめる。周囲の田園や遠くの野坂山地の風景とも美しく調和している。

㊐滋賀県高島市マキノ町蛭口～牧野 Pなし

紅葉の見頃は例年11月下旬～12月上旬頃

COURSE 37 走行距離 約151km

0　2.5　5km

N

三方五湖スマート 三方五湖PA
三方駅
雲谷山
美浜町
敦賀市

若狭町
小浜線
藤井駅
福井県
三国山
乗鞍岳
余呉湖畔の和風オーベルジュ。発酵料理が味わえる

十村駅
27
若狭おばま
舞鶴若狭自動車道
若狭上中
大鳥羽駅

国富トンネル
GOAL
三十三間山
三重嶽
メタセコイア並木の見学時に駐車場を利用できる
路上への駐停車は不可
287
湖西線
永原駅

小浜IC
若狭国分寺跡
新平野駅
若狭有田駅
余呉湖畔に約1万株のアジサイが咲いて初夏を彩る

小浜駅
東小浜駅
上中駅
5月下旬～6月上旬頃に約1万本のカキツバタが咲く
マキノピックランド
マキノ

小浜市
多田ヶ岳
瓜割の滝
卍明通寺
武奈ヶ嶽
平池
東山
マキノ駅

千石山
303
熊川宿
若狭熊川宿
淡海湖
マキノサニービーチ
海津大崎

湧水が斜面を流れ落ち、苔むす岩とともに神秘的な

161
近江中庄駅
岩礁や竹生島の風景が美しい湖畔の景勝地。桜の名所

鯖街道の宿場町。伝統的な街並みが残されている
二の谷山
びわこ箱館山 ⑤
303
近江今津駅
湖岸の白砂青松が美しい展望スポット。キャンプも可

百里ヶ岳
367
滋賀県
高島市
161
琵琶湖

おおい町
三国岳
くつき新本陣
阿弥陀山
新旭駅
湖西線

⑤ 遊びも眺望も満喫
びわこ箱館山
びわこはこだてやま

標高630mの山頂に広がる関西最大級のリゾートパーク。4カ所の展望デッキから花畑や眼下に広がる琵琶湖の眺めを満喫。子どもから大人まで楽しめる多彩なアクティビティ、パフェ専門店など楽しみが豊富。

📞0740-22-2486　㊋滋賀県高島市今津町日置前
⏰9:00〜17:00　㊡3月下旬〜4月中旬、11月中旬〜12月中旬　¥2500円　🅿1100台

⬆高さの異なる4カ所の展望デッキを設置。椅子やベンチでくつろぎながら景色を楽しめる

ゴンドラに乗って山頂へ。途中の眺めも抜群だ

地元伝統織物の高島ちぢみを用いた虹のカーテン

余呉湖 ③
近江塩津駅
徳山鮓
余呉湖あじさい園
杉野川
余呉川
365
賤ヶ岳SA
己高山
木ノ本駅
木之本
北陸本線
国宝・十一面観音像と謳われる傑作と謳われる美しい観音様
奥琵琶湖パークウェイ
葛籠尾半島のドライブコース。菅浦側からの一方通行
つづら尾崎展望台
籠尾崎
山本山
高月駅
渡岸寺観音堂
小谷山
365
小谷城跡
須賀谷温泉
小谷城スマート
北陸自動車道
戦国武将・浅井氏3代の居城跡。土塁や石垣が残る
菅浦
竹生島
宝厳寺
都久夫須麻神社
河毛駅
湖北みずどり
ステーション
虎姫駅
浅井三姉妹の郷
姉川
331
奥琵琶湖パークウェイの途中にある眺望抜群の展望台
国友鉄砲ミュージアム
8
黒壁スクエア
長浜城 ②
長浜太閤温泉
長浜駅
244
365
長浜市
長浜市の旧市街に古い建物を生かした観光施設が点在
田村駅
8
近江母の郷
米原市
七尾山
伊吹山
岐阜県
① スカイテラス伊吹山
池田山
池田町
揖斐川町
岩手峠
垂井町
伊吹山ドライブウェイ
関ヶ原町
21
関ヶ原駅
START
関ヶ原IC
東海道新幹線
東海道本線
近江長岡駅
柏原駅
高速道路
365
垂井駅
大垣市

名物グルメ

焼鯖そうめん
やきさばそうめん

焼鯖を甘辛く煮て、煮汁で味付けしたそうめんを添えた湖北地方の郷土料理。鯖の風味をたっぷりと吸ったそうめんも美味。おかずや主食で食べられており、湖北地方の一部のそば店や食事処などで提供される。

COURSE 38

琵琶湖の多様な表情に出会い
峠からはるかな山並みを眺望

滋賀県

琵琶湖大橋・
白鬚神社

びわこおおはし・しらひげじんじゃ

湖西地方をドライブし、琵琶湖と山岳地の壮大な風景に出会う。まずはアーチ型をした琵琶湖大橋を湖岸から眺め、橋を渡って湖上ドライブを満喫。　標高1100mのびわ湖バレイ/びわ湖テラスで湖のパノラマを眺め、白鬚神社では湖上に鳥居の浮かぶ神秘的な風景を楽しむ。湖畔を走り、琵琶湖を離れてから若狭路（鯖街道）を目指す。若狭路を南下し、再び琵琶湖大橋を渡って竜王ICへ向かおう。

DRIVE COURSE 走行距離 約141km

START	名神高速道路・竜王IC
	22km／国道477号、県道558号
1	琵琶湖大橋
	12km／県道558号、国道161号
2	びわ湖バレイ/びわ湖テラス
	16km／県道558号、国道161号
3	白鬚神社
	91km／国道161・367・477号
GOAL	名神高速道路・竜王IC

INFORMATION

びわ湖大津観光協会 ☎077-528-2772

琵琶湖に浮かぶ沖島。背後には伊吹山の雄姿を望む

ゆるやかな曲線を描くスレンダーな橋。背後にそびえる比良山と琵琶湖が美しく映える

1 爽快な湖上ドライブ
琵琶湖大橋
びわこおおはし

琵琶湖の東西を結ぶ全長約1.4kmの橋（有料）。橋の下を観光船が通るため、中央部を高くしたゆるやかなアーチ型になっている。
🏠滋賀県大津市今堅田～守山市今浜町 🅿なし

昭和39年 (1964) に開通。湖の最も狭い部分に架かり、大津市と守山市を結ぶ

山頂まではロープウェイで約5分。水盤とウッドデッキを設けた心地よい空間が広がる

② 山上の特等席へ

びわ湖バレイ / びわ湖テラス
びわこバレイ / びわこテラス

標高1100mの山頂テラスからは、琵琶湖の北から南までが一望のもとに。ソファやチェアでくつろぎながら、ゆったり眺められる。カフェやレストランも併設。

☎077-592-1155 ⑰滋賀県大津市木戸1547-1 ⑱時期により異なる(HPを要確認) ⑭無休(点検休業期間、天候による営業時間変更あり、HPを要確認) ⑭ロープウェイ往復3500円 ⑫1700台

テラスの奥にはシックな雰囲気のテラスカフェも

189

大鳥居越しに日の出を望む。境内に展望台を設置

③ 湖中大鳥居が立つ「近江の厳島」

白鬚神社
しらひげじんじゃ

2000余年の歴史を持つと伝わる近江最古の古社で、延命長寿の神様として知られる。慶長8年(1603)創建の本殿は国の重要文化財に指定されている。境内前の湖上に朱塗りの大鳥居が厳かにたたずむ。

☎0740-36-1555 所滋賀県高島市鵜川215 働社務所9:00〜17:00 休無休 料無料 P30台

寄り道スポット

●竜王ICから70km
おにゅう峠
おにゅうとうげ

滋賀県と福井県の県境に位置する標高820mの峠。晴れた日には、周辺の山並みとともに、遠くに若狭湾を望む。気象条件が揃えば、早朝に雲海の広がる風景に出会える。10〜12月頃に発生確率が高く、秋には紅葉とのコラボも楽しめる。

↑峠を通る道は、かつて日本海の魚を京都へ運んだ鯖街道のひとつ

↑紅葉と雲海が見られるのは例年10月下旬〜11月上旬頃

道の駅を
PICK UP!!

滋賀の特産品や料理が集う

●竜王ICから54km
藤樹の里あどがわ
とうじゅのさとあどがわ

滋賀県内の道の駅で最大面積を誇る。地元の野菜やみやげ物、扇子などの伝統工芸品を販売し、近江牛をはじめとする地元食材のレストランが入っている。

☎0740-32-8460 所滋賀県高島市安曇川町青柳1162-1 働9:00〜18:00(施設により異なる) 休第2水曜(4・8・11月は無休) P100台

●竜王ICから61km
くつき新本陣
くつきしんほんじん

若狭小浜と京都を結ぶ鯖街道の中間点に位置する。鯖寿司や鯖のなれずし、栃餅などの朽木名物が手に入る。田舎料理が並ぶバイキングレストランもある。

☎0740-38-2398 所滋賀県高島市朽木市場777 働レストラン11:00〜14:30LO、売店8:30〜17:00 休火曜 P99台

190

COURSE 38 走行距離 約141km

0 2.5 5km N

GOAL
若狭おばま
小浜IC

新平野駅
東小浜駅
若狭国分寺跡
小浜線

福井県
303
明通寺
千石山
若狭熊川宿

奈良時代後期の創建とされ、古代の寺院跡は国の史跡

滋賀県

名物グルメ
ウナギ

琵琶湖では毎年ウナギの稚魚が放流されており、成長した天然ウナギは人気が高い。重さ4kgを超す大うなぎも獲れ、匂いやクセが少ないのが特徴。琵琶湖周辺のうなぎ専門店などで味わえる。

近畿

滋賀県 琵琶湖大橋・白鬚神社

367
高島市

大荒比古神社
新旭駅

近江の国主・佐々木一族ゆかりの神社。紅葉がきれい

くつき新本陣
阿弥陀山
くつき温泉てんくう

藤樹の里あどがわ
安曇川駅

びわ湖こどもの国

高島市畑集落の山腹に、棚田の並ぶ山里風景が広がる

福井県小浜市から京都へ海産物が運ばれた道

高島市

山々を望む露天風呂があり、期間限定の温水プールも

高島市

若狭路（鯖街道）

畑の棚田

鴨川の源流にある滝。8つの渕を通って流れ落ちる

近江高島駅

3 白鬚神社

戸外に多くの大型遊具が並び、BBQやキャンプも可能

武奈ヶ嶽

八ツ淵の滝

楊梅滝

北小松駅

161

琵琶湖

比良山麓に建つのどかな日帰り温泉。露天風呂あり

367

比良とぴあ

近江舞子駅
雄松崎

弦月状の砂州が琵琶湖に張り出し、古くから景勝地として知られる

びわ湖バレイ／びわ湖テラス 2

打見山
蓬莱山

比良駅

志賀駅

沖島

東近江市

左京区

皆子山

権現山

霊仙山

湖西道路

蓬莱駅

琵琶湖最大の有人島。平安時代に開拓されたと伝わる

近江八幡市

近江八幡の町並み

近江八幡駅

477

京都府

花脊峠

京区

天ヶ岳

558

和邇駅

和邇川

日野川

野洲市

鶴翼山（八幡山）

近江鉄道八日市線

芹生峠

貴船口駅

金毘羅山

鞍馬山

鞍馬駅

京都市

小野駅

1 琵琶湖大橋

堅田駅

野洲市

篠原駅

東海道本線

東海道新幹線

水井山

坂本比叡山口駅
ケーブル坂本駅

161

おごと温泉駅

おごと温泉 湯元館

竜王町

大笹原神社
竜王かがみの里

START & GOAL
竜王IC

叡山ケーブル線
叡山八瀬駅

ケーブル八瀬駅

卍延暦寺

三石山

比叡山坂本駅

宝ヶ池駅

大比叡

延暦寺駅

石山坂本線

ケーブル八瀬駅

唐崎駅

展望大浴場や露天風呂からの眺望が魅力的な湖畔の宿。日帰り利用のプランもあり

草津市

守山駅

三上山

野洲駅

鏡山

8

名神高速道路

191

比叡山に広がる聖地を訪ね
近江商人の街と国宝の名城へ

滋賀県

比叡山・近江八幡・彦根城

ひえいざん・おうみはちまん・ひこねじょう

眼下に西側から琵琶湖の眺望が楽しめる比叡山ドライブウェイと奥比叡ドライブウェイ、2つの道路を縦走。途中、比叡山延暦寺を拝観し、浮御堂へ向かう。近江八景のひとつに数えられる絶景を楽しみ、近江八幡の繁栄に大きな役割を果たした運河、八幡堀へ。堀沿いをゆき、その後、沿道の木々の間に琵琶湖を眺めながら県道25号を東へ。国宝天守を持つ彦根城は、玄宮園からの景観が美しい。

DRIVE COURSE 走行距離 約86km

START	名神高速道路・京都東IC

16km／国道161号

 比叡山延暦寺

16km／県道313号

 浮御堂

23km／県道559号

 八幡堀

27km／県道194・25号

 彦根城

4km／県道25号

GOAL	名神高速道路・彦根IC

■ INFORMATION

近江八幡北口観光案内所 ☎0748-33-6061
彦根市観光案内所 ☎0749-22-2954

県道25号沿いにある「あのベンチ」。近年SNSで話題に

---

1 1200年の歴史を体感

比叡山延暦寺

ひえいざんえんりゃくじ

比叡山の山内約1700haを境内とする天台宗の総本山。延暦7年(788)に創建され、最澄が草庵を結んだのが始まりとされる。東塔、西塔、横川の3エリアそれぞれに本堂を構え、国宝殿には国宝、重要文化財を含む仏像・仏画・書跡などを多数収蔵している。

☎077-578-0521 ⊕滋賀県大津市坂本本町4220
⊕9:00〜16:00(西塔・横川地区は12〜2月9:30〜)
⊛無休 ⊕1000円、国宝殿500円 Ⓟ東棟270台、西塔75台、峰道50台、横川80台

↑東塔エリアの法華総持院東塔(左)と阿弥陀堂(右)。東塔エリアには、本堂にあたる根本中堂や国宝殿もある

＼ コース内の絶景ロード ／

夢見が丘展望台から琵琶湖を見下ろす

比叡山ドライブウェイ

ひえいざんドライブウェイ

昭和33年(1958)に開通した全長約8kmの有料道路。桜、新緑、紅葉と季節の彩りが沿道を染め、夢見が丘展望台からは大津や琵琶湖の絶景が楽しめる。

比叡山延暦寺参詣のための道路

奥比叡ドライブウェイ

おくひえいドライブウェイ

比叡山延暦寺の東塔から西塔、横川を経て、比叡山麓の仰木までを結ぶ約12kmの有料道路。眼下に琵琶湖が広がり、秋は西塔、横川間の紅葉が美しい。

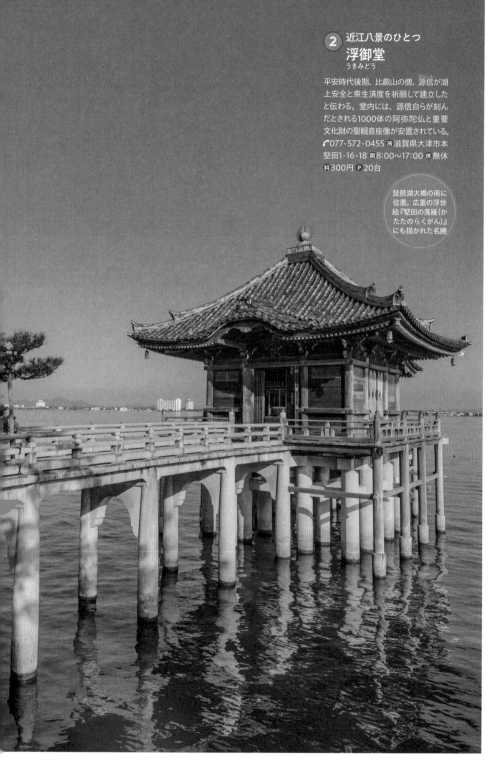

② 近江八景のひとつ
浮御堂
うきみどう

平安時代後期、比叡山の僧、源信が湖上安全と衆生済度を祈願して建立したと伝わる。堂内には、源信自らが刻んだとされる1000体の阿弥陀仏と重要文化財の聖観音座像が安置されている。

☎077-572-0455 所滋賀県大津市本堅田1-16-18 開8:00〜17:00 休無休 料300円 P20台

琵琶湖大橋の南に位置。広重の浮世絵『堅田の落雁(かたたのらくがん)』にも描かれた名勝

↑遊覧船に乗って水郷巡りも楽しめる

③ 堀沿いに旧家が並ぶ
八幡堀
はちまんぼり

八幡山に城を築いた豊臣秀次が琵琶湖を往来する
船を城下内に寄港させるために造った運河。昭和
40年代後半には埋め立ての計画も進んでいたが、
市民と行政の力で美しい景観を取り戻した。

所滋賀県近江八幡市宮内 P周辺駐車場利用

八幡堀巡りでは、船から石垣や
白壁の蔵の眺めが楽しめる

④ 白亜の天守がまばゆい名城
彦根城
ひこねじょう

元和8年(1622)頃に完成。国宝に指定された天守
をはじめ、天秤櫓、太鼓櫓、西の丸三重櫓などの
城郭建築物が現存している。近江の景勝地を模し
た大名庭園・玄宮園から望む天守も美しい。

↑三階三重の屋根で構成
された天守。さまざまな
意匠の屋根を採用し、変
化に富んだ姿を見せる

☎0749-22-2742
所滋賀県彦根市金亀町1-
1 時8:30〜17:00(入場は
〜16:30) 休無休 料800
円 P300台

道の駅を
PICK UP!!

近江の美味が集まる
●京都東ICから21km
びわ湖大橋 米プラザ
びわこおおはしこめプラザ
県内産の食材を使ったメニューが充実したレ
ストランや、湖魚の佃煮や近江米などが揃う
直売所を備える。2階には観光案内コーナーも。
☎077-572-0510(レストラン・売店) 所滋賀県
大津市今堅田3-1-1琵琶湖大橋西詰め 時9:00
〜18:00(12〜2月は〜17:00) 休無休 P136台

↑近江牛弁当2600円。
近江牛や永源寺こんにゃ
く、地場野菜を使用

ハツ淵の滝

高島市

滋賀県

武奈ヶ獄

安曇川

367

打見山

蓬莱山

皆子山

比良

蓬莱駅

霊仙山

湖西線

志賀駅

161

湖西道路

和邇駅

妹子の郷

京都府

京都市
左京区

京都市

477

大津市

小野駅

477

堅田駅

びわ湖大橋 米プラザ

313

比叡山ドライブウェイ

びわ湖展望台

坂本比叡山口駅

浮御堂 **②**
おごと温泉駅

おごと温泉

滋賀県立
琵琶湖博物館

比叡山延暦寺 **①**

ロープ比叡駅

比叡山頂駅

ケーブル坂本駅

比叡山坂本駅

京都市
左京区

477

比叡山

夢見が丘展望台

比叡山坂本線

大津京駅

大津駅

草津

南草津駅

「湖」をテーマと
した博物館として
は日本最大の規模

瀬田川駅

瀬田JCT

唐崎駅

如意ヶ岳

大津SA

石山駅

山科駅

京都東IC

山科区

START

大津

161

1

石山寺駅

石山寺

紫式部が『源氏物
語』の構想を練っ
たと伝わる古刹

●彦根ICから28km

ラ コリーナ近江八幡
ラコリーナおうみはちまん

和菓子「たねや」と洋菓子「クラブハリエ」のフラッグシップ店。八幡山から連なる土地で和・洋菓子を販売。四季折々のお菓子と自然が楽しめる。

☎0748-33-6666　🏠滋賀県近江八幡市北之庄町615-1　🕙9:00～18:00、フードコート10:00～17:00　休無休　Ｐ650台

↑建築史家・藤森照信氏の設計による自然に溶け込む建築物

田村駅

近畿

米原市

多景島

🏯彦根城 ④

湖岸を快適に走る

彦根市

彦根駅

GOAL　彦根IC

滋賀県　比叡山・近江八幡・彦根城

湖畔の「あのベンチ」はフォトスポットとして人気。付近には駐車場も

あのベンチ

宇曽川

南彦根駅

荒神山▲

河瀬駅

豊郷町

紅葉が見事な蓬莱亭や国宝の本堂、三重塔がある

甲良町

西明寺

稲枝駅

西国三十三所観音霊場の31番札所。聖徳太子が開基したと伝わる

織田信長の居城。天守台の跡などが残る

近江八幡市

能登川駅

愛荘町

湖東三山スマート

湖東三山PA

金剛輪寺

1月下旬～2月上旬には菜の花が咲き誇る

長命寺卍

ラ コリーナ近江八幡 ★

安土城跡

五箇荘駅

推古14年(606)創建、紅葉の名所

東近江市

鶴翼山
(八幡山)

織山
(観音寺山)

彦根・大津間を結ぶ幹線

八幡堀 ③

八幡山ロープウェー

安土駅

第一なぎさ公園

近江八幡駅

八日市駅

野洲市

武佐駅

近江鉄道八日市線

市辺駅

八日市

守山市

篠原駅

雪野山
(龍王山)

黒丸PA

大笹原神社

鏡山▲

苗村神社

蒲生スマート

日野町

野洲駅

竜王町

佐久良川

守山駅

三上山▲

菩提寺PA

近江牛

栗東市

栗東第二

手原駅

栗東駅

石部駅

草津線

湖南市

常楽寺卍

西明寺駅

草津駅

鶏冠山▲

長壽寺卍

津JCT
草津田上

石部駅

湖南市

甲西駅

阿星山▲

新名神高速道路

甲賀市

近江牛
おうみぎゅう

米どころの近江で農耕に使われていた但馬系の牛をルーツとする近江牛は、きめ細かくやわらかな肉質、細かいサシ、適度に粘りがある脂肪が特徴。近江八幡には、しゃぶしゃぶ、すき焼、鉄板焼、ステーキなど、さまざまなスタイルで近江牛が楽しめるレストランが点在。

自然が生み出す
水と緑の奇跡を味わい尽くす

兵庫県

砥峰高原・猿尾滝・
シワガラの滝
とのみねこうげん・さるおだき・シワガラのたき

　西日本最大規模、ススキが約90haに及び群生する砥峰高原は、春の新緑と花々、初夏の涼風と野鳥のさえずり、秋には秋の七草が彩りを添え、四季に応じた美しい絶景が楽しめる。高原から車を走らせ、迫力ある二段滝の猿尾滝、貴重な日本の原風景を留めるうへ山の棚田で懐かしい風景に出会い、兵庫県を代表する名瀑を目指す。洞窟の内部にあるシワガラの滝では神秘的な世界を堪能できる。

DRIVE COURSE 走行距離 約159km

START 播但連絡道路・生野IC

19km／県道39号

1 砥峰高原

64km／県道39・6号、国道9号

2 猿尾滝

19km／国道9・482号

3 うへ山の棚田

37km／国道482・9号

4 シワガラの滝

20km／国道9号、県道47号

GOAL 山陰近畿自動車道・新温泉浜坂IC

□ I N F O R M A T I O N

神河町観光協会 ☎0790-34-1001
香美町村岡観光協会 ☎0796-94-0123

日本一のスズ鉱山だった明延鉱山。日曜日に見学可

晴天時は高原の入口にある池に青空が映り込む。夜は満天の星が見られ天体観測場所としても人気

1 秋には白銀に輝く高原
砥峰高原
とのみねこうげん

峰山・雪彦・生野高原とともに県立自然公園に指定された広大なススキの高原。多くのドラマや映画のロケ地としても知られ、聖地巡礼に訪れる人も多い。標高は約900mで高山植物の宝庫。遊歩道が整備されており安心して散策できる。
☎0790-31-8100(とのみね自然交流館)
※月曜休館 ㊙兵庫県神河町川上801
㊙見学自由 ㊡12〜3月 Ⓟあり

2 パワースポットとしても人気
猿尾滝
さるおだき

景観が猿の尾に似ているため猿尾滝と命名。二段滝で、ゴツゴツした岩肌を水が流れ落ちる男性的な上段の雄滝、岩の割れ目を滑るように流れ落ちる流麗で女性的な下段の雌滝からなる。
㊙兵庫県香美町村岡区日影
Ⓟ20台

秋は燃えるような紅葉に包み込まれる

ススキの見頃は9月下旬
〜11月上旬。10月下旬に
は白銀に輝く草原になる

兵庫県

砥峰高原・猿尾滝・シワガラの滝

上段の滝の中ほどに
自然の石仏があり祈る
と願いが叶うとも。
滝壺までは駐車場
から徒歩3分ほど

197

③ 日本で最も美しい村にある棚田
うへ山の棚田
うへやまのたなだ

⬆地区の若者13人が稲作の担い手となり棚田を保全している

規模は大きくないものの休耕田はほとんどなく、独特の大きく弧を描きながら谷に広がる景観は背後の山並みと美しく調和し日本の棚田百選にも。「日本で最も美しい村」連合に加盟する香美町小代区を象徴する景観。

所兵庫県香美町小代区貫田 P周辺駐車場利用

道の駅をPICK UP!!

敷地内には観光案内所も

●新温泉浜坂ICから24km

村岡ファームガーデン
むらおかファームガーデン

但馬牛の原産地であることからステーキやハンバーグなど但馬牛のメニューが豊富なレストラン、但馬牛肉の販売や新鮮野菜の販売、おみやげコーナーなどがある。

☎0796-98-1129 所兵庫県香美町村岡区大糠32-1
営9:00～17:00(土・日曜、祝日は～18:00) 休無休
P68台

⬇但馬牛世界ジオバーグセット1830円

⬆本格的な精肉店があり但馬牛コロッケや肉まんも販売

④ 神秘的な秘境の名瀑
シワガラの滝
シワガラのたき

落差約10mの滝は洞窟の内部にある。ドーム状の洞窟内で水の音が響き渡り、岩の切れ目からは陽光が差し込んで、神秘的な雰囲気に包み込まれる。滝愛好家のなかで人気が高い。

☎0796-99-4600(上山高原ふるさと館)
所兵庫県新温泉町海上 P12台

足元が不安定な登山道などを通るため、見学する際はガイドツアーの利用がおすすめ

COURSE 40　走行距離 約159km

0　4　8km　N

名物グルメ

但馬牛
たじまぎゅう

兵庫県産の黒毛和種の和牛。有名な「神戸ビーフ」「松阪牛」「近江牛」の素牛でもある。特徴はその旨みと肉独特の臭みがなく、さらにサシの融点が低いこと。低温で溶ける脂はマグロの脂に近く、一口食べた瞬間に甘い旨みが口の中に一気に広がる。

GOAL　新温泉町
新温泉浜坂IC

国内有数の化石産出地・新温泉町にある昆虫化石博物館

水田が長い湾曲を描きつつ下方へと続く絶景の棚田

西ケ岡の棚田

村岡ファームガーデン

上山高原ふるさと館

おもしろ昆虫化石館

4 シワガラの滝

上山高原の自然や文化を紹介するエコミュージアム

2 猿尾滝

うへ山の棚田 3

兵庫県木の殿堂

安藤忠雄氏設計の森の中の神秘的な自然学習施設

樽見の大桜

鳥取県　八頭町

若桜町

鉱山を走っていた一円電車を再現。運行日は事前に確認を

天然記念物に指定されている県下最大のエドヒガンザクラ

和田山JCT

あけのべ一円電車ひろば

かつて日本一のスズ鉱山の坑道。ガイド付きの見学は要予約

明延鉱山跡

神子畑選鉱場跡

中播磨と南但馬とを南北にほぼ一直線に結ぶ

明延鉱山の選鉱場跡。機械選鉱場はその規模・産出量ともに「東洋一」と謳われた

START

生野IC

西粟倉村　岡山県

デイキャンプ場もある雪彦峰山県立自然公園内の渓谷

兵庫県

福知渓谷

砥峰高原展望台

砥峰高原 1

高原入口から約2.4km。高原全体を見下ろせる絶景展望台

神河町

姫路市

199

COURSE 41

ビーチからリアス海岸まで
変化に富んだ海岸をたどる

大阪府・和歌山県

泉南マーブルビーチ・白崎海洋公園

せんなんマーブルビーチ・しらさきかいようこえん

　自然豊かな紀伊半島西部の変化豊かな景観を楽しむコース。真っ白な大理石を敷き詰めた恋人の聖地・泉南マーブルビーチを経て和歌山市に入ると、海岸の様子は一変。リアス海岸ならではの造形美が見られるようになる。日本のアマルフィと呼ばれる雑賀崎漁港は万葉の時代から名高い景勝地。白崎海洋公園展望台から眺める青い海と波に浸食された白い石灰岩のコントラストは必見だ。

DRIVE COURSE 走行距離 約107km

START	阪神高速道路・泉佐野南IC

3km／県道63号

① 泉南マーブルビーチ

36km／県道752・148号

② 雑賀崎漁港

3km／県道15号

③ 和歌浦天満宮

48km／国道42号、県道20・24号

④ 白崎海洋公園展望台

17km／県道24号、国道42号、県道190号

GOAL	湯浅御坊道路・川辺IC

INFORMATION

泉南市観光協会 ☎072-493-8948
和歌山市観光協会 ☎073-433-8118

万葉歌人たちも和歌に詠んだ和歌川河口に広がる干潟、和歌の浦

① 美しい白と青のコントラスト
泉南マーブルビーチ
せんなんマーブルビーチ

抜けるような青空に真っ青な海、海岸に敷き詰められた白い大理石が織りなす絶景ビーチ。ロマンチックな夕景は、隣のタルイサザンビーチとともに「日本の夕陽百選」のひとつ。大阪府では初めて選ばれた「恋人の聖地」だ。
所 大阪府泉南市りんくう南浜4-201付近(ハートモニュメント) P 40台

関西国際空港の対岸に位置するため、空港から飛び立つ飛行機が眺められることもある

道の駅を
PICK UP!!

海釣りのできる公園

●和泉佐野南ICから13km
とっとパーク小島
とっとパークこじま
桟橋を利用した海釣りのスペースが設けられた公園。マダイやチヌ、スズキ、アジなど魚の種類も豊富。転落防止柵が設けられ、安心して釣りを楽しめる。
☎072-447-5126 所大阪府岬町多奈川小島455-1 営6:00～20:00(12～2月7:00～18:00) 休金曜 P64台

↑長い桟橋の下の段が釣り場になっている

「恋人の聖地」にちなんだハートのモニュメント

大阪府・和歌山県　泉南マーブルビーチ・白崎海洋公園

⬇目の前に広がる青い海と入り組んだリアス海岸、丘陵に立ち並ぶ家々のロケーションも素晴らしい

2 アマルフィを思わせる美しさ
雑賀崎漁港
さいかざきぎょこう

和歌山市南西部に位置し、かつては一本釣りが盛んな漁港だった。近年は山の斜面に沿って階段状に広がる景観がイタリアの景勝地アマルフィのようだと評され、県内屈指の観光スポットになっている。

所和歌山県和歌山市雑賀崎　P周辺駐車場利用

和歌の浦に残る海岸で夕景の美しさでも名高い

境内は急勾配の階段を
上った先に位置する

③ 和歌浦を望む絶景スポット

和歌浦天満宮
わかうらてんまんぐう

和歌浦湾を見下ろす高台にある。祭神は学問の神様である菅原道真。大宰府天満宮、北野天満宮とともに日本の三菅廟といわれている。本殿は国の重要文化財で、極彩色に彩られている。

☎073-444-4769 ⚑和歌山県和歌山市和歌浦西2-1-24 ⏰9:00〜17:00 ㊡無休 ㊎無料 ㋿20台

④ 日本のエーゲ海

白崎海洋公園
展望台
しらさきかいようこうえんてんぼうだい

エーゲ海を思わせる海岸線は約2億5000万年前に生まれたとされる。石灰岩の崖に建つ道の駅の展望台から眺める景観は壮大。

☎0738-65-0125 ⚑和歌山県由良町大引960-1 ⏰8:30〜17:15 ㊡無休 ㊎無料 ㋿87台

標高約93m、天神山の中腹に位置。50段の石段の上にある楼門から和歌浦湾を望む

🐾絶滅したフズリナやウミユリなどの化石も発見されており、歴史ロマンが体験できる散策コースが設けられている

0　3.5　7km　N

滑空路を一望でき、飛行機の離着陸を見ることができる

関空展望ホール Sky View

START 泉佐野市

泉佐野南IC

りんくうJCT

泉南マーブルビーチ 1

大阪府

旬のみずみずしい地元の野菜や果物が豊富でリーズナブル

JA紀の里ファーマーズマーケットめっけもん広場

とっとパーク小島

大阪湾

離流しの神事で知られ境内には無数の人形が並んでいる

和歌山城

雑賀崎漁港 2

和歌浦天満宮 3

和歌山の海に浮かぶリゾートアイランド

和歌山マリーナシティ

寄り道スポット

●泉佐野南ICから40km

和歌山城
わかやまじょう

紀州徳川家の居城であり、虎伏山に建つ天守は和歌山のシンボル。復元された御橋廊下のほか茶室や動物園など見どころも多い。観光の案内などを行う「おもてなし忍者」との遭遇も楽しみだ。

☎073-435-1044 和歌山県和歌山市一番丁 9:00〜17:30 無休 P58台

築城の名人として名高い藤堂高虎(とうどうたかとら)が築城を担当した

全長約100m。鍾乳石や地底探索が楽しめる鍾乳洞

和歌山県

湯浅町

名物グルメ

和歌山ラーメン
わかやまラーメン

湯浅などの醤油産地に近く、豚骨や鶏ガラ、魚介類などを仕入れやすかったため、和歌山では豚骨醤油味の中華そばが親しまれていた。麺はストレートの細麺が一般的で、早寿司といわれる酢締めのサバやしょうがが入った寿司とともに食べる習慣がある。

戸津井鍾乳洞

白崎海洋公園展望台 4

「たてごいわ」と呼ばれ大岩の真ん中に大穴が開いている

川辺IC

GOAL

御坊市

大阪府・和歌山県

泉南マーブルビーチ・白崎海洋公園

COURSE 42

太平洋の絶景を車窓に望み
山深い熊野の聖地を目指す

和歌山県

潮岬・橋杭岩・
那智の滝

しおのみさき・はしぐいいわ・なちのたき

紺碧の太平洋を眺め世界遺産の聖地那智山へ向かう、南紀のハイライトコース。潮岬へ至る潮岬周遊線の出口付近には、海金剛などの景勝地が連なる大島へと続くくしもと大橋の入口がある。那智勝浦方面へ国道42号を走ると、奇勝橋杭岩を車窓から眺めることもできる。大門坂や那智の滝で聖地の絶景を満喫したあとは、足を延ばして熊野那智大社や那智山青岸渡寺にもぜひ立ち寄りたい。

DRIVE COURSE 走行距離 約99km

START	紀勢自動車道・すさみ南IC
	28km／国道42号
1 潮岬	
	13km／県道41・40号
2 海金剛	
	13km／県道40号、国道42号
3 橋杭岩	
	35km／国道42号、県道46号
4 大門坂	
	2km
5 那智の滝	
	8km／県道46号
GOAL	那智勝浦新宮道路・那智勝浦IC

⬜ I N F O R M A T I O N

潮岬観光タワー ☎0735-62-0810
南紀串本観光協会 ☎0735-62-3171

世界遺産登録の熊野三山のひとつ、熊野那智大社の境内

1 広大な太平洋を一望
潮岬
しおのみさき

北緯33度25分59秒、東経135度45分45秒。本州最南端の岬からは、さえぎるもののない太平洋が広がる。岬には潮岬観光タワーや潮岬灯台があり、水平線を眺めながら地球の丸さが実感できる。

🏠和歌山県串本町潮岬 🅿潮岬観光タワー駐車場利用

明治初期に建設された白亜の潮岬灯台。中に入ることもできる

╲ コース内の絶景ロード ╱

串本と大島を結ぶ
くしもと大橋
くしもとおおはし

290mのアーチ橋と386mのループ橋からなるゆるやかなフォルムの橋は平成11年(1999)に完成。橋上から、また大島側にあるポケットパークからの眺望が特に美しい。

↑潮岬観光タワー屋上からは目の前に約10万㎡の望楼の芝と弧を描く太平洋が広がる

道の駅を
PICK UP!!

橋杭岩が目の前

●すさみ南ICから27km
くしもと橋杭岩
くしもとはしぐいいわ
国道42号沿い。地元特産品の販売や軽食ができる。なかでも人気は地元産のポンカンやキンカンを使ったソフトクリーム。2階には展望スペースもある。
☎0735-62-5755 所和歌山県串本町鬮野川1549-8 営9:00～18:00 休無休
P49台

↑橋杭岩に隣接した道の駅

2 豪快な断崖美
海金剛
うみこんごう

大島の樫野崎の南にあるタカノ巣岬にある海岸。50mの高さから熊野灘に断崖が落ち込み、海には大小の奇岩が林立する。「21世紀に残したい日本の自然100選」に選定。所和歌山県串本町樫野 P40台

↑荒波に削られた大小の岩と断崖の風景は自然の造形

3 弘法大師の伝説が残る
橋杭岩
はしぐいいわ

40ほどの岩が串本本土から対岸の大島へと橋の杭のように整然と並んでいる。弘法大師が橋を架けようとしたが、未完に終わったとの伝説も残る奇勝だ。所和歌山県串本町くじ野川 P60台

昇る朝日にシルエットを浮かべる橋杭岩の光景

1500万年前の地殻変動で生まれた橋杭岩。干潮時には中ほどの弁天島まで歩いて渡れる

④ 古道の面影が残る石畳の道
大門坂
だいもんざか

聖地那智山へと続く、約640mにわたる参道で、熊野古道中辺路の一部。熊野古道の道沿いに祀られた熊野の神の分社、王子跡も残っている。大門坂の夫婦杉近くにある大門坂茶屋では平安衣装のレンタルもある。
🏠和歌山県那智勝浦町那智山 🅿100台

昔むした石畳道の両側には樹齢を経た約200本もの杉並木が続く。日本の道100選に選定されている

⑤ 原始林を縫ってかかる神の滝
那智の滝
なちのたき

太平洋からもその姿を拝める那智山信仰の中心で、飛瀧神社のご神体でもある。毎秒1tの水が133mの高さから落ちる姿は感動的だ。那智原始林には48もの滝がかかるが、一般に那智の滝というのは一の滝で那智大瀧とも呼ばれる。
📞0735-55-0321(熊野那智大社) 🏠和歌山県那智勝浦町那智山 🕐休境内自由 💴無料(お滝拝所300円) 🅿周辺駐車場利用

西国三十三所第一番札所那智山青岸渡寺三重塔と那智の滝のツーショット

古座川町

洞山　藤根山

すさみ町

西ノ峯山

START

紀勢自動車道
すさみ南IC

見老津駅
紀勢本線

江住駅
江須崎

三崎

道の駅すさみ

和深駅

横島

田子駅

双

国道42号沿い。みやげ店や食事処のほか展望台も併設

🔼杉木立の参道を下って着く那智の滝の遥拝所。迫力の水音があたりを圧する

0　2　4km　N

白見山▲

熊野三山のひとつで熊野川河口に鎮座する

紀宝町

三重県

近畿

和歌山県

太田川

168　熊野速玉大社●

42

新宮駅

60mの絶壁上のごとびき岩を御神体とする

烏帽子山

熊野川（新宮川）

神倉神社●

三輪崎駅

新宮市

宝泉岳▲　▲峯山

那智山

新宮南　42　紀勢本線

紀伊佐野駅

↓新宮港

那智の滝 5

那智山青岸渡寺●

熊野那智大社●

46

宇久井駅

那智勝浦町市屋と新宮市三輪崎を結ぶ自動車専用道路

大門坂 4

GOAL　那智勝浦IC ◎

那智駅

保天美山▲

紀伊天満駅

那智湾

弁天島

名物グルメ

マグロ

那智勝浦町の勝浦漁港は、延縄漁法（はえなわぎょ）による生鮮マグロの水揚げ日本一を誇る。町では人気のマグロ丼をはじめ、新鮮なマグロ料理の店が数多く、店によっては珍しいマグロの内臓料理も食べられる。

高山▲

紀伊勝浦駅　●勝浦漁港にぎわい市場

42　●勝浦漁港

勝浦漁港に隣接した漁師直売市場で新鮮なマグロを堪能

那智勝浦町

湯川駅

森浦湾

太田川

太地駅

道の駅 たいじ

燈明崎

高さ約100m、幅約500mの一枚岩の巨岩は国の天然記念物

高峰▲

八郎山▲

紀伊浦神駅

下里駅

太地町

梶取崎

古座川の奇岩「虫喰岩」を目の前にする観光拠点

鯨の町太地町の玄関口にあり、鯨料理も豊富に揃う

耳／鼻

富久良崎

熊野灘

●一枚岩

道の駅 虫喰岩

紀勢本線

紀伊田原駅

●田原の海霧

森戸崎

古座川の神霊が宿るとされ、社殿はなく河内島がご神体

河内神社●

古座駅

冷え込む朝に発生した霧と朝焼けが生み出す冬の風物詩

寄り道スポット

●すさみ南ICから18km

串本海中公園
くしもとかいちゅうこうえん

世界最北限のテーブルサンゴ群落が広がる串本。水族館では海や生き物のことを紹介、海中展望塔や半潜水型海中観光船では海の中を観察できる。

📞0735-62-1122 ⓐ和歌山県串本町有田1157 ⓣ9:00〜16:30 休無休 料1800円、観光船乗船1800円 P200台

串本町

九龍島

42

紀伊姫駅

3 橋杭岩

くしもと橋杭岩

大島東端に建つ白亜の灯台は日本最古の石造灯台

田並駅

紀伊有田駅

371

串本海中公園

★

稲村崎

串本応挙芦雪館

戸島崎

権現島

串本駅

黒鼻

ウキツ島

樫野崎

樫野崎灯台

2 海金剛

くしもと大橋

40

紀伊大島

タカノ巣

砂崎

苗我島

臼島

大耳島

潮岬周遊線

出雲崎

シュリ島

通夜崎

須江崎

無量寺にあり円山応挙と長沢芦雪の障壁画を収蔵

41

マキ崎

潮岬 1

↓クレ崎

↑水族館見学後は塔や船で海中観察

和歌山県

潮岬・橋杭岩・那智の滝

COURSE 43

紀伊山地の山岳道路を走り
心奪われる緑の美景へ

和歌山県
生石高原・
あらぎ島・奥之院
おいしこうげん・あらぎじま・おくのいん

　紀伊山地と高野町を源とする有田川周
辺の自然が生み出した造形美を訪ねる旅。
県立自然公園に指定されている生石高原
で広大な草原を散策し、有田川町のシン
ボル・あらぎ島の棚田へ。田辺市高野龍神
スカイライン沿いにある龍神ごまさんス
カイタワーで紀伊山地の山々を一望し、
深い緑に覆われた山道を北上。旅の終着
地は高野山の奥之院。神聖な空気のなか、
そびえ立つ杉の巨木に圧倒される。

DRIVE COURSE 走行距離 約126km

START	阪和自動車道・有田IC
	32km／県道22号、国道480号
1	生石高原
	15km／国道480号、県道19号
2	あらぎ島
	26km／県道19号、国道371号
3	田辺市龍神ごまさんスカイタワー
	30km／国道371号
4	奥の院
	23km／県道53号、国道480号
GOAL	京奈和自動車道・紀北かつらぎIC

□ I N F O R M A T I O N

有田川町清水行政局産業振興室 ☎0737-22-7105

紀伊山地の眺望をパノラマで楽
しめる龍神ごまさんスカイタワー

① 人気のSNS映えスポット

生石高原
おいしこうげん

紀美野町と有田川町にまたがる高原で、関西随一とも称されるススキの大草原が有名。標高870mの生石ヶ峰山頂付近に約13haの草原が広がり、360度の眺望は開放感抜群。天気が良いと淡路島や四国も見渡せる。☎073-489-3586 所和歌山県有田川町～紀美野町 開休料散策自由 ₽40台(10～11月は200台)

駐車場から頂上までは徒歩で20分ほど。撮影スポットとして人気の火上げ岩は途中にある

秋には夕日を浴びて輝く穂が一面に波打ち、金色の大海原のよう

209

② 島のように見える珍しい棚田
あらぎ島
あらぎじま

日本の棚田百選に選ばれている名勝。平成25年
(2013)には周囲の景観とともに国の重要文化的景観
にも選定。春は水鏡、夏は緑の絨毯、秋は黄金色の
稲穂、冬は雪景色と、四季折々に美しく変化する風景
が見どころ。見学は有田川対岸の展望所から。
🅟和歌山県有田川町清水 ℗20台(あらぎ島展望所)
※あらぎ島内は立ち入り禁止

棚田見物の休憩に
●有田ICから30km
あらぎの里
あらぎのさと
あらぎ島展望所から徒歩10分ほどの国
道480号沿いに位置する。自家製こん
にゃく、豆腐などが名物で、日本一の生
産量を誇るぶどう山椒の加工品も人気。
☎0737-25-0088 🅟和歌山県有田川
町三田664-1 🕙10:00〜17:00 休火
曜 ℗23台

⤴食堂ではこんにゃくうどんが人気

⤴有田川に囲まれるよ
うにして54枚の水田が
扇状に広がっている

③ 紀州を見渡す
田辺市龍神ごまさん
スカイタワー
たなべしりゅうじんごまさん
スカイタワー
高野龍神スカイライン沿いの
道の駅に建つ展望施設。和
歌山県最高峰の護摩壇山近
くにあり、紀伊山地の山々を
360度のパノラマで眺めるこ
とができる。
☎0739-79-0622 🅟和歌
山県田辺市龍神村龍神
1020-6 🕙9:30(土・日曜、
祝日9:00)〜16:00 休12〜
3月 ℗50台

空気が澄んでいる日は紀伊水道の
島々や四国山脈が望めることも

④ 静寂に包まれた高野山の聖域
奥之院
おくのいん

☎0736-56-2011(金剛峯
寺)🅟和歌山県高野町高
野山550 🕙8:00〜17:00
11〜4月8:30〜16:30、
燈籠堂開扉6:00〜17:00
休無休 料無料 ℗中の橋
駐車場利用

弘法大師の御廟を祀る高野山の信仰の中心地。約2
kmの参道には20万基を超える墓碑や供養塔の数々が
樹齢600年の杉並木の中、静かに立ち並んでいる。な
かには豊臣秀吉など戦国武将ゆかりの墓碑も。
⤴玉川に架かる御廟橋から先は弘法大師御廟がある霊域。心静かに歩を進めよう

有田川の河川敷を
整備したキャンプ
場がある

拝殿前にあるネズ
の巨木は県の天然
記念物

鏡石山
海南市
箕島駅　明神山　紀伊宮原駅　長峰トンネル　千葉山
紀勢本線
480
花の里河川公園　　白岩神社
有田市　平山山　42　有田IC　22
有田南　START
藤並駅　湯浅町
霧崎　42　白蕨山　42
毛無島 端崎　吉備湯浅PA　湯浅　42
湯浅広港　湯浅駅
広川ビーチ駅　42　三本松峰
広川　地蔵峰
広川町
紀伊由良駅　広川南　長者ヶ峰
湯浅御坊道路
紀勢本線
42
日高町

COURSE 43 走行距離 約**126** km

0 2.5 5km N

紀の川の支流・四邑川に落差約10mの段瀑がある

GOAL
かつらぎ西IC

初夏になると天野地区の真田川のほとりにゲンジボタルが舞う

④ **奥之院**

コース内の絶景ロード

紅葉や雲海の景勝地
高野龍神スカイライン
こうやりゅうじんスカイライン

高野山と龍神温泉を南北に結ぶ全長42.7kmの山岳道路。周辺には「紀州の屋根」とも呼ばれる護摩壇山を中心にブナなどの広葉樹林が広がり、秋は紅葉が見事。近辺には雲海スポットも。冬期は夜間通行止めやチェーン規制があるので注意。

約3500株のアジサイが楽しめる。春にはシャクナゲも

国道480号沿いに高野山系を水源とした湧水がある

花園あじさい園

名水紀の一番

① **生石高原**

② **あらぎ島**

③ **田辺市龍神ごまさんスカイタワー**

川のせせらぎと満天の星が楽しめる町営のキャンプ場

八角形のマキ作りの湯船から有田川が一望できる

湯川渓谷にある落差約20mの滝。秋には紅葉が美しい

名物グルメ
高野豆腐
こうやどうふ

豆腐を凍結後、乾燥させた保存食で別名「凍み豆腐」。高野山の僧侶が作ったのが発祥ともいわれ、名前の由来に。高野山の食事処や宿坊では精進料理として本場の味を楽しむことができる。

豊かな自然に囲まれて
往時を偲ぶ吉野路巡り

奈良県

吉野山・長谷寺・檜原神社
よしのやま・はせでら・ひばらじんじゃ

悠久の時を感じながら、緑豊かな道をドライブする旅。細い山道を走って吉野山で木立を吹き抜ける風を感じたのち、標高148mの甘樫丘で明日香村や大和三山を眺望。史跡の間を縫うように走り、御花の寺・長谷寺を訪れよう。静かな空気に包まれて花々に癒やされたら、檜原神社へ。境内の真西にある二上山に夕日が沈むタイミングで訪れることができたらベストだ。

DRIVE COURSE 走行距離 約75km

START	奈良和自動車道・五條北IC
	18km/国道169号、県道15号
1	吉野山
	18km/県道15号・222号、国道169号
2	甘樫丘
	14km/国道165号
3	長谷寺
	12km/国道165・169号
4	檜原神社
	13km/国道169号
GOAL	西名阪自動車道・郡山IC

☐ I N F O R M A T I O N

吉野山観光協会 ☎0746-32-1007

近くには石舞台古墳も。ぜひ足を延ばしてみよう

1 日本有数の桜の名所

吉野山
よしのやま

山全体がユネスコの世界遺産に登録されている。混み合うのは3月下旬から4月中旬の桜の開花シーズンだが、新緑や紅葉も見逃せない。四季折々の美しさがあり、何度でも訪れたい場所だ。
所奈良県吉野町 P下千本駐車場利用

数々の歴史の舞台としても知られる吉野山には、神社や仏閣が多い。先人たちに思いを馳せてみたい

道の駅を PICK UP!!

吉野杉のぬくもりが心地よい

●五條北ICから13km
吉野路大淀iセンター
よしのじおおよどアイセンター
地元の名産・吉野杉を使った駅舎は温かみがあり、やわらかな空気が漂う。手作り弁当やスイーツはドライブのおともにもおすすめ。
☎0747-54-5361 所奈良県大淀町芦原536-1
営8:30〜17:00(土・日曜、祝日8:00〜) 休火曜(祝日の場合は翌日) P80台

柿の葉ずしも人気

② 明日香古京や藤原京跡を一望

甘樫丘
あまかしのおか

国営飛鳥歴史公園の一部。『万葉集』にも
登場し、蘇我蝦夷・入鹿親子の住居があっ
た場所ともいわれる。標高148mの展望台
からは耳成山、天香久山、畝傍山の大和三
山を見ることができる。ドライブ途中の休憩
にもぴったりの場所だ。
🅿奈良県明日香村豊浦 🅿31台

➡公園内には『万葉集』などに登場す
る植物が植えられたエリアもある

213

③ 花と静寂に包まれる古刹
長谷寺
はせでら

8世紀創建の歴史ある寺。現在は水仙、ボタン、藤、モミジなど、季節の草花に美しく彩られ、「花の御寺」と呼ばれて親しまれている。399段の登廊を歩いた先にあるのは、国宝に指定された本殿。特に舞台からの眺めは素晴らしい。
☎0744-47-7001 所奈良県桜井市初瀬731-1 営8:30(10・11・3月9:00) ～17:00 12～2月9:00～16:30 休無休 料500円 ℗70台

神聖な空気が漂う本殿

2万株のアジサイが咲き誇る。ブルーやピンクのグラデーションが見事

↑本堂の舞台からは五重塔はじめ、愛宕山や初瀬の山々を望むことができる

④ 珍しい三ツ鳥居のある神社
檜原神社
ひばらじんじゃ

三輪山を御祭神とする、大神神社の摂社のひとつ。本殿も拝殿もなく、横に3つ組み合わせた「三ツ鳥居」を通して拝する。境内からは二上山の姿を眺めることができる。
☎0744-45-2173 所奈良県桜井市三輪檜原
開休料 境内自由 ℗5台

夕刻がおすすめ。鳥居越しに見える夕日の美しさはため息が出るほど

生駒市

COURSE 44 走行距離 約75km

0　2　4km

N

奈良市

近畿

奈良県 吉野山・長谷寺・檜原神社

大和郡山市

近鉄郡山駅
源九郎稲荷大明神

GOAL
郡山下ツ道JCT
大和まほろば
スマート
郡山IC
近鉄天理線

日本三大稲荷のひとつ。ずらりと並ぶ鳥居は見ごたえあり

平群町
斑鳩町
三郷町

王寺町

河合町

上牧町

芝市

大和高田市

葛城市

御所市

崇神天皇の陵墓。全長約242mの巨大な前方後円墳

別名・箸墓古墳。邪馬台国の女王・卑弥呼の墓ともいわれる

山邊道勾岡上陵

寄り道スポット

●五條北ICから19km

高取城址
たかとりじょうし

正慶元年(1332)築城の山城跡。天気が良ければ国見櫓跡からはアベノハルカスなどを眺めることができる。

奈良県高取町高取　壺坂寺有料駐車場利用 ※駐車場から徒歩1時間

↑日本三大山城のひとつ

天理市

天理駅

長柄駅

大市墓 拝所所
大神神社

三輪山
三輪駅

巻向山

4 檜原神社

天神山

3 長谷寺

長谷寺駅

日本最古の神社のひとつ。三輪山に鎮まる大物主大神が御祭神

近鉄大阪線

桜井市

音羽山
熊ヶ岳

音羽山万葉展望台

宇陀市

あべのハルカスまで見渡せる展望台。歩きやすい靴が必須

甘樫丘 **2**

飛鳥駅

明日香村

キトラ古墳

★高取城址

高取山

国営飛鳥歴史公園にある壁画古墳。壁画は公園内のキトラ古墳壁画保存管理施設にて期間限定で公開される(HPを要確認)

吉野路大淀iセンター

大淀町

START

五條北IC

北宇智駅

秋の紅葉が有名。縁結びや学問に御利益があるとされる

春の桜、秋の紅葉シーズンには交通規制あり。要注意!

吉野神宮

吉野駅

吉野山 1

五條市

下市町

名物グルメ

三輪そうめん
みわそうめん

日本のそうめんの元祖。その歴史は古く、1300年以上遡ることができる。独自のコシは、伝統を守って冬場に乾燥させることで生まれる。冷たいものはもちろん、温かくしてもおいしい。和食店などで食べられる。おみやげとしても人気。

黒滝村

215

COURSE 45

山深い奈良の自然を
感じながらのドライブ

和歌山県・奈良県

野迫川村・谷瀬の吊り橋・みたらい渓谷

のせがわむら・たにせのつりばし・みたらいけいこく

　和歌山県との県境に位置する野迫川村
の急峻な自然を楽しむドライブルート。
橋本ICから国道371号を野迫川村方面へ
山道を進んでいくと、高野龍神スカイラ
インの区間で雲海を見渡せるポイントに
出くわす。谷瀬の吊り橋では地上約50m
の高さから360度ぐるりと山々を遠望。
みたらい渓谷では遊歩道が整備されてお
り、川面の涼やかな音を聞きながらハイ
キングを楽しめる。

DRIVE COURSE　走行距離 約135km

START	京奈和自動車道・橋本IC

31km／国道371号、県道53号

①　野迫川村

29km／県道53号、国道168号

②　谷瀬の吊り橋

40km／国道168号、県道53号

③　みたらい渓谷

35km／国道309号

GOAL	京奈和自動車道・五條北IC

☐ I N F O R M A T I O N

野迫川村産業課 ☎0747-37-2101
十津川村観光協会 ☎0746-63-0200
天川村総合案内所 ☎0747-63-0999

野迫川村は離島を除くと
全国で人口が最も少ない

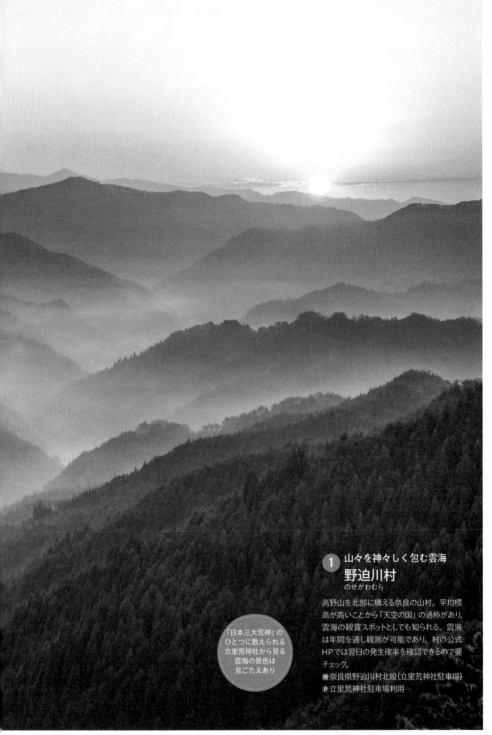

和歌山県・奈良県　野迫川村・谷瀬の吊り橋・みたらい渓谷

① 山々を神々しく包む雲海
野迫川村
のせがわむら

高野山を北部に構える奈良の山村。平均標高が高いことから「天空の国」の通称があり、雲海の観賞スポットとしても知られる。雲海は年間を通し観測が可能であり、村の公式HPでは翌日の発生確率を確認できるので要チェック。

所 奈良県野迫川村北股(立里荒神社駐車場)
P 立里荒神社駐車場利用

「日本三大荒神」の
ひとつに数えられる
立里荒神社から見る
雲海の景色は
見ごたえあり

たびたび洪水で丸太橋が流されたため、昭和29年（1954）に村と谷瀬住民がお金を出して橋を架けた

② 空中を歩いている気分に
谷瀬の吊り橋
たにぜのつりばし

全長297mと、茨城県の竜神大吊橋ができるまでは歩行者用の吊り橋として日本一の長さを誇った。高さは54mあり、歩くたびに大きく揺れてスリル満点。そびえる山々と眼下の十津川に囲まれ、晴れた日には美しい風景を存分に眺望できる。
所 奈良県十津川村上野地65-2　P 50台

生活用の吊り橋であり、渡った先に茶屋もある

⬇️ 吊り橋の上から眺める渓谷の景色も素晴らしい

③ 心地よい清流の響き
みたらい渓谷
みたらいけいこく

「みたらいの滝」や「光の滝」など、奇岩の間を縫って大小さまざまな滝が流れる渓谷。全長約7kmに及ぶ遊歩道コースが設けられており、四季折々の自然が織りなす風景美を観賞しながらハイキングが楽しめる。
所 奈良県天川村北角　P 周辺駐車場利用

秋には一帯が紅葉で覆われ、行楽客で賑わう

COURSE 45 　走行距離 約135 km

0　2.5　5km
N

GOAL
五條北IC
北宇智駅

START
橋本IC

和歌山県・奈良県 ＞ 野迫川村・谷瀬の吊り橋・みたらい渓谷

金剛山
御所市
吉野口駅
169
大淀町
吉野町
309
近鉄吉野線
169
吉野駅

徳山防山
河内長野市
岩湧山
三石山
大阪府
紀見峠駅
林間田園都市駅
370
五條
五条駅
24
370
下市町
2〜3月頃には梅の花が一面に広がる

広橋梅林
309
日本最古の水神を祀る神社

高野口駅
24
橋本市
九度山駅
下兵庫駅
橋本駅
隅田駅
大和二見駅
五條市
168
竜王山
丹生川
丹生川上神社下社
柏原山
黒滝村

天然温泉を引いており日帰りでも立ち寄れる

国城山
防城峯
七霞山
やどり温泉いやしの湯
栃ヶ山
黒滝茶屋
扇形山
洞川温泉センター

九度山町
和歌山県
名産の柿の葉寿司を製造販売している
新川合トンネル
観音峯山

高野下駅
高野龍神スカイライン
落差20mの直瀑。「お不動様」と呼ばれている
旧小学校の校舎を利用。バーベキューができる
みたらい渓谷 3
309
天川大弁財天

極楽橋駅
高野山駅
480
高野町
371
天狗木峠
陣ヶ峯
53
不動滝
唐笠山
白石山
てんかわ天和の里
滝山
天川村
天和山
商売や芸能の神を祀る由緒ある神社

高野山への道と交わるため「高野大峯歴史街道」の石標が

1 野迫川村
立里荒神社
荒神岳
白六山
小原川

かつらぎ町

野迫川村
371

谷瀬の吊り橋 2
168

十津川村

伯母子岳

龍神岳
田辺市
法主山
風屋貯水池

名物グルメ
朴の葉寿司
ほうのはずし
江戸時代に地元の漁師が金を工面するために作ったのが起源。〆鯖をご飯の上にのせて朴の葉で巻いたもので、葉の防腐作用により日持ちがよいのが特徴。現在ではお祝いの席でよく食べられる。

行仙岳
小原峰
425
168

近江牛のステーキや甘辛の丼、人気のラーメンなど、郷土の美味を目指して走る!

名神高速道路
大津SA 上り
【レストラン叡山】
近江牛ロースステーキ御膳 5900円

三大和牛のひとつ近江牛のステーキ。肉の甘みや旨みがたっぷりで、本格派の味が楽しめる。

名神高速道路
桂川PA 下り
【モテナス】
二個玉かつ丼 830円

揚げたてのサクサクしたとんかつを、2個の卵でとじた丼。ふわトロ卵が楽しめる人気メニュー。

名神高速道路
吹田SA 上り
【なにわ市場食堂】
厚切り豚バラステーキ膳 1580円

厚切りの豚バラにコクと旨みのあるガーリック醤油を絡めて。ボリューム満点でクセになる味わい。

新名神高速道路
宝塚北SA 上下集約
【らーめん専門和海】
塩ラーメン 900円

体にやさしい「無化調らーめん」で和海の看板商品。旨みたっぷりのスープは最後まで飲み干せる。

西名阪自動車道
香芝SA 上り
【とくとく】
とんこつ魚介つけラーメン
明太子ご飯セット 1100円

豚骨スープにトッピングした魚粉が旨みと香りを添える。喉ごしいい中華麺は1.5玉のボリューム。

阪和自動車道
紀ノ川SA 下り
【レストランてまり】
有田の旨いもん丼 1680円

さっぱり風味の梅しらす丼に太刀魚の天ぷらがそそり立つインパクト大の丼。衣はさくさくで軽やか。

北陸自動車道
賤ヶ岳SA 上り
【北近江のお食事処「北國堂」】
黄金丼 1400円

甘辛く味付けした近江牛を卵で包んだ、器も内容も金色の「黄金丼」。近江牛を手ごろに楽しめる一品。

神戸淡路鳴門自動車道
淡路SA 上り
【レストランROYAL】
蛸めし御膳 1780円

タコを炊き込んだ郷土料理、蛸めしと天ぷらの贅沢セット。当自動車道のグルメのなかでも抜群の人気。

山陽自動車道
龍野西SA 上り
【かごの屋】
サーロインローストビーフ丼 1700円

やわらかい薄切りサーロインは、別添のわさびマヨネーズのさわやかな辛みがアクセントに。

中国・四国

海辺に、山あいに、名勝が連なる

島根県
鳥取県
岡山県
広島県
山口県
香川県
愛媛県
高知県
徳島県

52 49 50 51 25 53 8 54 46 18 47 55 16 14 48 7 4 12 59 56 11 58 60 57 61 62

COURSE 46

岡山を代表する名所と
広々とした景色をたどる道

岡山県
黒島ヴィーナスロード・
岡山後楽園
くろしまヴィーナスロード・おかやまこうらくえん

和気町に生まれた和気清麻呂の生誕1250年を記念して昭和60年(1985)に開園

奈良から平安期にかけて活躍した忠節の官僚、和気清麻呂の生誕地を出て海辺の道を走り、干潮時にだけ現れる海の道、黒島ヴィーナスロードに立ち寄る。神秘的ともいえる風景が美しく、夕焼けもきれいな場所だ。岡山市内の観光なら絶対に外せない大名庭園、岡山後楽園を散策したら桃太郎のお伽噺の元となった神話が残る吉備津神社へ。本殿や回廊などの建物、庭と見どころの多いお社だ。

DRIVE COURSE 走行距離 約91km

START	山陽自動車道・和気IC
	6km／国道374号、県道46号
1	和気町藤公園
	37km／県道261・397号
2	黒島ヴィーナスロード
	32km／県道397号、国道2号
3	岡山後楽園
	10km／国道180号
4	吉備津神社
	6km／国道180号
GOAL	岡山自動車道・岡山総社IC

INFORMATION

和気町役場産業振興課 ☎0869-93-1126
瀬戸内市観光協会 ☎0869-34-9500

黒島ヴィーナスロードでは干潮時には3つの島が陸続きになる

1 園に咲く藤の種類は日本一
和気町藤公園
わけちょうふじこうえん

北は函館から南は鹿児島県坊津まで各地から100種もの藤を収集しており、その種類は日本一を誇る。4月下旬～5月上旬にかけて見頃となる総延長500mに及ぶ藤棚は圧巻で、棚下の散策道は藤の回廊といった雰囲気が漂う。
🏠岡山県和気町藤野1386-2 🅿400台
※藤まつり期間中(4月下旬～5月初旬)は
🕐8:00～21:00 休無休 ¥300円

2 干潮時のみに出現する海の道
黒島ヴィーナスロード
くろしまヴィーナスロード

潮が引くと、牛窓沖に浮かぶ3つの無人島、黒島、中ノ小島、端ノ小島を結ぶ砂の道が現れて徒歩で渡ることができる。島にはハート形の石があり、これを見つけようとここを訪れるカップルも多く、縁結びスポットとしても人気だ。
🏠岡山県瀬戸内市牛窓町牛窓 🅿牛窓港駐車場、県営桟橋駐車場利用

写真提供：岡山県観光連盟

ハート形の石を探してみよう

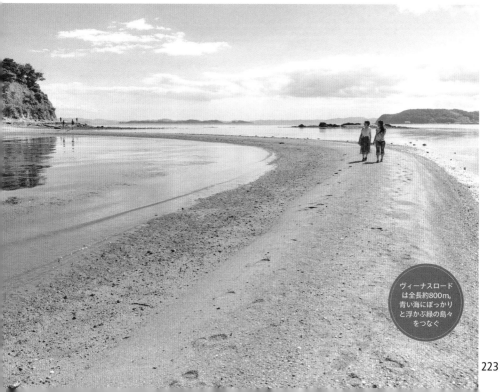

ヴィーナスロード
は全長約800m。
青い海にぽっかり
と浮かぶ緑の島々
をつなぐ

223

③ 日本三名園のひとつ
岡山後楽園
おかやまこうらくえん

岡山藩2代目藩主、池田綱政公によって築かれた
大名庭園。14.4haと広く、操山が借景として使
われるなど、雄大な景色が楽しめる。藩主の居間
として使われていた延養亭や能舞台、廉池軒とい
った建造物も見どころ。夜間ライトアップや四季
折々の催しなども開催される。
☎086-272-1148 ㊤岡山県岡山市北区後楽園
1-5 ㊙7:30～18:00(冬期8:00～17:00) ㊡無
休 ㊥410円 Ｐ570台(有料)

④ 童話、桃太郎発祥のお社
吉備津神社
きびつじんじゃ

この地に残る温羅退治神話で桃太郎のモ
デルとなった大吉備津彦命が主神。大吉
備津彦命の凱旋の祝膳に基づく七十五膳
据神事や、温羅との戦いを表す矢立の神
事などが残る。応永32年(1425)に再建
された本殿は国宝に指定。
☎086-287-4111 ㊤岡山県岡山市北区
吉備津931 Ｐ450台

↑金沢の兼六園、水戸の偕楽園と並
び称される名園。歴代藩主が手を入
れ続けてきたが、築庭当時の姿を今
に残している

室町時代に建てられた本
殿は全国唯一の吉備津造

天正7年(1579)再建の廻
廊は全長360mもの長さ

←自然の地形に沿って築かれた廻廊は県
の重要文化財に指定されている。梅林、
紫陽花園、牡丹園と季節の花々も美しい

道の駅をPICK UP!!

冬は絶品のカキを販売

●和気ICから18km

黒井山グリーンパーク
くろいさんグリーンパーク

瀬戸内海で獲れる新鮮な魚介が購入できる。特に冬は邑久町漁協の直売所が出店し高品質のカキを販売。秋にはみかん狩りなども体験できる。

☎0869-25-0891 新岡山県瀬戸内市邑久町虫明5165-196 営休店舗により異なる P232台

●地産地消がテーマのゆうゆう交流館では地元の新鮮野菜や名産品を販売

名物グルメ

デミカツ丼
デミカツどん

揚げたての豚カツにデミグラスソースをたっぷりとかけたデミカツ丼が地域の名物。店によってキャベツやグリーンピースで彩りを添えたり、卵をトッピングしたりと個性豊か。洋食店や食堂、ラーメン店やうどん屋さんでも食べられる。

COURSE 46 走行距離 約91km

0　3　6km

① 和気町藤公園

START 和気IC

100種類ほどの動物を展示。引馬体験やエサやり体験も

豊臣秀吉の水攻めで知られる備中高松城跡を公園として整備

近くの港で水揚げされた鮮魚が購入できる。イートインスペースも併設

岡山桃太郎空港

池田動物園

高松城址公園

③ 岡山後楽園

吉備津神社 ④

GOAL

岡山県立美術館

君津〜蕃山を結ぶ32.4km。沿道の緑と海が美しい

備前 海の駅

黒井山グリーンパーク

瀬戸内市立美術館

牛窓オリーブ園

岡山県にゆかりのある美術品を収集・展示。岡田新一氏によるモダンな建築も見どころ

佐竹徳をはじめ、瀬戸内市ゆかりの作家による美術を中心に展示する

② 黒島ヴィーナスロード

瀬戸内海を望むオリーブ園。食用、コスメとオリーブ製品が充実

香川県　土庄町

本宮山　かもがわ円城　神目駅　久米南町　福渡駅　津山線　建部駅　鳥越山　岡山県　赤磐市　美作市　妙見山　備前市　和気町　吉永駅　山陽本線　熊山駅　山陽自動車道　備前片上駅　西片上駅　伊里駅　赤穂線　東備前　前島　久々井湾　曽島　鴻島　頭島　段島　長島　黒島山

吉備中央町　黒嶽　本陣山　金山　牧山駅　津山線　山陽新幹線　備前一宮駅　西大寺駅　岡山ブルーライン　錦海湾　牛窓港　前島　黒島　黄島　蕃崎　網代崎　青島　千振島　沖島　葛島　小豆島

225

広島湾岸をぐるりと走る
島、都市、橋と多彩な眺め

広島県

嚴島神社・
広島・呉

いつくしまじんじゃ・ひろしま・くれ

　平安時代から現代に至る広島の歴史を感じるルート。海に浮かぶような姿が印象的な嚴島神社にお参りし、山頂からの眺めが美しい弥山に登ったら一路、広島市内へ。市内中心部に建つおりづるタワーの屋上展望台からは、原爆ドームがシンボリックな市街を眺められる。軍港として名高い呉へと向かい、アレイからすこじまで軍艦を見る。ゴールは本土と倉橋島を結ぶ第二音戸大橋だ。

DRIVE COURSE 走行距離 約73km

START	山陽自動車道・廿日市IC

5km／国道2号、JR宮島フェリー

1 嚴島神社

宮島ロープウエー

2 弥山

宮島ロープウエー、JR宮島フェリー、22km／国道2号

3 おりづるタワー

28km／県道164号、広島呉道路、国道487号

4 アレイからすこじま

4km／国道487号

5 第二音戸大橋

14km／国道487号

GOAL	広島呉道路・呉IC

INFORMATION

宮島観光協会 ☎0829-44-2011
呉市観光振興課 ☎0823-25-3309

2つのロープウェイを乗り継ぎ合計15分ほどの空中散歩

1 平清盛が造営した社殿

嚴島神社
いつくしまじんじゃ

宮島の名でも知られる嚴島は推古天皇の時代から続く聖地。現在見られるような寝殿造の社殿を造営したのは平清盛で、海に浮んでいるように見える姿も神秘的かつ美しく、世界遺産のほか、多くの社殿、美術品が国宝や重要文化財に指定されている。

☎0829-44-2020 所広島県廿日市市宮島町1-1 開6:30～18:00(季節により異なる) 休無休(高潮の場合は拝観中止) 料昇殿料300円 P宮島口周辺の公共駐車場利用
※宮島口からフェリーで約10分、宮島旅客ターミナル下船、嚴島神社まで徒歩12分

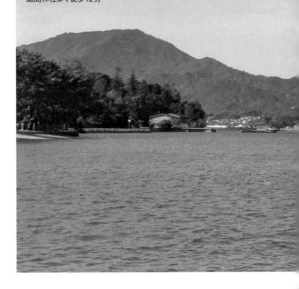

2 頂上からの眺望に伊藤博文も感動

弥山
みせん

嚴島の中央に鎮座する標高535mの山。古来、島そのものが神として信仰されてきたことから篤く保護されてきたために豊かな原生林が残っており、北山麓は弥山原生林として国の天然記念物に指定されている。登山は徒歩のほかロープウェイが整備されている。

所広島県廿日市市宮島町 Pなし

弥山はパワースポットとしても有名

➡弥山の守護神とされる三鬼大権現を深く崇敬した伊藤博文はたびたびこの地を訪れ、弥山からの眺望を絶賛

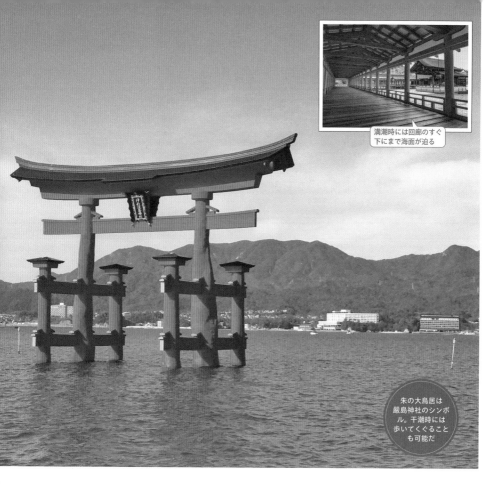

広島県　嚴島神社・広島・呉

満潮時には回廊のすぐ
下にまで海面が迫る

朱の大鳥居は
嚴島神社のシンボ
ル。干潮時には
歩いてくぐること
も可能だ

③ 屋上展望台から街を一望
おりづるタワー

🔼屋上にはテイクアウト専用のカフェが
あるので、コーヒーなどを購入して展望
台でくつろぐのも気持ちがいい

厳選された広島みやげを扱うショップやカフェ、多彩な映像コンテンツなどが楽しめる複合商業施設。広々としたウッドデッキが広がる屋上展望台から市街や原爆ドームが一望できる。
📞082-569-6803(インフォメーションセンター) 所広島県広島市中区大手町1-2-1 休HPで確認 休不定休 料展望台2200円 P周辺駐車場利用

④ 自衛隊の潜水艦を拝見
アレイからすこじま

戦前から軍港としての役割を担ってきた呉らしい海辺の公園。旧海軍工廠として使われていた赤レンガの建造物群がレトロな雰囲気を醸し出しており、潮風を受けながらの散策が心地よい。岸には旧魚雷積載用クレーンや海上自衛隊の艦船が停泊する。
所広島県呉市昭和町 P28台

🔼公園から自衛隊の護衛艦と潜水艦が間近に見られる

⑤ 赤が目を引くアーチ橋
第二音戸大橋
だいにおんどおおはし

平清盛の時代から交通の要衝であった音戸の瀬戸に架かる橋で、音戸大橋の渋滞解消のため、平成25年(2013)に建造。橋の朱色は厳島神社の鳥居に合わせたともいう。日招き広場からの眺望も見事。所広島県呉市警固屋～音戸町 P日招き広場(坪井コミュニティ広場)駐車場利用

橋のたもとには歩道橋があり、絶景が楽しめる

🔽平清盛が開削したという音戸の瀬戸。晩春、初夏にはツツジが見事

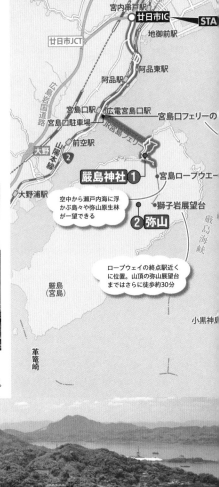

広島市
佐伯区

廿日市市

宮島スマート
宮島SA

廿日市駅

宮内串戸駅
廿日市IC　STA
地御前駅

廿日市JCT

阿品東駅

阿品駅

宮島口駅　広電宮島口駅
宮島口駐車場　宮島口フェリーの
前空駅

大野

厳島神社 ①
宮島ロープウエー

大野浦駅

獅子岩展望台

② 弥山

空中から瀬戸内海に浮かぶ島々や弥山原生林が一望できる

厳島海峡

厳島
(宮島)

ロープウェイの終点駅近くに位置。山頂の弥山展望台まではさらに徒歩約30分

小黒神島

革篭崎

228

おりづるタワー❸

広島県立美術館

広島ゆかりの作家による作品を展示。こだわり食材のイタリア料理店も併設

広島城

広島市現代美術館

比治山公園

★平和記念公園

寄り道スポット

●廿日市ICから16km

平和記念公園

へいわきねんこうえん

爆心地近くに建造された公園で、緑豊かな園内には世界遺産にも登録される原爆ドームや広島平和記念資料館、原爆死没者慰霊碑、モニュメントなどがある。

住広島県広島市中区中島町1及び大手町1-10 Ｐなし

↑被爆当時のままの姿の原爆ドーム

観音マリーナ海浜公園

マリホ水族館

広島市

広島湾を望む砂浜と浜を囲むウッドデッキで潮風を満喫

水中の世界をそのまま切り取ったような展示が魅力の水族館

森山遊歩道 展望休憩所

金輪島

広島湾

山道の遊歩道に整備された休憩所。広島湾に浮かぶ島々がきれい

坂駅

坂南

水尻駅

坂町

安芸小富士

小弁天島

弁天島

峠島

似島

島には旅行者用駐車場がほぼない。乗船前に駐車し島内は徒歩やロープウェイで散策する

小さい子どもから大人まで楽しめる公園。500台入れる駐車場も完備

小屋浦駅

天応西

旧海軍の高角砲台の基礎の上に設えられた展望台。昼間はもちろん夜景も素敵

奈佐美島

呉ポートピア駅

呉ポートピアパーク

天応東

天応駅

呉市

灰ケ峰 展望台

本庄水源地

江田島

古鷹山

かるが浜駅

広島県道路

川原石駅

呉線

GOAL

吉浦駅

呉IC

岸根鼻

頭鼻

江田島湾

てつのくじら館

呉駅

呉港

松ケ鼻

185

海上自衛隊の資料館で、潜水艦と掃海についての資料を展示

名物グルメ

カキとあなごめし

広島湾では300年も前から養殖されていたというカキの収穫量は今でも全国1位。宮島や広島市内には専門店も多く、生、焼き、フライなど多彩な調理で味わえる。また、カキイカダの下には穴子が多く生息するため、穴子も身がふっくらとして美味。

アレイからすこじま❹

第二音戸大橋❺

江田島市

日附ノ鼻

休山

東能美島

三子島

音戸大橋

観音崎

鷲ケ鼻

瀬戸内海初の本土〜離島間をつなぐ橋で昭和36年(1961)に完成

倉橋島

情島

大黒神島

沖野島

奥の内港

雲海、花畑での撮影も楽しい
フォトジェニックなコース

広島県
世羅・高谷山・
帝釈峡
せら・たかたにやま・たいしゃくきょう

　秋から早春にかけてこの地をドライブ
するなら、ぜひ夜明け前に出発したい。
高谷山霧の海展望台から、この時期の早
朝、特定の条件を満たした日にのみ現れ
る霧の海を照らすご来光は、楽しい一日
の始まりにふさわしい眺望だ。春から夏
に訪れるなら広大な花畑が素晴らしく、
国定公園の帝釈峡では渓流やダム湖、鍾
乳洞など変化に富んだ景色が見られる。
いずれも幻想的ともいえる絶景だ。

DRIVE COURSE 走行距離 約100km

START 中国自動車道・三次IC
　　　　8km／県道470号、国道183号
1 高谷山霧の海展望台
　　　　29km／国道375号、県道45号
2 Flower village 花夢の里
　　　　51km／県道56・28・414号
3 帝釈峡
　　　　12km／県道23号
GOAL 中国自動車道・東城IC

INFORMATION

三次市観光協会 ☎0824-63-9268
帝釈峡観光協会 ☎0847-86-0611

一面に立ち込める
真っ白な霧のスク
リーンを日の出が
赤く染める様子は
神々しさすら感じ
る絶景

霧を見るには日の出前に
到着したい。暗いので車
で行くのが安全

高谷山の標高491m。市内が
一望でき、夜景もきれい

1 早朝の霧の海が幻想的
高谷山霧の海展望台
たかたにやまきりのうみてんぼうだい

市内で2番目に高い高谷山に位置。西城川、
馬洗川、江の川と3つの川が合流する地形と
1日の寒暖差の激しさから霧の海が出現しや
すい土地柄で、霧が見られるのは秋～春の
早朝。特に発生率が高いのは昼間の湿度が
高い9月下旬～11月。
🏠広島県三次市粟屋町 🅿30台

道の駅を
PICK UP!!

スケルトンドームがシンボル

●世羅ICから28km
リストア・ステーション

町で採れた生芋を使ったこんにゃくや老舗の羊羹、地酒、地元の工芸品、野菜などを販売している。付帯のレストランでは川の景色を眺めつつ食す野菜たっぷりのランチが人気。☎0824-88-3050(レストラン☎0824-88-3051) 所広島県庄原市総領町下領家1-3 時9:00～17:00、レストラン11:00～16:00 休火曜(祝日の場合は翌日、レストラン火・水曜) Ｐ50台

↑レストランの開放的なテラス席

↑シェフのおまかせランチ1430円

② 4万㎡と西日本最大級の花畑
Flower village 花夢の里
フラワー ヴィレッジ かむのさと

春の芝桜やネモフィラ、初夏のアジサイやタチアオイ、夏のヘブンリーブルーと一面に同色の花が咲く畑が壮観。花畑を見渡す展望台やみやげ店、名物のさくらうどんなどを販売する飲食店も併設されている。子ども向けにGWに開催するポニー乗馬体験も人気。
🏠広島県世羅町上津田3-3 🅿700台
※開花期間のみ開業、詳細はHPを要確認

45万株の芝桜が咲く一面ピンクの花の絨毯

⬆100万本のネモフィラが風に揺れる。見頃は気候にもよるが例年4月上旬～5月中旬

🔽石灰岩の天然橋、雄橋。全長90m、幅18m、厚さ24m、川底からの高さ40mで、鬼が架けたともいわれている

戦前に架けられた単純トラス橋、神龍橋。国の有形文化財

寄り道スポット

●東城ICから8km

帝釈峡遊覧船
たいしゃくきょうゆうらんせん
大正13年(1924)に造られた発電用ダム、神龍湖を行く遊覧船。3月下旬～12月上旬にかけて運行され、周囲の木々の緑や紅葉が美しい。
📞0847-86-0131 🏠広島県神石高原町永野5034-7 🕘9:00～16:00 休水曜、悪天候時 料1500円 🅿250台

⬆所要約40分。音声でのガイド付き

---

③ 多彩な絶景に富む国定公園
帝釈峡
たいしゃくきょう

中国山地の中央に位置する峡谷。渓流や滝、鍾乳洞、水の浸食でつくられた石灰岩の天然橋、山の景色を水面に映す人造湖と変化に富んだ景色が広がり、渓流沿いの散策やカヤック体験など、多彩なアクティビティが楽しめる。
🏠広島県庄原市東城町～神石高原町 🅿帝釈第1駐車場200台、帝釈第2駐車場130台、三坂駐車場200台などを利用

数多くの鍾乳洞がある帝釈峡を代表する白雲洞。石柱や石筍が見られる

寄り道スポット

●三次ICから28km

花の駅せら
はなのえきせら

春から秋にかけてネモフィラやユリ、コスモスなど順番に見頃を迎える花畑が印象的。園内のキッチンではオリジナルフードやドリンクも楽しめる。オンラインでの予約が必要だが、キャンプサイトも併設。

☎0847-27-1555 ⊕広島県世羅町黒渕権現山413-20 ⏰9:00〜18:00 ㊡無休 ㊎1000円 Ⓟ500台

⬛季節ごとにカラフルな花々が咲く花畑は人気の撮影スポット

COURSE 48　走行距離 約100km

0　　3.5　　7km　N

①高谷山霧の海展望台

③帝釈峡
★帝釈峡遊覧船

GOAL
東城IC

START
三次IC

リストア・ステーション

9月半ばから10月の初旬、馬洗川沿いに赤いヒガンバナが花をつける

辻のヒガンバナ群生地

町産の特産品や食事販売はもちろん、町内の観光や食事などの案内が充実

花の駅せら★

Flower village 花夢の里②

せらワイナリー

世羅町で生産されたブドウでワインを醸造。ワイン造りが見学できる

色とりどりの花畑は毎年デザインが刷新。町産食材のバーガーが美味

藤の花は晩春から初夏にかけてが見頃。旬の野菜の食事が楽しめる

233

多彩な海岸地形にふれながら
鳥取の人気スポットを巡る

鳥取県

浦富海岸・鳥取砂丘・
白兎海岸

うらどめかいがん・とっとりさきゅう・はくとかいがん

県のシンボルである鳥取砂丘をはじめ、
山陰海岸ジオパークにも登録された浦富
海岸や、伝説が残る白兎海岸など自然の
造形美に感動しながらドライブしよう。
道の駅に寄り道して、新鮮な魚介類を堪
能し、地元の温泉を使った足湯も満喫。
中国庭園 燕趙園で異国のような雰囲気を
楽しみながら撮影会をして、最後は東郷
湖で幻想的な時間を。海を眺めながら主
要スポットを巡る鳥取の王道ルート。

DRIVE COURSE 走行距離 約65km

START 山陰近畿自動車道・浦富IC

　5km／県道155号

1 浦富海岸

　10km／国道319号

2 鳥取砂丘

　14km／国道9号

3 白兎海岸

　25km／国道9号、県道22号

4 中国庭園 燕趙園

　3km／県道22号

5 東郷湖

　6km／県道185号

GOAL 山陰自動車道・はわいIC

INFORMATION

岩美町観光協会 ☎0857-72-3481
鳥取市観光案内所 ☎0857-22-3318
鳥取砂丘ビジターセンター ☎0857-22-0021
湯梨浜町観光協会 ☎0858-35-4052

5～6月には
砂丘でハマヒ
ルガオが見ら
れる

1 地形が織りなす自然美

浦富海岸

うらどめかいがん

日本海の荒波によって削られた、
特異な地形や奇岩が見られる。島
崎藤村も愛した名勝で、遊歩道か
らその絶景が楽しめる。
所 鳥取県岩美町浦富 P 周辺駐車
場利用

険しい崖が
印象的な菜種五島は、
海岸のなかでも
代表的な見どころ。
4月中旬には
菜の花が咲く

通り抜けができる
千貫松島

©鳥取県

❷ 日本最大の砂丘に圧倒される
鳥取砂丘
とっとりさきゅう

鳥取県東部の日本海沿岸に位置する日本最大規模の砂丘。風が砂に刻んだ風紋や、最高峰の「馬の背」など見どころも多く、季節によって異なる表情を見せてくれるのも魅力。水平線に夕日が沈む時間もおすすめ。

🏠鳥取県鳥取市福部町湯山　Ｐ300台

大人も楽しめる体験型
のアクティビティが充実

←ラクダライド体験は異国に来たような
気分になれる

235

③ 「因幡の白兎」伝説の地

白兎海岸
はくとかいがん

白い砂浜と大海原が一面に広がる海岸。だましたワニ(サメ)に皮をむかれた白ウサギが大国主神に助けられ、のちに大国主神は神代の美女・矢上比売と結ばれた「因幡の白兎」伝説の舞台で、恋人の聖地としても知られている。

所鳥取県鳥取市白兎 P道の駅 神話の里 白うさぎ駐車場利用

↑白ウサギが渡ったとされる白兎海岸の淤岐ノ島。海岸にはサメの背に似た岩礁も見られる

④ チャイナドレスで中国庭園を散策

中国庭園 燕趙園
ちゅうごくていえん えんちょうえん

鳥取県と中国河北省の友好の象徴として建てられた本格的な中国庭園。園内には28景の見どころが点在し、建物には細部までこだわった彩画が施されている。まるで中国にいるかのような雰囲気を味わうことができ、フォトジェニックな撮影を求めて訪れる人も多い。

↓中国庭園には道の駅やリゾートスパが隣接している

☎0858-32-2180
所鳥取県湯梨浜町引地565-1 時9:00～17:00(入園は～16:30) 休1・2月の第4火曜(祝日の場合は翌日) 料500円
P270台

チャイナ服をレンタルすることもできる

❺ 人気の夕日スポット
東郷湖
とうごうこ

日没時の夕焼けの色と、四ツ手網の影が水面に映る景色がフォトジェニックと話題に。湖畔には、はわい温泉と東郷温泉の2つの温泉地がある。

📍鳥取県湯梨浜町　🅿周辺駐車場利用

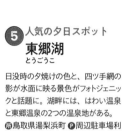
湖を眺めながら、散歩やサイクリングも楽しめる

↑東郷温泉エリア。四ツ手網からの美しい景色

道の駅を PICK UP!!

海岸ドライブの休憩に最適

●はわいICから23km
神話の里 白うさぎ
しんわのさと しろうさぎ

白兎海岸の目の前に立地。地元の特産品を販売するほか、2階のレストランでは生け簀の活魚料理を楽しむことができる。

📞0857-59-6700　📍鳥取県鳥取市白兎613　⏰8:00〜19:00(12〜2月は8:30〜18:00)　🈶無休　🅿130台

●はわいICから19m
西いなば気楽里
にしいなばきらり

地元の特産物を販売するショップのほか、レストランや温泉を使った足湯も。軽食を楽しめるファストフードがあるのも魅力。

📞0857-82-3178　📍鳥取県鳥取市鹿野町岡木280-3　⏰9:00〜18:00、レストラン10:00〜17:00(LO)※足湯については要問い合わせ　🈶無休　🅿144台

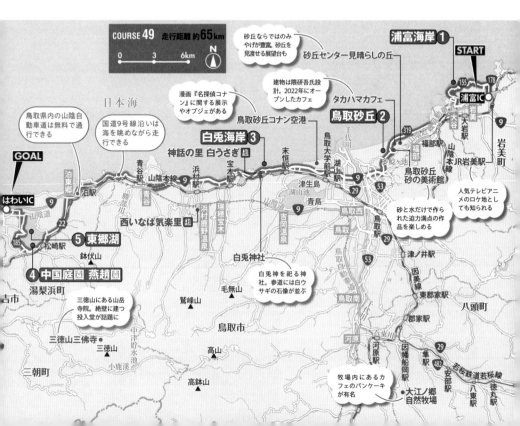

COURSE 49　走行距離 約65km

0　3　6km

鳥取県内の山陰自動車道は無料で通行できる

国道9号線沿いは海を眺めながら走行できる

漫画『名探偵コナン』に関する展示やオブジェがある

砂丘ならではのみやげが豊富。砂丘を見渡せる展望台も

砂丘センター見晴らしの丘

建物は隈研吾氏設計。2022年にオープンしたカフェ

タカハマカフェ

浦富海岸 ❶

START

浦富IC

鳥取砂丘コナン空港

鳥取砂丘 ❷

GOAL

はわいIC

神話の里 白うさぎ🍜

白兎海岸 ❸

鳥取砂丘砂の美術館

人気テレビアニメのロケ地としても知られる

砂と水だけで作られた迫力満点の作品を楽しめる

西いなば気楽里🍜

❺ 東郷湖

❹ 中国庭園 燕趙園

白兎神社

白兎神を祀る神社。参道には白ウサギの石像が並ぶ

三徳山にある山岳寺院。絶壁に建つ投入堂が話題に

三徳山三佛寺

鳥取市

牧場内にあるカフェのパンケーキが有名

大江ノ郷自然牧場

COURSE 50

さまざまな角度から大山を望む
癒やしの高原ドライブ

鳥取県
大山・鍵掛峠・木谷沢渓流

だいせん・かぎかけとうげ・きたにざわけいりゅう

大山の展望地やブナ林の中のルートなど爽快な大山蒜山スカイラインを走りながら人気の大山スポットへ。植田正治写真美術館では逆さ大山を楽しみ、大山まきばみるくの里で大山と牧歌的な風景に癒やされる。大山桝水高原や鍵掛峠の展望台で絶景を眺めながらひと休みしたら、話題の木谷沢渓流を散策しよう。訪れる季節によって季節の色に染まるのでいつ訪れても魅力的。

DRIVE COURSE 走行距離 約42km

START	米子自動車道・大山高原スマートIC
	2km／県道159号
1	植田正治写真美術館
	8km／県道159・284号
2	大山まきばみるくの里
	2km／県道284号
3	大山桝水高原天空テラス
	6km／県道45号
4	鍵掛峠展望台
	2km／県道45号
5	木谷沢渓流
	22km／県道45号、国道482号
GOAL	米子自動車道・蒜山IC

INFORMATION

江府町観光協会 ☎0859-75-6007

のどかな田園風景と大山が見られる鳥取県江府町

↑世界的建築家・高松伸氏が設計

1 逆さ大山を楽しめる美術館
植田正治写真美術館
うえだしょうじしゃしんびじゅつかん

鳥取県出身の世界的写真家、植田正治氏(1913～2000)の作品を収蔵・展示。作品は山陰の自然を背景に被写体をオブジェのように配する独自の手法が用いられ、国内外で高い評価を得ている。

☎0859-39-8000
⊕鳥取県伯耆町須村353-3
⊕10:00～17:00(入館は～16:30) ⊛火曜(祝日の場合は翌日)、冬期休業あり、展示替え期間 ℗100台

❷ 牛と大山のコラボが見られる
大山まきばみるくの里
だいせんまきばみるくのさと

「白バラ牛乳」で知られる大山乳業共同組合の直営店。牛乳やバターなど、自慢の食材を使ったメニューが揃うレストランや、アクティブに楽しめる芝生エリアなどもある。

📞0859-52-3698 ㊟鳥取県伯耆町小林水無原2-11 ㊟3月中旬～12月上旬の10:00～17:00 ㊡火曜(祝日の場合は営業)、12月下旬～3月上旬 ❿154台

╲ コース内の絶景ロード ╱

さわやかな高原の空気に包まれる
大山蒜山スカイライン
だいせんひるぜんスカイライン

伯耆富士と呼ばれる名峰・大山と、麓に広がるブナ林を望む爽快なルート。点在する展望台や休憩所を巡り、四季折々の美しい自然に癒やされながらドライブを楽しむことができる。

⬆放牧エリアではのびのびと過ごす牛の様子を観察することができる

展望台では標高900mの大パノラマが目の前に広がる。紅葉シーズンもおすすめ

❸ 大山西側の高原リゾート
大山桝水高原
天空テラス
だいせんますみずこうげんてんくうテラス

グリーンシーズンは天空リフトで開放感のある展望台まで行くことができ、冬にはスキー場として利用できる。山陰初の恋人の聖地に選定され、展望台にはハートの南京錠が並ぶ。

📞0859-52-2228(天空リフト)
㊟鳥取県伯耆町大内桝水高原1069-50 ㊟4～11月中旬9:00～17:00(イベント開催日は～20:00) ㊡期間中無休 ㊝往復1000円 ❿250台

リフトで片道8分。開放感抜群の展望台へ到着！

↑緑の時期は大山と
青々としたブナ林が
広がる景色に癒やさ
れる

4 大山の南壁を望むスポット
鍵掛峠展望台
かぎかけとうげてんぼうだい

標高910mに位置する展望台。大山を望めるスポットとして地元
内外の人が訪れる。秋にはうっすら雪で覆われた大山と紅葉の絨
毯を楽しむことができ、カメラを持った人で賑わう。

🏠鳥取県江府町大河原鍵掛1531-29 🅿8台

紅葉の例年の見頃は
10月末～11月中旬頃

↓虫除けや防寒対策をして訪れたい。自然を大切にしながら散策を楽しもう

5 森林浴をするならココ
木谷沢渓流
きたにざわけいりゅう

大山隠岐国立公園内にある大
自然を感じられる景勝地。鳥の
さえずりが聞こえるブナ林の中で、
清流と苔が織りなす美しい景色
が楽しめる。

🏠鳥取県江府町御机837-13
🅿400台

寄り道スポット

●大山高原スマートICから2km

テラス ザ ダイセン

植田正治写真美術館からアクセスしやすい、大山ハムの直営ショップ&テイクアウトフード店。自慢のソーセージやハムを使った、ホットドッグやバーガーなどの軽食メニューを用意。フードメニューのほかソフトクリームやドリンクも。

☎0859-39-8333 所鳥取県伯耆町須村1194 営10:00〜16:00 休火曜(祝日の場合は翌日) P30台

↑超ロングソーセージはびっくりするほどの長さ

←店前の芝生にはテーブルと椅子が置いてあり、大山を眺めながら食事もできる

中国・四国

鳥取県

大山・鍵掛峠・木谷沢渓流

COURSE 50 走行距離 約**42km**

0　2　4km　N

キャンプやアスレチックなど大自然のなかで楽しめる

ショップやベーカリーカフェがある山の駅

1 植田正治写真美術館

大山まきばみるくの里 2

START

大山高原スマートIC

S テラス ザ ダイセン

例年お盆に和傘灯りを楽しめるイベントを開催

県道45号周辺は冬期通行止が多い。スキー場に行く人は注意

3 大山桝水高原天空テラス

鍵掛峠展望台 4

木谷沢渓流 5

日本最大級のフラワーパーク。園内から大山を一望

ジャージー牛乳を使った商品を多数販売

大山や蒜山三座を望める展望台。売店もある

鬼女台展望休憩所

ひるぜんジャージーランド

道の駅 奥大山

隈研吾氏設計の建物が話題。ショップやミュージアムがある

GREENable HIRUZEN

地元の特産品が並ぶ道の駅。食事処も併設

ショッピングやグルメ、遊園地も楽しめる複合施設

ヒルゼン高原センター・ジョイフルパーク

蒜山IC

GOAL

名物グルメ

ひるぜん焼そば
ひるぜんやきそば

蒜山高原の食材を使った、味噌ダレが印象的なご当地麺。ひるぜん焼そばのほか、あさぜん焼そばやよるぜん焼そばといった時間限定メニューを提供する店も。ひるぜん焼そばのタレは道の駅などでも販売する。

241

COURSE 51

四季の美しい庭園に出会い
島根半島の東端へ

島根県
足立美術館・
由志園・美保関
あだちびじゅつかん・ゆうしえん・みほのせき

　季節によって表情を変える足立美術館
と由志園で庭園美にふれる。由志園の期
間限定のイベントを狙って訪れるのもお
すすめ。一度は渡ってみたいと話題の江
島大橋が、思っていたよりもゆるやかな
坂道であることを確認したら、境港を経
由し島根半島へ。東端にある美保関灯台
を目指して海岸沿いをドライブしよう。
帰りは、新鮮な魚介を目当てに港町の食
事処に立ち寄り、境港から米子まで縦断！

DRIVE COURSE 走行距離 約86km

START	山陰自動車道・安来IC
	8km／県道45号
1	足立美術館
	25km／県道180・260号
2	由志園
	5km／県道338号
3	江島大橋
	17km／県道47・2号
4	美保関灯台
	31km／県道2号、国道431号
GOAL	山陰自動車道・米子南IC

INFORMATION

松江観光協会 八束町支部 ☎0852-61-5650
松江観光協会 美保関町支部 ☎0852-73-9001

美保関では情
緒あふれる青
石畳通りにも
立ち寄りたい

寄り道スポット

●安来ICから11km
月山富田城跡
がっさんとだじょうあと
戦国大名尼子氏の居城として知られる
難攻不落の山城。江戸時代初めに、堀
尾氏が松江城を築くまで、出雲国の中
心として繁栄した。
☎0854-32-2767(安来市立歴史資
料館) 所島根県安来市広瀬町富田
P130台

↑見学路は整備され気軽に散策できる

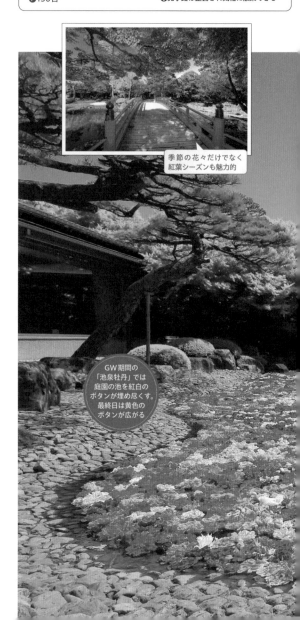
季節の花々だけでなく
紅葉シーズンも魅力的

GW期間の
「池泉牡丹」では
庭園の池を紅白の
ボタンが埋め尽くす。
最終日は黄色の
ボタンが広がる

① 美しい庭園に感動
足立美術館
あだちびじゅつかん

安来市出身の実業家、足立全康氏が収集した日本画と広大な日本庭園が名高い。創設者が造り上げた庭園は枯山水庭、白砂青松庭、池庭など多様。自然の山々を借景に取り込んだ庭は、四季折々に壮麗な姿を見せる。

☎0854-28-7111 所島根県安来市古川町320 圏9:00〜17:30(10〜3月は〜17:00) 休無休 料2300円 P400台

⬆窓枠を額縁に見立てて庭園を眺める「生の額絵」

② 池にボタンが浮かぶ春の風物詩
由志園
ゆうしえん

ボタンや花菖蒲など四季の花が咲き誇る、手入れの行き届いた風流な回遊式庭園。牡丹園では一年を通して美しいボタンの花を愛でることができる。GWに開催されるイベントでは、広々とした池に色彩豊かなボタンが一面に広がる。

☎0852-76-2255 所島根県松江市八束町波入1260-2 圏10:00〜17:00(入園は〜16:30)、季節・イベントにより異なる 休無休 料800〜1400円 P300台

③ 急勾配が印象的なベタ踏み坂

江島大橋
えしまおおはし

CMで話題になった島根県松江市と鳥取県境港市をつなぐ橋。船が通れるよう設計されたため、最上部の高さは約45m、勾配の角度は島根県側が6.1%、鳥取県側が5.1%と実際には難なく走行できる坂道。歩道があるので歩いて渡ることも。

所 島根県松江市八束町江島から鳥取県境港市渡町 Ｐ なし

↑大根島から中海越しに望遠レンズで撮影した江島大橋

↑世界灯台100選にも選ばれ、国の重要文化財にも指定されている

 穏やかな時間を過ごせる灯台

美保関灯台
みほのせきとうだい

島根半島の東端に位置する山陰最古の石造りの灯台。デッキからは美しい眺望を楽しむことができ、灯台に隣接したビュッフェレストランでは雄大な日本海を眺めながら、食事もできる。

☎0852-73-0211(美保関灯台ビュッフェ)

🏠島根県松江市美保関町美保関1338-10

🅿100台

灯台には海を見渡せる展望台もある

COURSE 51 走行距離 約86km

0　2　4km

N

新鮮な魚介を使った飲食店や直売所がある

妖怪のブロンズ像があちらこちらに点在

HATONOVA 三光丸 境港

国道2号線は、海と大山を望む絶景ロード

全国にあるえびす社の総本社とされる。鯛の授与品が人気

美保神社

地蔵崎

4 美保関灯台

かつて黒船の来襲に備えた砲台が設けられた場所

境台場公園

S 境港魚市場

水木しげるロード

江島大橋 3

大漁市場なかうら

夢みなとタワー

360度のパノラマを楽しめる地上43mの展望台

水産加工品などのみやげを買うならココ

鬼太郎列車

境港駅と米子駅間は鬼太郎のラッピング列車が走ることも

オーシャンビューが自慢の温泉宿が点在するエリア

2 由志園

皆生温泉

米子市

2月中旬と10月中旬にダイヤモンド大山が見られる

米子城跡

米子白壁土蔵

米子駅

米子南IC

GOAL

加茂川沿いにある白壁の土蔵。レトロな雰囲気を楽しめる

安来IC

START

1 足立美術館

月山富田城跡

独松山

月山

南部町

島根半島　島根県　鳥取県　松江市　境港市　安来市

中海　中海湾　美保湾

特別感のあるパワスポを巡り
一畑電車の沿線を走る

島根県

出雲大社・
稲佐の浜・宍道湖

いづもおおやしろ(いづもたいしゃ)・いなさのはま・しんじこ

　珍しいシチュエーションで撮影できる粟津稲生神社や、出雲を代表する圧倒的なパワースポット・出雲大社を巡り、神在月に神様を迎える稲佐の浜へ。神様が集まる街で祈りを捧げたら、出雲日御碕灯台へ向けて海辺をドライブ。島根を走るローカル電車・一畑電車の沿線を松江方面へ走行し、一畑薬師(一畑寺)でひと休み。最後は日没の時間に合わせて宍道湖夕日スポット(とるば)へ。

1 朱色の鳥居と電車のコラボが人気

↑神社周辺は田園風景が広がる

粟津稲生神社

あわづいなりじんじゃ

朱色の鳥居が並ぶ参道の途中に線路があり、参道を電車が横切る珍しい神社。電車好きの間でこの景色が話題になり、電車と鳥居を一緒に撮影できるスポットとして多くの人が訪れるようになった。⚐島根県出雲市平野町921 🅿なし

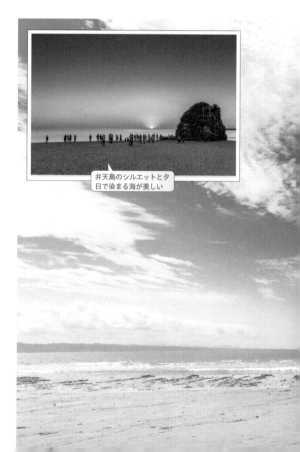

弁天島のシルエットと夕日で染まる海が美しい

DRIVE COURSE 走行距離 約89km

START	山陰自動車道・斐川IC
	12km／県道161号
1	粟津稲生神社
	5km／国道431号
2	出雲大社
	1km／国道431号
3	稲佐の浜
	8km／県道29号
4	出雲日御碕灯台
	35km／県道29号、国道431号
5	一畑薬師（一畑寺）
	25km／国道431・9号
6	宍道湖夕日スポット（とるば）
	3km／国道9号
GOAL	山陰自動車道・松江西IC

INFORMATION

出雲観光協会 ☎0853-31-9466
松江観光協会 ☎0852-27-5843

宍道湖と電車を一緒に撮影することができる秋鹿町駅

境内にはウサギの
石像が点在する

❷ 良縁を授かるお参りへ
出雲大社
いづもおおやしろ（いづもたいしゃ）

世のあらゆる縁を結ぶ神として知られる大国主大神を祀り、古くから信仰される社。旧暦の10月の神在月には八百万の神が集う地とされる。☎0853-53-3100 所島根県出雲市大社町杵築東195 營6:00(11〜2月6:30)〜20:00 休無休 料宝物館300円 P385台 ➡注連縄は長さが13.6m、周囲最大8m、重さが5.2tにもなる

稲佐の浜の
中央に沖御前神社が
鎮座する弁天島がある。
この神社には
豊玉毘古命が
祀られている

❸ 国譲り神話の舞台になった浜
稲佐の浜
いなさのはま

大国主大神と建御雷之男神が国譲りの交渉をしたと伝えられている浜。旧暦10月10日の神迎神事では、稲佐の浜に篝火を焚いて神々を迎える。所島根県出雲市大社町杵築北稲佐 Pあり

④ 上れる日本一高い石造灯台

出雲日御碕灯台
いづもひのみさきとうだい

日本一の高さを誇る石造灯台。灯台には展望台があり、島根半島と日本海の美しい景色を楽しめる。また灯台周辺は遊歩道があり海岸沿いを散策することもできる。
☎0853-54-5341 ⑰島根県出雲市大社町日御碕1478 ⑱9:00〜16:30(3〜9月の土・日曜、祝日は〜17:00) ⑲無休 ⑳300円 ㉑あり

↑灯台内のらせん階段を上ると眺めのよい展望台が

↑灯台の白と海や空の青のコントラストが美しい

↑境内からは宍道湖や大山など出雲周辺が一望できる

⑤ 写経・座禅体験もできる

一畑薬師(一畑寺)
いちばたやくし(いちばたじ)

目のお薬師さま、子どもの無事成長の仏さまとして知られる1100年の歴史を持つ古刹。癒やしの聖地、千変万化出雲神話の舞台を一望できる。☎0853-67-0111 ⑰島根県出雲市小境町803 ⑱8:30〜17:00 ⑲参拝自由 ㉑180台

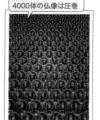
↑経典に説かれる8万4000体の仏像は圧巻

COURSE 52 走行距離 約89km

0 2 4km N

名物グルメ

宍道湖七珍
しんじこしっちん

宍道湖といえばシジミが有名だが、汽水湖であることからそのほかにも魚介の種類が豊富。現在はスズキ、モロゲエビ(ヨシエビ)、ウナギ、アマサギ(ワカサギ)、シラウオ、コイ、シジミの7種を湖の珍味として提唱。

出雲日御碕灯台 ④
日御碕神社
高尾山
太々山
鶴島
十六島湾
河下港
平島
島根半島
長尾鼻
地蔵
三津峠
大船山
出雲市
木綿街道
雲州平田駅
畑電車
431
旅伏山

町家や酒蔵が残る古い街並み。落ち着いた風情が感じられる

粟津稲生神社 ①

出雲大社 ②

鼻高山
美談駅

ワイナリー見学のほか、特産品やみやげものを販売する

稲佐の浜 ③
赤石鼻
追石鼻
鵜島
29
島根ワイナリー
高瀬川
431
川跡駅
一畑電車
通堀駅
浜駅
161
直江駅
山陰本線
荒神谷遺跡

出雲大社前駅
大社ご縁広場
堀川
神門通り
浜山公園
神戸川

出雲の地ならではの飲食店や物産展が数々並ぶ参詣道

431
出雲市
出雲市駅
9
大津町駅
184
仏経山
斐川
START

⑥ 宍道湖を眺めるナイスビュー
宍道湖夕日スポット（とるぱ）
しんじこゆうひスポット（とるぱ）

宍道湖に沈む夕日と浮かび上がる嫁ヶ島のシルエットを同時に望む絶好のビュースポット。歩道とテラスが整備され、日本夕陽百選にも選ばれた茜色の美しい景観をゆっくりと楽しむことができる。

🚗島根県松江市袖師町　🅿21台

↖袖師地蔵や嫁ヶ島のシルエットを入れて撮影できるスポット

周囲約47kmの汽水湖。淡水と海水が混じっている

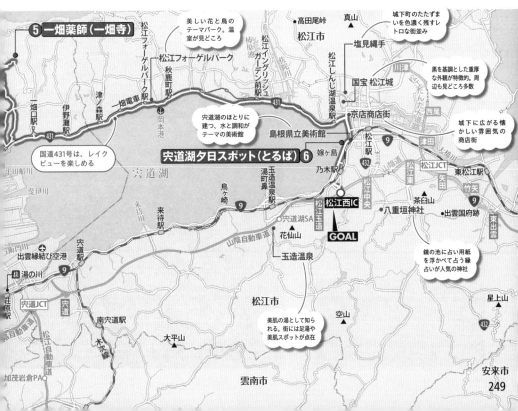

美しい花と鳥のテーマパーク。温室が見どころ
松江フォーゲルパーク

城下町のたたずまいを色濃く残すレトロな街並み

黒を基調とした重厚な外観が特徴的。周辺も見どころ多数

⑤ 一畑薬師（一畑寺）

松江市

高田尾峠
真山
塩見縄手
国宝 松江城

宍道湖のほとりに建つ、水と調和がテーマの美術館
島根県立美術館

城下に広がる懐かしい雰囲気の商店街

国道431号は、レイクビューを楽しめる

宍道湖夕日スポット（とるぱ）⑥
嫁ヶ島
乃木駅

松江西IC
松江玉造
GOAL

鏡の池に占い用紙を浮かべて占う縁占いが人気の神社

美肌の湯として知られる。街には足湯や美肌スポットが点在

松江市

雲南市

安来市

火山に鉱山、浸食海岸
不思議な絶景を巡る

島根県

三瓶山・
石見銀山

さんべさん・いわみぎんざん

地震や火山の噴火、さらには人の営み
が造ったダイナミックな絶景が印象深い
ルート。三瓶山西の原で広々とした草原
の景色を眺め、火口や湖、埋没林、石見
銀山といった山の自然と文化を堪能した
ら海岸へ。日本海を右手に見ながら海岸
線を一路、南西へ進む。波の浸食や地面
の隆起がつくった不思議な絶景に心奪わ
れる。道の駅などで出会える豊かな地産
の食材もこのコースの大きな楽しみ。

DRIVE COURSE 走行距離 約112km

START	山陰自動車道 大田中央・三瓶山IC
	32km／県道30・56号
1	三瓶山西の原
	23km／県道30・288号
2	石見銀山
	52km／県道31号、国道9号
3	石見畳ヶ浦
	5km／国道9号
GOAL	浜田自動車道・浜田IC

INFORMATION

大田市観光協会 ☎0854-88-9950

浮布池は大蛇姿の若者に誘われて
入水した遅幣姫の衣が名の由来

1 放牧された牛が草を食む草原
三瓶山西の原
さんべさんにしのはら

大山隠岐国立公園に指定され、登山でも人
気の三瓶山。その西の原には広大な草原が
広がり、春の火入れ、7月に咲くユウスゲと
季節ごとに表情を変える自然が見事。近くに
ある遅幣姫の伝説が残る浮布池も美しい。

所 島根県大田市三瓶町 P 88台

『出雲風土記』には、
神様が海の向こう
から土地を引き寄
せる杭として使っ
たという神話が残
る三瓶山

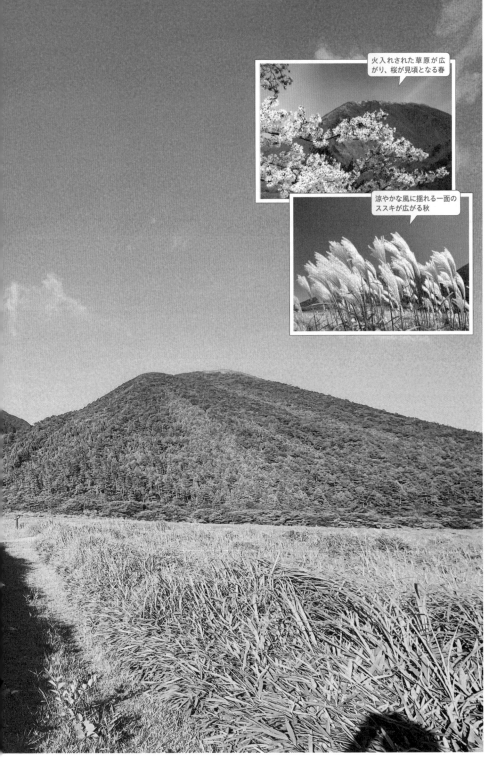

島根県　三瓶山・石見銀山

火入れされた草原が広がり、桜が見頃となる春

涼やかな風に揺れる一面のススキが広がる秋

② 平成19年（2007）に世界遺産登録
石見銀山
いわみぎんざん

17世紀前半の最盛期には世界の銀の3分の1を産出したと推定される日本のなかでも多くの銀を算出した石見。鉱山に加え、街や港、そしてそれらをつなぐ街道を含めた529haが世界遺産に登録。坑道だけでなく代官所跡や製錬所跡、町屋なども見どころだ。
🏠島根県大田市大森町 Ⓟ石見銀山世界遺産センター駐車場利用

武家や豪商の住宅などの建造物が残る大森の町並み

③ 1600万年前の地層を観察
石見畳ヶ浦
いわみたたみがうら

磯に奇石が広がる景勝地で、国の天然記念物に指定されている。明治5年（1872）の浜田地震で隆起した1600万年前の地層が間近に見られる。ハート形をしたノムラナミガイの化石が点在し、見つけると幸せになれると人気を集めている。
🏠島根県浜田市国分町 Ⓟ数台

⬆間歩（まぶ）と呼ばれる坑道は全山で900以上。龍源寺間歩の157mは見学可能。ノミの跡も見える

貝などの化石から出たカルシウムが砂岩を固めたノジュールが並ぶ

徳川幕府の代官が治めた龍源寺間歩の入口

⬇ほぼ東京ドームと同じ4.9haの磯。貝の化石なども見つかる

波の浸食でできた洞窟をくぐり、磯に向かう

島根の山海の幸が大集合

●江津ICから11km

サンピコごうつ

県のほぼ真ん中、国道9号沿いにある道の駅。大切に育てられた野菜や日本海の幸など、島根で採れたおいしい食材や惣菜、スイーツを販売する。食器などの工芸品も要チェック。

☎0855-55-3151 ⑰島根県江津市後地町995-1 ⑱9:00～18:30 ⑯木曜(祝日の場合は営業) Ⓟ53台

↑漬物、スイーツなど手作り品が人気

COURSE 53 走行距離 約**112**km

0 3.5 7km N

火山噴火でできた縄文時代の埋没林、つまり森まるごとの化石について知る博物館

(仁摩・石見銀山IC～太田中央・三瓶山IC間は2023年度開通)

街の灯りから遠いため天体観測に最適。土曜の夜には天体観測会を開催する

久手港

波根駅

大田朝山

久手駅 ロード銀山

大田中央・三瓶山IC

五十猛駅

静間駅

大田市駅

高丸山

START

さんべ縄文の森ミュージアム

山陰本線

韓島

無木島

大田市

大山山

島根県立三瓶自然館サヒメル

漫食によって形成されたさまざまな形の岩礁が点在。洞門の景色も神秘的

仁万駅

石見銀山にあり、かつては鉱夫や運搬人の疲れを癒やしていた温泉。レトロな街並みも素敵

日祖の洞門

馬路駅

仁摩・石見銀山

湯里駅

湯里

仙山

矢滝城山

鶴降山 浮布池

陣山

山の駅さんべ ★

三瓶山西の原 ①

東の原展望テラス

温泉津温泉

温泉津駅

温泉津

石見銀山 ②

美郷町

サンピコごうつ

石見福光駅

石見福光

黒松駅

大島 浅利駅

三瓶山の噴火で川が堰き止められてできた湖。夏はボート遊びが楽しめる

元山

リフトでアクセスできる大平山山頂の展望台。男三瓶、女三瓶、子三瓶を一望

十島

江津駅

室神山(浅利富士)

西山

川本町

立掛山

都野津駅

江津西

江津

島ノ星山(高角山)

細滝山

江津市

石見畳ヶ浦

敬川駅

天狗山

本明山

波子駅

久代駅

下府駅

浜田IC **GOAL**

浜田JCT

本明山

寄り道スポット

●大田中央・三瓶山ICから17km

山の駅さんべ
やまのえきさんべ

三瓶山西の原に位置。飲食物持参でくつろげるスペースもあるが、地元食材を用いた食事や地アイスが絶品。オリジナル商品も販売している。

☎0854-83-2053 ⑰島根県大田市三瓶町池田3294 ⑱10:00～14:00(晴天の土・日曜、祝日は～16:00) ⑯月・木曜、冬季休業あり Ⓟ50台

↑テラスから見える西の原

金城スマートPA

浜田市

雲城山

防六山

旭

瑞穂

COURSE 54

カルストにホルンフェルス
大地の成り立ちを体感

山口県

秋芳洞・
秋吉台・萩

あきよしどう・あきよしだい・はぎ

カルスト地形では日本最大級のサイズを誇る秋吉台とその地下に広がる秋芳洞は、地球そのものの成り立ちが間近に見える絶景だ。一転して萩城下町は武家文化が築いた人工的な美しさ。明治維新の中心的役割を担った志士たちの躍動と江戸時代の人々の暮らしをたどる街歩きが楽しい。プランクトンや海藻などの豊かな萩沖は良質な魚介類の宝庫でもあり、絶品の食事も充実。

DRIVE COURSE 走行距離 約151km

START 中国自動車道・美祢IC

10km／国道435号

1 秋芳洞

2km

2 秋吉台展望台

33km／県道242・32号

3 萩城下町

39km／国道191号

4 須佐ホルンフェルス

67km／国道315号

GOAL 中国自動車道・鹿野IC

INFORMATION

美祢市観光協会 ☎0837-62-0115
萩市観光協会 ☎0838-25-1750

\ コース内の絶景ロード /

秋吉台を縦断ドライブ
カルストロード

正式名称は山口県道242号秋吉台公園線。日本最大級のカルスト台地を縦断する絶景道路だ。早春は野焼き後の黒々とした土、夏は緑の草原、秋は一面のススキと季節によって表情が一変。

1 日本最大級の大鍾乳洞
秋芳洞
あきよしどう

日本最大級のカルスト台地、秋吉台には400を超える数の洞窟があるが、なかでも最大サイズを誇るのが秋芳洞。全長は約11.2km、うち約1kmが一般公開され、千畳敷と呼ばれる洞内の最も広い場所は幅200m、高さ35mに及ぶ。国の特別天然記念物。
所山口県美祢市秋芳町秋吉3449-1 時8:30～18:30(12～2月は～17:30)、入洞は各1時間前まで 休無休 料1300円 P市営駐車場利用

水の石灰分が沈積し、棚田状に連なった百枚皿。実際の棚田の数は500を超える

2 カルスト台地を一望
秋吉台展望台
あきよしだいてんぼうだい

1138haもの広大なカルスト台地、秋吉台を360度見渡すことができる展望台。見渡す限りの草原に、石灰岩が散らばる様子は圧巻。駐車場や、カフェ、休憩所などを備えたMine秋吉台ジオパークセンター「カルスター」が隣接する。
所山口県美祢市秋芳町秋吉秋吉台山 P70台

この美しい景観を守るため、毎年、春には山焼きを実施。5月には一面に青々とした新緑が茂る

③ 幕末の志士も歩いた街並み
萩城下町
はぎじょうかまち

旧萩城の外に広がる城下町は碁盤の目状に
通りが走り、焼き杉の黒板塀やなまこ壁の
建物が立ち並ぶ。高杉晋作や木戸孝允など、
幕末の志士が活躍した頃のままの風情だ。
彼らゆかりの屋敷や寺なども見学可能。着
物レンタルや人力車利用も楽しい。
🏠山口県萩市 ℗中央公園駐車場利用

江戸屋横町に建つ桂小
五郎の名でも知られた
木戸孝允の旧宅

⬆日本の道100選にも選ばれる菊屋横町は、白壁やなまこ壁が美しい。
萩藩の御用商人、菊屋家住宅や高杉晋作の生誕地などがある

④ 高さ15m。縞模様の断層
須佐ホルンフェルス
すさホルンフェルス

海底に堆積した砂岩や頁岩(けつがん)に高温のマグマ
が貫入。熱作用が起きて変成岩(ホルンフェル
ス)になり、くっきりとした縞状の層となった
もので、約15mもの高さで屏風のように連
なる様子は圧巻。駐車場から遊歩道を通っ
て崖の下まで下りることもできる。
🏠山口県萩市須佐高山北海岸 ℗30台

道の駅を
PICK UP!!

萩特産の食事とみやげ

●美祢ICから35km
萩往還
はぎおうかん

毛利氏が江戸への参勤交代で使っていた道、萩
往還沿いに位置。農産物直売所で販売される新
鮮な地元の野菜のほか、地酒や海産加工品、夏
みかんのドレッシングやスイーツも人気。
📞0838-22-9889 🏠山口県萩市椿鹿背ヶ坂
1258 🕐9:00〜18:00(施設により異なる) 🈳無休
℗58台

⬆敷地内に松陰記念館を併設

⬇マグマの熱を受けて約1400万年前に誕生したといわれているホルンフェルスの断層

名物グルメ

夏みかん
なつみかん

江戸期、天保の頃、萩の武士が大日比から苗を持ち帰ったのが萩の夏みかんの始まりとされている。その後、大きな商家や武家の屋敷で主に観賞用として植えられていたが、明治となり困窮した武士を救うために栽培が推奨され、特産品となった。

寄り道スポット

●美祢ICから41km

松陰神社・松下村塾
しょういんじんじゃ・しょうかそんじゅく

藩校明倫館や松下村塾で教授し明治維新や明治新政府で活躍した多くの人材を育てた吉田松陰を祀る神社。境内には松下村塾の塾舎が残されており世界遺産に登録されている。

📞0838-22-4643 前山口県萩市椿東1537 Ⓟ118台

➡厄除け、学業成就などのご利益で知られる松蔭神社(上)。松陰の叔父が開いた私塾を起源とする松下村塾(下)

COURSE 54 走行距離 約158km

0 4 8km N

日本海

須佐ホルンフェルス 4

ゆとりパークたまがわ

萩城下町 3

秋芳洞 1
吉台展望台 2
松陰神社・松下村塾
萩往還

GOAL
鹿野IC
START
美祢IC

海の前に立地し、特産品販売のほか、温泉や温水プール、キャンプ場も完備

幕末、軍備増強を目指して大砲鋳造のために造られた西洋式の金属溶解炉

肉、野菜なども販売するが、地元の人々が支持する魚屋さんの魚介が絶品

風情あふれる白壁の街並。掘割には色とりどりの鯉が泳ぐ

阿武川沿いの渓谷で国指定の名勝。四季折々の絶景が素晴らしい

美祢市の特産品を使った食事やおみやげ品購入のほか、公園でくつろぐことができる

COURSE 55

変化に富んだ地形と
瀬戸内海がつくりだす造形美

香川県

エンジェルロード・中山千枚田

エンジェルロード・なかやませんまいだ

　土庄港を起点に、小豆島の海と山、展望台を巡る。土庄港へは新岡山港からカーフェリーを利用。土庄港でレンタカーを借りてもよい。海辺のエンジェルロードを訪れたあとは山あいを進み中山千枚田へ。その後、四方指大観望・寒霞渓を目指して山道を登っていく。山を下りてしばらく美しい海岸線沿いを走り、小豆島西方までドライブ。海のすぐそばにある小瀬の重岩まではプチ登山も満喫できる。

DRIVE COURSE 走行距離 約66km

START 土庄港
　　　3km／国道436号
① エンジェルロード
　　　8km／国道436号、県道252号
② 中山千枚田
　　　13km／県道252・27号
③ 四方指大観望
　　　4km／県道27号
④ 寒霞渓
　　　34km／国道436号、県道254号
⑤ 小瀬の重岩
　　　4km／県道254号
GOAL 土庄港

☐ INFORMATION

土庄町商工観光課 ☎0879-62-7004
小豆島観光協会 ☎0879-82-1775

道の駅 小豆島オリーブ公園のギリシャ風車

そばにある「約束の丘展望台」は恋人たちに人気。砂浜の道を見下ろせる

田植えの時期は例年5月上旬頃。8月下旬頃から稲刈りが行われるまで、特徴的な稲田の田園風景が見られる

258

① 潮の満ち引きで現れる天使の散歩道

エンジェルロード

潮の干潮時間に、中余島との間に砂浜の道が現れる人気スポット。「大切な人と手をつないで渡ると、願いが叶う」といわれる。エンジェルロードの出現時間は干潮時間の前後約3時間ずつ。土庄町商工観光課HP「小豆島観光ガイド」の潮見表で調べて訪れたい。
🏠香川県土庄町甲24-92 🅿41台

② 山の急斜面に造られた波状の棚田

中山千枚田
なかやませんまいだ

小豆島中心部にあり、700年前の南北朝時代から江戸時代にかけて形成された石積みの棚田。北麓にある湯船山の湧き水を水源とし、大小約800枚の田んぼが山間の斜面に段をなす。毎年7月に竹の松明を持ってあぜ道を歩き、害虫を追い払い豊作を願う「虫送り」が行われる。
🏠香川県小豆島町中山 🅿50台

映画『八日目の蝉』に登場したことで復活した虫送り

3 小豆島唯一の高原から四方を一望
四方指大観望
しほうざしだいかんぼう

標高777mにある展望台で、文字通り四方を指して島を見下ろせることからこの名がついた。小豆島唯一の高原「美しの原高原」にあり、四季折々の植物を楽しみ、晴天の日は瀬戸内の多島美を遠くまで見晴らせる。
所香川県小豆島町神懸嵶岨山乙1117 🅟20台

寒霞渓に比べて観光客は比較的少なめ。ドライブ旅ならではの展望を独り占めできる

---

4 空・海・渓谷の大パノラマ
寒霞渓
かんかけい

断崖や奇岩の連なる渓谷の向こうに瀬戸内海が見えるダイナミックな景色は圧巻で、日本三大渓谷美にも選出されるほど。頂上にはロープウェイ山頂駅を中心にして、展望台やレストラン、みやげ物店がある。寒霞渓の山頂からは寒霞渓ブルーライン(寒霞渓道路)と愛称のついた山道をしばらく下ると、内海湾へ至る。

🕐約1300万年前の火山活動によってできた渓谷

ロープウェイに乗れば寒霞渓を間近に眺められる

所香川県小豆島町神懸通乙168 🅟山頂200台

道の駅を
PICK UP!!

小豆島の特産品や料理が集う

●土庄港から8km
小豆島ふるさと村
しょうどしまふるさとむら

工房でのそうめん作り見学など、多彩な楽しみ方ができる道の駅。船着き場のカヤック体験も人気。個性的な味わいのそうめんをみやげにしたい。

📞0879-75-2266 所香川県小豆島町室生2084-1 🕐8:30〜17:00 🈭3〜11月無休、12〜2月水曜 🅟45台

●土庄港から11km
小豆島オリーブ公園
しょうどしまオリーブこうえん

日本のオリーブ発祥の地であり、広大な園内に約2000本のオリーブを栽培。石畳の小道やギリシャ風車、ハーブショップや温泉、カフェなどが点在する。

📞0879-82-2200 所香川県小豆島町西村甲1941-1 🕐8:30〜17:00(温泉14:00〜20:00) 🈭無休(温泉は水曜) 🅟200台

5 小豆島の山上にそびえる奇岩
小瀬の重岩
こせのかさねいわ

小豆島の絶壁に立つ落ちそうで落ちない不思議な巨岩。一帯にはかつて大坂城築城の際に石垣の石を切り出した跡が点在する。駐車場から片道20分。階段や急斜面、鎖場が続くが、苦労してでも見に行きたい絶景・奇景スポットだ。

⌂香川県土庄町小瀬　Ⓟ小瀬石鎚神社駐車場利用5〜6台

➡岩の根元に祠、手前には鳥居が立てられており、小瀬石鎚神社のご神体として祀られている。岩がある場所からは島々と海を望める

COURSE **55** 走行距離 約 **66km**

0　1.5　3km　N

銚子渓付近から勾配がきついが片道1車線は確保されている

四方指大観望 **3**

寒霞渓スカイライン

銚子渓おさるの国

27

妙見崎

子安観音寺卍

大島

小島

土庄町

小豆島

藤崎

小島

436

千振島

蕪崎

沖島

葛島

室崎

皇踏山

太麻山

252

蛙子池

星ヶ城山

寒霞渓ロープウェイ

天狗岩丁場

寒霞渓ブルーライン

寒霞渓 **4**

小豆島町

城ヶ島

寒霞渓沿いを走る、比較的展望の良い爽快な下り道

中山千枚田 **2**

START & GOAL

土庄港

254

436

小豆島オリーブ公園

内海港

436

大深山

小瀬の重岩 **5**

土庄港

大余島

飛岬

弁天島

小豆島ふるさと村

1 エンジェルロード

池田港

内海湾

弁天島

マルキン醤油記念館

碁石山

黒崎

池田湾

二十四の瞳映画村

坂手港

坂手湾

児島

手描きの映画看板がある小道を散策しながら、昭和の雰囲気が楽しめる

福部島

風ノ子島

大角鼻

名物グルメ

小豆島そうめん
しょうどしまそうめん

日本三大そうめんのひとつ「小豆島そうめん」は弾力と歯ごたえが特徴。天日干しに向く温暖な気候、瀬戸内海の塩、酸化を防ぐ小豆島のゴマ油が揃って、約400年前から生産されている。

松市

高島

穏やかな海の景色と
明治、大正の古い町並み

愛媛県

内子・下灘駅・佐田岬

うちこ・しもなだえき・さたみさき

　明治、大正時代に近代産業で栄え築かれた古い町並みと佐田岬半島を取り巻く伊予灘、宇和海の絶景をたどるコース。まずは浅黄色の土壁がやわらかな印象を醸す内子の町並みを拝見。ドラマのロケ地としても有名な下灘駅に立ち寄って佐田岬の先端を目指す。ゴールは城下町・大洲で、城や武家屋敷街のほか、豪商の建てた数寄屋造りの山荘や明治の近代化によって形作られたレトロな街を歩く。

DRIVE COURSE 走行距離 約176km

START 松山自動車道・内子五十崎IC

1km

1 内子の町並み

30km／県道54号

2 下灘駅

78km／国道378・197号、県道256号

3 佐田岬灯台

66km／県道256号、国道197号

4 大洲

1km

GOAL 松山自動車道・大洲肱南IC

INFORMATION

内子町ビジターセンター ☎0893-44-3790
伊方町役場 ☎0894-38-0211
大洲市観光協会 ☎0893-24-2664

地域の人々の手で今も昔の町並みが残されている保内町

街道の両脇に古い町並みが続く。浅黄色の壁は、朝日や夕日に照らされるといっそうレトロな趣を増す

1 町家や屋敷が立ち並ぶ

内子の町並み

うちこのまちなみ

江戸時代後期から大正時代にかけて木蝋の生産によって繁栄した内子町。今でも約600mにわたって当時の面影を残す町家や商家が立ち並んでいる。地元の土を使った壁は淡い黄色で、木材の茶、漆喰の白などとのコントラストも美しい。

所愛媛県内子町 P70台

上階にしつらえられた虫籠窓もかわいい

大正5年（1916）に創建された芝居小屋、内子座

国の重要文化財である上芳我家住宅。かつての豪商の屋敷を木蝋資料館として公開

2 海を一望するホーム

下灘駅
しもなだえき

数々の映画やドラマのロケ地としても知られる無人駅。海に面したホームには3本の柱に支えられた屋根と青いベンチが置かれ、SNSでも人気。特に夕日が沈む時間帯には多くの人が訪れる。

🏠愛媛県伊予市双海町大久保
🅿なし

海にいちばん近い駅と呼ばれていた

↑下灘はJR四国・予讃線の駅。遮るものがない、瀬戸内海の眺めが楽しめる

❸ 豊後水道の航行を見守る
佐田岬灯台
さたみさきとうだい

四国最西端、国内で最も細長い佐田半島の先端に立つ白亜の灯台。晴れた日には海峡の向こうに広がる九州を見ることができる。駐車場からは約1.8kmの遊歩道が整備されており、徒歩20分ほどでアクセスできる。
🅜愛媛県伊方町 🅟35台

昼間の青い海も美しいが、夕焼けに染まる姿も絶景

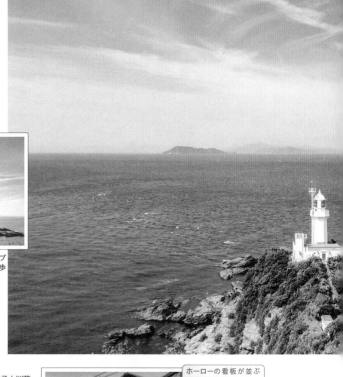

⬆駐車場から灯台までの歩道はアップダウンもある。アクセスする場合は歩きやすい靴を選びたい

❹ 城下町は伊予の小京都
大洲
おおず

鎌倉時代末期に城が築かれ、江戸時代は伊予大洲藩の城下町として藩の政治、経済の中心地だった大洲。明治、大正時代には生糸の生産で栄え、なまこ壁の蔵や煉瓦造りの建物など当時の町並みが今に残されている。通り沿いに走る水路には鯉が泳ぐ。
🅜愛媛県大洲市大洲649-1 🅟大洲まちの駅あさもや駐車場利用

ホーローの看板が並ぶポコペン横丁も人気

⬆町家や商家の並ぶエリアのほか、築城の名手、藤堂高虎が建設に関わった城、町家・古民家など見どころは多い

道の駅を
PICK UP!!

屋上のデッキから宇和海と瀬戸内海を一望

●大洲脇南ICから27km

伊方きらら館
いかたきららかん

柑橘類や海産物加工品などを販売する特産品売り場もあるが、不思議なふれあい水槽はエサやり体験が人気。海を望む休憩場、展望デッキなど、ゆったりくつろげるスペースが充実。

☎0894-39-0230 所愛媛県伊方町九町3番耕地179-1 営9:00～17:30 休無休 P56台

→佐田岬半島のつけねに位置する

掛津島
大水無瀬島
平郡島
小水無瀬島

海を間近に眺めながらの食事や休憩が楽しめる。地元の特産品も販売

海の青と一面の黄色のコントラストが見事。見頃は2月半ば～3月

ふたみシーサイド公園「道の駅 ふたみ」

閼住の菜の花畑

12～1月にかけて、約3000㎡の畑に20万株もの水仙が咲き誇る

下灘駅 ②

日本水仙花開道

伊予上灘駅
高野川駅
伊予市
中山スマート
牛ノ峯
黒岩岳
喜多灘駅
予讃線
串駅
黒山
伊予長浜駅
肱川
壺神山
内子町
START
伊予出石駅
伊予白滝駅
妙見山
内子の町並み ①
内子駅
内子五十崎IC

斎藤山
八多喜駅
春賀駅
五郎駅
内子線
新谷駅
喜多山駅
五十崎駅

木蝋貿易で富を築いた河内寅次郎が建てた数寄屋造りの山荘。国の重要文化財

伊予灘

大洲市
大洲 ④
出石山
伊予大洲駅
富士山
大洲
大洲脇南IC

海運、鉱山、紡績などさまざまな近代産業で栄え、四国初の電灯がともされた明治の町並み

雨乞山
臥龍山荘
伊予平野駅
大洲北只
GOAL

伊方きらら館
伊方町
大峰
保内町の明治の町並み
八幡浜駅
鞍掛山
肱屋トンネル

③ 佐田岬灯台

佐田岬半島
見晴山
黒島
八幡浜港
八幡浜市

御在所山

大森山
伽藍山
三崎港
佐島
大島
地大島

伊予石城駅
大野山
双岩駅
予讃線

西予市

椿山展望台

速吸瀬戸(豊予海峡)

佐田岬半島の先端にある絶景の展望台。椿の名所でもある

宇和海

三崎灘

奥地湾

堂所山
上宇和駅

西予市
西予宇和
下宇和駅

大判山

197

高森山

鬼北町

伊予宮下駅
二名駅
大内駅
近永駅

三間

法花津湾

立間駅
卯之町駅

伊予吉田駅
高光駅
三間
深田駅
予土線
務田駅
出目駅
松丸駅

嘉島
戸島
宇和島港
九島
宇和島市
北宇和島駅
宇和島駅

COURSE 56 走行距離 約176km
0 5 10km N

四国カルストに延びる
標高1000mの天空の道を走る

愛媛県・高知県

大野ヶ原・姫鶴平・
五段高原

おおのがはら・めづるだいら・ごだんこうげん

源氏ヶ駄馬からは、牧歌的な風景が広がる大野ヶ原一帯を見渡すことができる

愛媛と高知の県境に位置する日本三大カルストのひとつ、四国カルストのドライブコース。大洲を経由し、四国カルストを東西に貫く県道383号を走り、牧場が広がる大野ヶ原に向かう。平家伝説の石灰岩群と眺望を満喫し、キャンプ場のある姫鶴平へ。絶景を体感し、エリア随一のビュースポット・五段高原へ。雄大なカルスト地形の中を走り抜け、最高地点の天狗高原で大空を間近に散策を楽しむ。

DRIVE COURSE 走行距離 約131km

START 松山自動車道・内子五十崎IC

52km／県道229号、国道197号、県道36号

1 大野ヶ原

12km／県道36・383号

2 姫鶴平

3km／県道383号

3 五段高原

1km／県道383号

4 天狗高原

63km／県道383・303・52号、国道379号

GOAL 松山自動車道・内子五十崎IC

INFORMATION

西予市役所 野村支所 産業建設課 ☎0894-72-1115
久万高原町観光協会 ☎0892-21-1192
津野町産業課 ☎0889-55-2021

標高1000m以上を貫く県道383号はまさに天空の道

2 大空を間近に景色に浸る

姫鶴平
めづるだいら

壮大な四国カルストの景色をたっぷり満喫できる宿泊施設やキャンプ場のあるエリア。BBQや丘陵地をe-Bikeで走るレンタサイクルなどアクティビティも充実。夜には息をのむ満天の星が広がり、絶景の夕日や朝日も体験できる。

所愛媛県久万高原町西谷 P50台

春から秋まで放牧される牛たちの姿や可憐な高山植物が見られる

平家残党が源氏の白馬に見間違えたと伝わる源氏ヶ駄馬の石灰岩群

1 のどかな牧草地を散策

大野ヶ原
おおのがはら

四国カルストの西部、標高1000〜1400mに位置する県下有数の畜産の村。石灰岩がむき出しになった草原には牛が放牧され、牧歌的な風景は日本のスイスの異名を持つ。北側には牧場や人々の暮らしを支える水源となるブナの原生林も広がる。

所 愛媛県西予市野村町大野ヶ原 ℗ 50台

♦標高1400mの頂には霊峰石鎚山や四国連山のパノラマが広がり、晴れた日は遠くに太平洋を望むことも

3 カルスト特有の地形を満喫
五段高原
ごだんこうげん

石灰岩群のカレンフェルトが点在する向こうに四国連山の稜線が連なる、四国カルスト随一のビュースポット。ドライブコース沿いに大小5つの窪地(ドリーネ)があることが名前の由来。姫鶴平からハイキングで訪れることもできる。

所高知県梼原町 Pなし

❸すり鉢状の窪地や石灰岩群が点在するカルスト特有の景色の中を走り抜ける。石鎚山や土佐湾が見えることも

⬆天狗の森の頂から眺める、標高1000m級の尾根の連なり。遮るもののない景色をひたすら堪能できる

4 変化のある散策路が魅力
天狗高原
てんぐこうげん

海抜1485mの天狗の森を頂点とするゆるやかな起伏の高原。四国カルストの最も標高の高いエリアで、石灰岩が転がるカレンフェルトの草原のほか、シラカバやアカマツの自然林もあり、変化に富んだハイキングロードの散策が楽しめる。

所高知県津野町芳生野乙 P周辺駐車場利用

四国カルスト最高地点。散策路がきちんと整備されているので安心

春は新緑、夏は高山植物、秋は圧巻の紅葉を楽しみに訪れてみたい

寄り道スポット

●内子五十崎ICから62km
カルストテラス

天狗高原にある自然学習のできる施設。四国カルストのジオラマ解説や、体験ウオークも開催。テラスからの絶景も見逃せない。

☎0889-62-3371 所高知県津野町芳生野乙4921-48 営9:00〜17:00 休月曜(祝日の場合は営業) P16台

⬆2022年にリニューアルしてモダンに

道の駅をPICK UP!!

行き帰りにぜひ立ち寄りたい

●内子五十崎ICから14km

清流の里ひじかわ
せいりゅうのさとひじかわ

国道197号沿いにあり、肱川の遊歩道散策や、水面で水遊びもできる憩いの道の駅。レストランやマーケットも併設し、名物の肱川ラーメンのほか、特製のオリジナルメニューも揃っている。

☎0893-34-2700 ⑨愛媛県大洲市肱川町和川3030 ⑧8:00〜18:00 ⑭施設により異なる ℗100台

↑清流・肱川沿いにある
地域密着型の道の駅

●内子五十崎ICから20km

小田の郷・せせらぎ
おだのさと・せせらぎ

国道380号の小田川の清流沿いにある。特産の野菜や豆類、粉類を生かした「オダメイド」シリーズのアイスクリームやコンフィチュールが人気。名物のたらいうどんも味わいたい。

☎0892-52-3023 ⑨愛媛県内子町寺村251-1 ⑧8:00〜17:30(10〜3月は〜17:00) ⑭無休 ℗43台

↑国道380号沿いに位置する

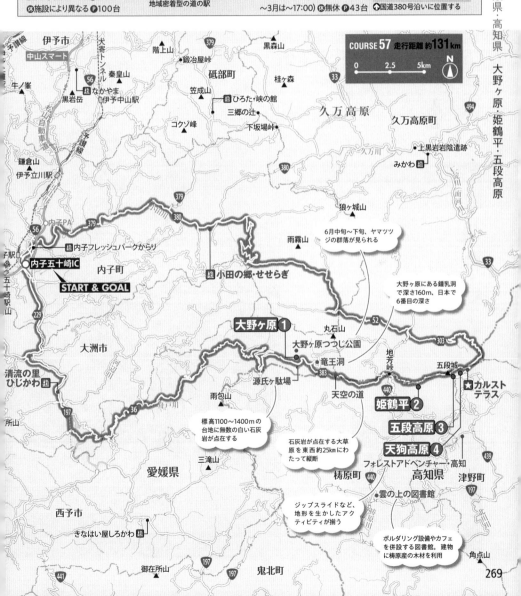

COURSE 57　走行距離 約131km

0　2.5　5km　N

予讃線
伊予市
中山スマート
犬寄トンネル
秦皇山
牛ノ峯
56
なかやま
伊予中山駅
黒岩岳
階上山
鍛冶屋峠
砥部町
黒森山
桂ヶ森
33
笠成山
三郷の辻
コクゾ峰
ひろた・峡の館
下坂場峠
久万高原
久万高原町
494
鎌倉山
伊予立川駅
379
久万川
上黒岩岩陰遺跡
みかわ
379
内子PA
雨霧山
狼ヶ城山
380
内子フレッシュパークからり
56
内子五十崎IC
内子町
START & GOAL
小田の郷・せせらぎ

6月中旬〜下旬、ヤマツツジの群落が見られる

33

大野ヶ原にある鍾乳洞で深さ160m、日本で6番目の深さ

229
清流の里ひじかわ
大洲市
大野ヶ原①
大野ヶ原つつじ公園
丸石山
地芳峠
52
303
五段城
★カルストテラス
雨包山
源氏ヶ駄場
竜王洞
天空の道
姫鶴平②
440
36
標高1100〜1400mの台地に無数の白い石灰岩が点在する
石灰岩が点在する大草原を東西約25kmにわたって縦断
五段高原③
天狗高原④
フォレストアドベンチャー・高知
197
所山
三滝山
愛媛県
椿原町
高知県
津野町
439
きなはい屋しろかわ
雲の上の図書館
ジップスライドなど、地形を生かしたアクティビティが揃う
ボルダリング設備やカフェを併設する図書館。建物に椿原産の木材を利用
197
西予市
441
鬼北町
御在所山
197
角点山

269

COURSE 58

人里離れた山深い地にある
原生林広がる秘境を目指す

徳島県
剣山・奥祖谷・
落合集落

つるぎさん・おくいや・おちあいしゅうらく

　名峰剣山と、四国山地の険しい山あい
にたたずむ秘境を訪れる。コンビニやガ
ソリンスタンドが少なく、ドライブコー
スのチェックなどあらかじめ周到に用意
してから行きたい。剣山周辺は国道とい
えど、道幅が狭く車のすれ違いが困難な
場所もある。奥祖谷二重かずら橋から落
合集落まで、祖谷渓の絶景を眺めながら
山間部を進む。下山すれば比較的走りや
すい。上級者向けのややタフなルート。

DRIVE COURSE　走行距離 約120km

START	徳島自動車道・美馬IC
	44km／国道438号
1	剣山
	7km／国道439号
2	奥祖谷二重かずら橋
	16km／国道439号
3	落合集落展望所
	53km／国道439・32号
GOAL	徳島自動車道・井川池田IC

INFORMATION

つるぎ町交流促進課 ☎0883-62-3111
三好市観光案内所 ☎0883-76-0877

渓谷美が見事な日本三大秘境のひとつ、祖谷渓や大歩危・小歩危(→P64)にも近い

山頂からゆるやかに弧を描いて続く稜線の先には、隣の山「次郎笈(じろうぎゅう)」がある

270

② 祖谷の最奥地で静かに揺れる2本の吊り橋

奥祖谷二重かずら橋
おくいやにじゅうかずらばし

約800年前、平家が剣山の山頂付近「平家の馬場」に通うために架設したとされる吊り橋。追手が来た際にはいつでも切り落とせるようにしたとも伝わる。
🏠徳島県三好市東祖谷菅生620 🕐9:00〜17:00(7・8月は8:00〜18:00) 休12〜3月 料550円 🅿30台

🔼長さ44mの「男橋」と長さ22mの「女橋」の2本のかずら橋が並んで架かっていることから、地元では「夫婦橋」とも呼ばれている。写真は男橋

① 平家伝説が残る徳島県最高峰

剣山
つるぎさん

標高1955m、西日本で2番目に高い山。北麓の見ノ越からは登山リフトがあり、一気に中腹まで上ることができる。リフトからはコースにより異なるが、約40〜80分ほどの登山で山頂へ到達。初心者向きの遊歩道も整備されている。
🏠徳島県三好市東祖谷〜美馬市木屋平〜那賀町木沢 🅿見ノ越第1駐車場ほか利用200台

安徳天皇が宝剣を納めた伝説が残る山頂の宝蔵石。宝蔵石神社の御神体

271

3 山の斜面に広がる集落
落合集落展望所
おちあいしゅうらくてんぼうしょ

高低差約390mの急傾斜地に形成された集落。山の急斜面に石垣を組んだ畑地が広がり、家屋が張り付くように点在する。建物の多くは江戸後期から昭和初期の民家で、横長の屋敷地に主屋や隠居屋、納屋が連なる。重要伝統的建造物群保存地区に指定。
所 徳島県三好市東祖谷落合 P 5台

斜面の畑と伝統家屋を縫うようにして里道（赤筋道）が続き、集落を深い山々が包み込む

斜面に沿って、主屋や隠居屋などの付属屋が横並びに連なっている

近くの中上集落に落合の全容を望む展望所がある

道の駅を PICK UP!!

つるぎ町名物が集う

●美馬ICから3km
貞光ゆうゆう館
さだみつゆうゆうかん
産直や情報コーナーがあり休日は多くの人で賑わう。レストランは地鶏「阿波尾鶏」の鉄板焼き、半田そうめん、お造りなど地物のメニューが充実していて人気。
℡0883-62-5000 ㊁徳島県つるぎ町貞光11-1 ㊅8:30～18:00(11月18日～3月は～17:30) ㊡第3水曜(レストランは水曜) Ⓟ99台

寄り道スポット

●井川池田ICから60km
東祖谷歴史民俗資料館
ひがしいやれきしみんぞくしりょうかん
ビデオで東祖谷について解説するほか、農具や民具、着物など、実際に使われていた生活用品、平家ゆかりの遺品を展示。
℡0883-88-2286 ㊁徳島県三好市東祖谷京上14-3 ㊅10:00～16:00 ㊡水曜(12～2月は土・日曜、祝日) ㊟410円 Ⓟ10台

↑平家ゆかりの赤旗のレプリカもある

↑高さ23mの展望タワーが目印。歩道橋を渡って吉野川沿いの芝生広場へ行ける

COURSE 58 走行距離 約120km

香川県
まんのう町
START

中蓮寺峰
若狭峰
土讃線
東みよし町
吉野川スマートIC
吉野川SA
三好市
美馬IC
みまの里
徳島線
小島駅
穴吹駅
坪尻駅
箸蔵駅
吉野川
三縄駅
井川池田IC
阿波池田駅
GOAL
五ノ丸山
佃駅
辻駅
綱付山
徳島線
阿波加茂駅
三加茂駅
江口駅
阿波半田駅
貞光駅
貞光ゆうゆう館
徳島県
美馬市
三好市
祖谷口駅
松尾川
日ノ丸山
友内山
半平山
阿波川口駅
松尾川温泉
腕山
風呂塔
つるぎ町
アルカリ性単純硫黄泉。宿泊も可能
小歩危駅
国見山
中津山
烏帽子山
矢筈山
黒笠山
八面山
綱付山
大歩危駅
寒峰
三好市名頃地区には300体以上のユニークなかかしがある
落合集落展望所 ③
剣山周辺は12月下旬～3月まで冬期通行止なので注意
赤帽子山
丸笹山
塔丸
東祖谷歴史民俗資料館 ★
天空の村・かかしの里
奥祖谷二重かずら橋 ②
丸石
① 剣山
一ノ森
那賀町
高ノ瀬
三嶺

好奇心がくすぐられる
徳島らしい里や海を訪れる

徳島県

阿波の土柱・眉山・鳴門

あわのどちゅう・びざん・なると

　脇町ICを下りて約10分で阿波の土柱に到着。脇町ICの西側には重要伝統的建造物群保存地区の脇町の町並みがある。細い山道を登り、船窪つつじ公園と高開の石積みを目指す。5月頃には、船窪つつじ公園の大きなツツジの開花が楽しめる。道中の神山町、佐那河内村は国道の通る川沿いに町や村が点在。眉山山頂から徳島市と鳴門海峡を俯瞰したのち、徳島市内を抜けて鳴門大橋方面に向かう。

DRIVE COURSE 走行距離 約127km

START	徳島自動車道・脇町IC
	6km／国道193号
1	阿波の土柱
	23km／県道3・248号
2	船窪つつじ公園
	22km／県道248号、国道193号
3	高開の石積み
	41km／国道193・192号
4	眉山
	32km／県道11号
5	大鳴門橋遊歩道 渦の道
	3km／県道11号
GOAL	神戸淡路鳴門自動車道・鳴門北IC

☐ INFORMATION

阿波市観光協会 ☎0883-35-4211
吉野川市商工観光課 ☎0883-22-2226
徳島市公園緑地課 ☎088-621-5295

徳島の風物詩・阿波踊りはお盆の時期に徳島市内各所で催される

1 雨風がつくる不思議な地形

阿波の土柱

あわのどちゅう

約100万年以上前の地層が隆起し、砂礫が風雨により浸食され、硬い礫や岩盤が残ったことにより形成された。土柱の上と下に展望台があり、日没〜21時まで(5〜8月は22時まで)ライトアップされる。国の天然記念物に指定されている。
所徳島県阿波市阿波町桜ノ岡 P土柱そよ風ひろば駐車場利用約40台

↑日本では他に類を見ない珍しい地形。高さは10〜18mほど

2 山中に現れるツツジの森

船窪つつじ公園

ふなくぼつつじこうえん

約1200株のツツジが自然群生する山奥の自然公園。なかには樹齢400年を超すものもある。とりわけ5月中旬〜下旬にかけて、高さ3〜6mほどにもなる巨木のオンツツジが一斉に咲き誇り、山頂を赤く染める様子は大迫力。
所徳島県吉野川市山川町奥野井 P約80台

③ 斜面に石垣が連なる農村の景色

高開の石積み

たかがいのいしづみ

⬆住民が植えた木花や草花が四季折々楽しめる

吉野川市美郷地区に見られる、城砦のように石が積まれ、その上に畑や家がある風景。なかでも高開は最も高い場所に位置し、高さ約150m、幅約500m、勾配40%にもなる石積みの郷の風景が見られる。急傾斜地を切り開いて農耕や生活をするために築かれたといわれ、その歴史は300年以上も前に遡る。

☎0883-43-2888（美郷ほたる館）🏠徳島県吉野川市美郷大神 Ⓟ15台

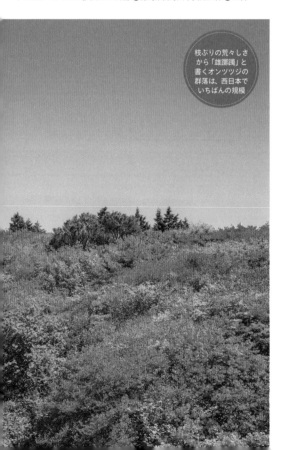

枝ぶりの荒々しさから「雄踊躅」と書くオンツツジの群落は、西日本でいちばんの規模

道の駅をPICK UP!!

鳴門海峡のすぐ近くに位置

●鳴門北ICから10km

くるくる なると

2022年4月オープン。物販コーナーや食堂はもちろん、カフェ、ベーカリー、洋菓子専門店も入る大規模な道の駅。屋外には遊具やジップラインもあり、まるで遊園地のような充実度。

☎088-685-9696🏠徳島県鳴門市大津町備前島蟹田の越338-1🕘9:00～17:00 休無休 Ⓟ152台

寄り道スポット

●脇町ICから4km

脇町

わきまち

江戸から明治にかけて水運を生かした藍商で栄えた町。隣家からの延焼や風雨から屋根を保護する「うだつ」を上げた商家が今も残る町並みは、重要伝統的建造物群保存地区に選ばれ、映画の撮影にも使われた。

☎0883-53-8599（美馬観光ビューロー）🏠徳島県美馬市脇町92 Ⓟ道の駅 藍ランドうだつ駐車場利用40台

⬆約430mある「うだつの町並み」。うだつの高さは富や出世を表すといわれた

➡うだつを造るには相当の費用がかかるため、富や出世の象徴として見られるようになり、「うだつが上がらない」という言葉の語源になった

眉山から望む
街並み。山頂へは
ロープウェイで約6分。
晴天時には瀬戸内海も
見渡せる

4 眉のような姿が『万葉集』にも詠われた
眉山
びざん

古くは「眉のごと雲居に見ゆる阿波の山」と『万葉集』に詠まれ、現代でも小説や映画の舞台になった徳島のシンボル。展望広場からは、市街地はもちろん天気の良い日には淡路島や紀伊半島まで一望できる。夜景の美しさも一見の価値あり。
所徳島県徳島市眉山町茂助ヶ原 **P**124台

徳島市街の北部を流れる吉野
川から眺めた眉山。どの方角
から見ても眉のような形に見
えるというのが名称の由来だ

よりみち絶景ロード

大鳴門橋も望める絶景の無料道路
鳴門スカイライン
なるとスカイライン

大毛島から島田島経由で四国本土に至る、海と山に囲まれた無料の一般県道。スカイラインの途中にある四方見展望台からは、釣り屋形が浮かぶウチノ海の雄大な景色を楽しむことができる。

寄り道スポット

●鳴門北ICから4km
千畳敷展望台
せんじょうじきてんぼうだい

鳴門公園内の展望台。目の前に鳴門海峡と「日本の道100選」に選定された大鳴門橋を望む景色が広がるビューポイント。周辺にはみやげ物店も。
所徳島県鳴門市鳴門町土佐泊浦福池65 鳴門公園内 **P**200台

⬆大鳴門橋を背景にして記念撮影も

⑤ 鳴門海峡の豪快なうず潮

大鳴門橋遊歩道 渦の道

おおなるときょうふうほどう うずのみち

大鳴門橋の橋桁に設けられた約450mの遊歩道。展望室には、ガラスの床が設置され、45m下のうず潮を見ることができる。

☎088-683-6262 徳島県鳴門市鳴門町土佐泊浦福池65 鳴門公園内 9:00〜18:00(10〜2月は〜17:00)、夏休み期間8:00〜19:00 無休(3・6・9・12月は第2月曜) 510円 200台

▶途中には4カ所の休憩所、先端には展望室がある。もともとは鉄道線路の敷設が予定されていたそう

名物グルメ

なると金時
なるときんとき

主に徳島県北東部の鳴門海峡近くで栽培されているサツマイモ。晩夏〜秋に収穫されるが、寝かせることにより甘みが増すため、出荷の最盛期は1〜3月となる。焼き芋やふかし芋のほか、繊維が少なく煮崩れしにくいことから天ぷら、煮物にも使える定番品種。

COURSE 59 走行距離 約127km

播磨灘

大鳴門橋遊歩道 渦の道 ⑤

大塚国際美術館

およそ70種類の動物を飼育。多くの動物とふれあえる

1000点余りの世界の著名な絵画を再現した陶板名画が並ぶ

千畳敷展望台

しろとり動物園

讃岐白鳥駅

引田駅

高徳線

讃岐相生駅

鳴門スカイライン

四方見展望台

大鳴門橋

鳴門北IC

ウチノ海に面した広い公園。アスレチックや花畑、キャンプ場がある

鳴門市

鳴門ウチノ海総合公園

鳴門

科学館を中心とした大型公園。プラネタリウムなどいくつかの子供向け施設を擁する

霊山寺

阿波大谷駅

池谷駅

阿波大谷駅

鳴門JCT

立道駅

金比羅前駅

GOAL

鳴門駅

鳴門海峡

くるくる なると

あすたむらんど徳島

板野町

板東駅

板野

板野JCT

勝瑞駅

吉成駅

松茂スマート

北島町

松茂町

旧吉野川

徳島飛行場(徳島阿波おどり空港)

美馬市

徳島県

阿波市

① 阿波の土柱

阿波市

ART

IC

脇町

穴吹駅

上板町

いたの

徳島自動車道

川田駅

西麻植駅

鴨島駅

麻植塚駅

学駅

徳島線

阿波川島駅

阿波山川駅

石井町

石井駅

中鳥駅

下浦駅

府中駅

蔵本駅

佐古駅

徳島駅

徳島JCT

高徳線

徳島中央

自動車道

徳島沖洲

阿波富田駅

一軒屋駅

文化の森駅

徳島津田

高越寺

美郷ほたる館

吉野川市

美郷のホタルや美郷地区の郷土の歴史、暮らしについて紹介

神山町

東龍王山

徳島市総合動植物公園

佐那河内村

眉山 **④**

阿波おどり会館

徳島市

地蔵橋駅

南小松島駅

小松島市

正善山

東宮山

美馬市

高越山頂にあり、役行者小角により開山。ハイキングで船窪つつじ公園とともに訪れる人もいる

② 船窪つつじ公園

③ 高開の石積み

温泉の里・神山

旭ヶ丸

上勝町

とくしま植物園・とくしま動物園がある。とくしま動物園ではホッキョクグマが見られる

一年を通して阿波踊りが見学できる。5階から眉山行きのロープウェイが出ている

道の駅 ひなの里かつうら

勝浦町

阿南市

物産館、飲食店、RVパークを併設。恐竜の町にちなんだ展示やイベントも開催

COURSE 60

夏や秋に訪れたい！
高原・花・苔・滝の大自然

徳島県
大川原高原・
山犬嶽・大釜の滝
おおかわらこうげん・やまいぬだけ・おおがまのたき

徳島山間部の四季折々の風景を慈しむ
ルート。佐那河内村に入り大川原高原ま
では狭い1車線の登道。整備されたなだら
かな県道16号を進むと、山犬嶽のある上
勝町中心部に出る。上勝町は「ゼロ・ウェ
イストの町」として、ゴミをなくす宣言を
した町としても話題だ。大釜の滝周辺以
降は国道439号付近まですれ違いも困難
な1車線が続くが、美しい滝があるスポッ
トが点在。余裕があれば立ち寄りたい。

DRIVE COURSE 走行距離 約142km

START	徳島南部自動車道・徳島津田IC	
	30km／国道439号、県道16号	
1	大川原高原	
	26km／県道16号	
2	山犬嶽	
	32km／県道16号、国道193号	
3	大釜の滝	
	54km／国道193・439号	
GOAL	徳島南部自動車道・徳島津田IC	

INFORMATION

佐那河内村企画政策課 ☎088-679-2973
上勝町役場 ☎0885-46-0111
那賀町観光協会 ☎0884-62-1198

上勝町の月ヶ谷温泉周辺では、
GWの時期に勝浦川をまたいで
たくさんの鯉のぼりが空を泳ぐ

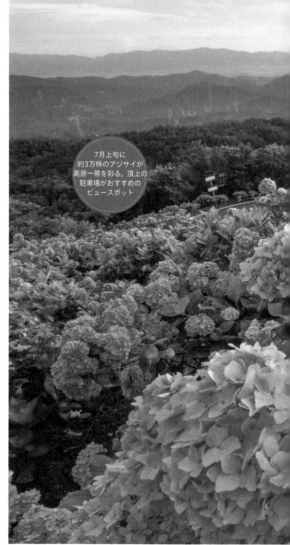

7月上旬に
約3万株のアジサイが
高原一帯を彩る。頂上の
駐車場がおすすめの
ビュースポット

1 斜面に咲き乱れるブルー
大川原高原
おおかわらこうげん

徳島市街から車で1時間ほどにある標
高約1000mのエリア。年間を通して市
街地よりも気温が4〜5℃低く、真夏で
もひんやりするほど。7月上旬には斜面
に約3万株のアジサイが咲き、あたりを
青く染める。この地の土壌は酸性が強
く、通常よりも青色が濃く出るという。
🏠徳島県佐那河内村 Ⓟ300台

アジサイの近くには高さ
60mの風車が並ぶ。徳
島県の風力発電の拠点

278

徳島県 大川原高原・山犬嶽・大釜の滝

雨上がりなど、タイミングが良ければ一面が雲海に包まれた絶景が広がる

近くの大川原牧場では、4月下旬〜9月中旬まで放牧された牛が草を食むのどかな姿が見られる

標高が高く澄んだ空気のため、夜には満天の星が広がる。天体望遠鏡を使った星空観察会も行われている

徳島市街地を望む高台に立つと、徳島平野、阿讃山脈、紀伊水道などを見渡せる

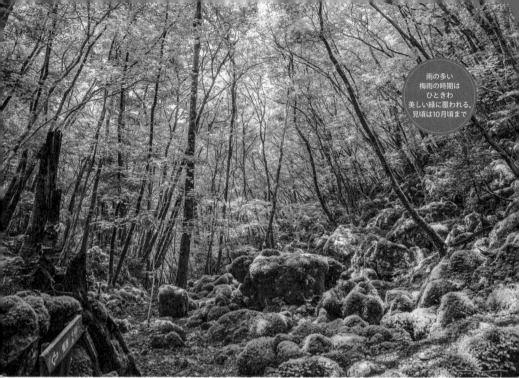

雨の多い
梅雨の時期は
ひときわ
美しい緑に覆われる。
見頃は10月頃まで

② 水苔が美しい秘境の森へ

山犬嶽
やまいぬだけ

標高997mの山。登山口から約30分ほど登ると、苔の群生が現れる。かつて役行者が修行した山と言い伝えがあり、修験道の修行場として使われた。山頂までの道のりは険しいが、苔の群生地までは遊歩道が整備されている。秋の紅葉も美しい。

所徳島県上勝町 Ｐ5台

③ 大きな滝つぼを持つ端正な滝

大釜の滝
おおがまのたき

水量の多さや滝つぼの大きさ、滝を取り囲む絶壁の高さから名瀑として名高く、日本の滝百選に選ばれている。落差は約20m。周辺にはほかにも大轟の滝や小釜の滝など美しい滝の景観スポットが多く、併せて訪れる観光客も多い。

所徳島県那賀町沢谷
Ｐなし

←国道193号から見下ろすことができ、車を下りてからのアクセスも容易。大釜の名のとおり滝つぼの水深は15mと深く、大蛇が棲むという言い伝えもある

大釜の滝の近くにある大轟の滝。こちらも国道193号から見下ろせる

道の駅を PICK UP!!

地方創生で賑わう神山町の観光拠点

●徳島津田ICから25km

温泉の里・神山

おんせんのさと・かみやま

農産物直売所、特産品販売ショップ、軽食コーナーを併設。建物の建材には地元の木材を使用。すだちサイダーなど、すだちの一大産地神山のすだちをふんだんに使った商品も多数。

☎088-636-7077 ㊙徳島県神山町神領151-1
⏰9:00〜17:00 ㊡第3火曜(祝日の場合は営業)
Ｐ14台

◯12番札所・焼山寺と13番札所・大日寺の間にあり、四国遍路の途中に立ち寄る人も多い

名物グルメ

半ごろし

はんごろし

徳島県那賀町相生地区に伝わる、うるち米ともち米を米粒の形が残る半分ほどすり潰して作ったおはぎ。米をしっかりすり潰したおはぎは「みなごろし」という。きな粉をまぶしたり、ヨモギを生地に加えたりして食べる。農産物直売所や道の駅で購入できる。

COURSE 60　走行距離 約142km

0　　3　　6km

四国霊場20番札所「鶴林寺」の奥の院。境内には奥行100mの鍾乳洞があり、弘法大師が発見したと伝わる

滝の上部で2つの滝が出合ってひとつに合流することからこの名がついた。高さ約10m

高さ約10mほどの段瀑。冬には滝の飛沫が凍り氷柱になる氷瀑が見られる

大川原高原 ❶

山犬嶽 ❷

❸ 大釜の滝

灌頂ヶ滝の下流に位置する。秋は紅葉が美しい

渓谷に沿って広がる秋の紅葉が有名。渓流釣りも楽しめるのどかな渓谷

落差80m。よく晴れた日の午前中には虹がかかることも。車で近くまでアクセスできる

上勝町〜那賀町をつなぐ総延長87.7kmの日本最長林道。展望の良い箇所が多くツーリングに人気。12〜3月は通行止

この地で修行した弘法大師が薬師如来のお告げを受け、この温泉を人々に広めたという言い伝えがある

堤高67.0mの重力式コンクリートダム。真っ赤なラジアルゲートがある

名物グルメ

すだち

徳島県のすだちは国内生産の98%以上を誇る。主な産地は神山町、佐那河内村、阿南市、徳島市、勝浦町。県内では果汁はもちろんのこと、輪切りにして麺類にのせるなど、日常的に食材として幅広く活躍。甘味、飲料、コスメにいたるまですだちを使った商品も豊富。

土佐の英雄が愛した景勝から世界的名画のような庭園へ

高知県

桂浜・モネの庭・室戸岬

かつらはま・モネのにわ・むろとみさき

坂本龍馬が愛したという絶景の桂浜を出発し、四国の南東の端っこ、室戸岬を目指す海沿いのドライブコース。海底がそのまま隆起して陸地となったダイナミックな海岸や、水が一滴一滴流れ、長い年月をかけて形成された鍾乳洞、シダに覆われた渓谷など、太古から今につながる地球の営みが間近に見られるのが魅力。人の手が造った北川村「モネの庭」マルモッタンも幻想的。

DRIVE COURSE 走行距離 約170km

START	高知東部自動車道・高知南IC
	7km／県道14号
1	桂浜
	25km／県道14・22号
2	龍河洞
	33km／県道22号、国道55号
3	伊尾木洞
	15km／国道55号
4	北川村「モネの庭」マルモッタン
	35km／国道493号、県道203号
5	室戸岬
	55km／国道55号
GOAL	高知東部自動車道・芸西西IC

INFORMATION

桂浜公園管理事務所 ☎088-841-4140
安芸観光情報センター ☎0887-34-8344
室戸市観光ジオパーク ☎0887-22-5161

三菱の創業者としても知られる岩崎彌太郎の生家

1 坂本龍馬像がシンボル

桂浜

かつらはま

松林に囲まれて砂浜が弧を描く桂浜は、よさこい節でも「月の名所は桂浜」と唄われる景勝地。海岸は公園になっており、桂浜水族館や龍馬記念館など見どころが多いが、2023年に商業エリアがリニューアルされ、飲食・物販・休憩所なども充実している。
⚐高知県高知市浦戸 Ⓟ500台

⬆龍頭岬と龍王岬の間に広がる桂浜

浜を見下ろす高台に立つ坂本龍馬像

3 長さ約40mの海食洞

伊尾木洞

いおきどう

かつてこのあたりは海で、300万年前の地層が隆起し波の浸食でこの洞窟になったという。洞窟を抜けるとシダが群生する400mの渓谷があり、さらに進むと滝が流れ、幻想的な風景をつくり出している。シダの種類は40を超えており、国の天然記念物に指定されている。
⚐高知県安芸市伊尾木117 Ⓟ55台

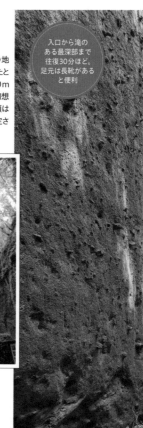
入口から滝のある最深部まで往復30分ほど。足元は長靴があると便利

夏でも気温20℃ほどと年間を通して涼しい

② 日本三大鍾乳洞のひとつ
龍河洞
りゅうがどう

全長約4kmという巨大な鍾乳洞は、盆地にたまった雨水が1億7500万年かけてつくり出したとされている。洞内には10mを超える滝をはじめとする自然の造形のほか、弥生時代の人が使っていたという土器が石灰華に包まれたまま残されている。

☎0887-53-2144 所高知県香美市土佐山田町逆川1424 時8:30〜17:00最終入洞 (12〜2月は〜16:30最終入洞) 休無休 料観光コース1200円 P300台

2000年前、洞窟内では弥生人が暮らしていたという

↑普段着のまま、当日受付で楽しめる観光コースも整備されている

中国・四国

高知県　桂浜・モネの庭・室戸岬

↑モネの代表作同様、色とりどりの睡蓮が咲く「水の庭」。浮世絵を愛したモネらしく太鼓橋や日本の植物もある

④ モネの絵の中を散歩する

北川村「モネの庭」
マルモッタン

きたがわむら「モネのにわ」マルモッタン

『睡蓮』などで知られる印象派の画家、クロード・モネがフランス北部のジヴェルニーに造った庭がモデル。クロード・モネ財団のアドバイスを受けて造られた庭には睡蓮の咲く池や太鼓橋などがあり、まるでモネの絵画の中を歩いているような気分が味わえる。

☎0887-32-1233 ㊠高知県北川村野友甲1100 ㊗9:00〜17:00(入園は〜16:30) ㊡6〜10月の第1水曜、12〜2月 ㊎1000円 ㊅100台

道の駅を
PICK UP!!

名物のクジラ料理を楽しむ

●芸西西ICから45km
キラメッセ室戸

キラメッセむろと

江戸期から捕鯨漁が盛んだった土佐。捕鯨資料館のほか、クジラ料理が楽しめる食事処、地場食材が購入できる直売所を併設。

☎0887-25-3377(鯨館) ㊠高知県室戸市吉良川町丙890-11 ㊗施設により異なる ㊡月曜(祝日の場合は翌日) ㊅40台

↑道の駅から見える海も絶景

↑太平洋に突き出た室戸岬。沖合、黒潮の海にはマッコウクジラが泳いでいる

⑤ 迫力満点。奇岩奇勝の地

室戸岬

むろとみさき

四国の南東に位置する岬で、南海トラフを震源とする地震が繰り返されることで幾度となく海底が隆起してつくられたダイナミックな風景が広がる。乱礁遊歩道沿いには海底火山がつくり出した奇岩が点在。弘法大師や紀貫之、坂本龍馬など偉人の足跡も残る。

㊠高知県室戸市 ㊅38台

> 海から昇る朝日の美しさも室戸岬の名物

寄り道スポット

●芸西西ICから55km

室戸ユネスコ世界ジオパーク
むろとユネスコせかいジオパーク

面積は248.22km²と、室戸市全域がジオパーク。海洋プレートの沈み込みと地震による海底の隆起でできた地層や奇岩が間近で観察できるほか、杉の巨木が茂る森や、人々の暮らしや信仰の歴史が見られる名所も多い。地形の成り立ちや動植物について学べるガイドツアーも人気を集めている。

所高知県室戸市　P周辺駐車場利用

↑国内で5つ目、四国で唯一、ユネスコ世界ジオパークに認定されている

↑弘法大師が悟りを開いたという御厨人窟。ここから見える空と海の景色が空海の名の元ともいう

COURSE 61　走行距離 約**170km**

0　5　10km　N

地元有志が休耕田で桜や菜の花、桃などを育てたのが始まり。いまでは人気の花公園

家紋の三階菱をあしらった瓦や彌太郎が作ったという日本列島の石組みなどが現存

龍馬の盟友、中岡慎太郎の資料館。袖や硯箱などの遺品や志士たちの書画などを展示

小学校をそのまま利用した水族館。プールを泳ぐシュモクザメなどユニーク

名物グルメ

キンメ丼
キンメどん

国内有数の金目鯛漁獲量を誇る室戸の名物丼。室戸沖で獲れた金目鯛の照り焼きと、地元産の地魚をのせた丼で、高知産の具材にこだわり、提供する店それぞれのだしを添えることが絶対のルール。

交通の要衝として栄えた。土佐漆喰や水切り瓦など幕末〜近代の町並みが残る

全長9kmと短いが海の絶景が楽しめるドライブルート。展望台に立ち寄るのもおすすめ

① 桂浜
　├桂浜水族館
　└龍馬記念館

② 龍河洞

③ 伊尾木洞

④ 北川村「モネの庭」マルモッタン

⑤ 室戸岬

高知南IC
芸西西IC
GOAL
START

土佐湾

清流、四万十川に沿って
黒潮の流れる海を目指す

高知県

四万十川・
足摺岬・柏島

しまんとがわ・あしずりみさき・かしわじま

　四万十町中央ICを出発し四万十川沿いをドライブ。増水時には沈むことを想定した沈下橋や山に茂る木々、人々の営みが生み出した里山の田園風景などを抜け、古代文明の跡と謎が残る唐人駄場遺跡 巨石群に立ち寄って海へ出る。太平洋に突き出した足摺岬には、波の浸食がつくり出した白山洞門やパワースポットが点在。ここでしか見られない絶景もある。ゴール地点は半島からさらに飛び出した柏島だ。

DRIVE COURSE　走行距離 約296km

START	高知自動車道・四万十町中央IC

73km／国道381・441号

1 勝間沈下橋

12km／国道441号、県道340号

2 佐田沈下橋

49km／県道340号、国道321号、県道348号

3 唐人駄場遺跡 巨石群

8km／県道348・27号

4 足摺岬

1km／県道27号

5 白山洞門

60km／県道27号、国道321号、県道43号

6 柏島

93km／県道43号、国道321・56号

GOAL	高知自動車道・四万十町西IC

INFORMATION

四万十市観光協会 ☎0880-35-4171
土佐清水市観光協会 ☎0880-82-3155
大月町観光協会 ☎0880-62-8133

道の駅四万十とおわではジップラインが体験できる

1 釣り人にも人気のスポット
勝間沈下橋
かつまちんかばし

全長は171m。車でも通行できる沈下橋だ。四万十川でもこのあたりは川幅が広く、四万十ブルーと称される川の青と緑豊かな山々の景色が美しい。映画『釣りバカ日誌』のロケ地となったことから全国の釣り好きにもよく知られている。
所高知県四万十市勝間 P10台

川が蛇行するポイントにあるため川原が広く、右岸ではキャンプを楽しむ人々も多い

3本ずつの橋脚に支えられた珍しい沈下橋

欄干のない橋は撮影スポットとしても人気

2 四万十川最長の沈下橋
佐田沈下橋
さだちんかばし

支流を含めると四万十川には48本の沈下橋があるが、なかでも最下流にあり、長さは最長の291.6m。幅も4.2mあり、こちらも車で渡ることができる。青く塗られた橋脚が特徴で、夏の観光シーズンには、川遊びや景色を撮影する人々など、大勢が訪れる。
所高知県四万十市佐田 P50台

⟶川漁師が船頭を務める屋形舟も四万十の景色の一部。佐田沈下橋から出る舟もある

道の駅を
PICK UP!!

アトラクションも楽しい道の駅

● 四万十町西ICから44km

四万十とおわ
しまんととおわ

ウナギや豚、米、野菜、お茶、調味料にいたるまで四万十で採れた食材を使った食事が楽しめる。もちろん、これらの食材を使ったおみやげも充実。四万十川の上空を渡るジップラインも爽快だ。

☎0880-28-5421 ⑪高知県四万十町十和川口62-9
⑫⑭施設により異なる ⑰71台

⇧四万十川沿いに位置する道の駅

⇨長さ220mのジップラインも楽しめる

③ 古代文明の名残の巨石群
唐人駄場遺跡 巨石群
とうじんだばいせき きょせきぐん

高さ6〜7mにもなる花崗岩の巨石がゴロゴロと転がっている。なかにはストーンサークルのような石組みもあり、考古学ファンを惹きつけている。実際、付近では縄文時代から弥生時代にかけての土器や石器も発見されており、ミステリーは尽きない。

🏠高知県土佐清水市松尾977 🅿5台

⬆️パワースポットとしても人気を博す巨石群。巨石に登れば太平洋が見える

巨石が取り囲む唐人駄場園地はキャンプ場

⑤ 足摺岬最大の洞門
白山洞門
はくさんどうもん

花崗岩に開いた窓状の穴から海と空を望む絶景スポット。波の浸食による洞門や洞窟が多い足摺岬にあって、高さ16m、幅17m、奥行き15mと最大サイズを誇る。県の天然記念物に指定されている。

🏠高知県土佐清水市 🅿23台

⬇️海岸に続く遊歩道を通って、すぐ間近まで行けるのも白山洞門の魅力

④ 黒潮に向かって迫り出す岬
足摺岬
あしずりみさき

四国最南端の岬で、黒潮に洗われて削り出された断崖絶壁が勇壮。四国巡礼の霊場でもあるお寺や亜熱帯植物園、ジョン万次郎像など見どころも多く、歩道や展望台など旅行者のための設備も整っている。1月下旬〜2月下旬頃までは椿の花が見事。

🏠高知県土佐清水市 🅿20台

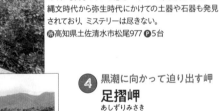

⬆️岬のシンボルは高さ18mと国内でも最大クラスの大きさを誇る白い灯台

花崗岩の海蝕洞としては国内でも最大規模

⑥ 大人気ダイビングスポット
柏島
かしわじま

宿毛湾に突き出した大月半島からさらに飛び出す周囲4kmほどの小島。黒潮と豊後水道がぶつかるエリアにあり、日本近海に生息する魚の1/3がこのエリアに棲むといわれており、ダイビングスポットとしても人気を博している。

🏠高知県大月町柏島 🅿171台

⬅️海の透明度の高さでも有名。夏は岸辺で海水浴やシュノーケリングも楽しめる

大月半島とは橋でつながっている

名物グルメ
清水サバ
しみずサバ

土佐清水で獲れる瀬付きのゴマサバ。この海域はエサが豊富で潮の流れが速いため身質が良く、立て縄で1尾ずつ釣り上げるブランドサバだ。ほかのサバとは一線を画すうまさで生で食べるのがおすすめ。

高知県 四万十川・足摺岬・柏島

鬼北町
近永駅
高月山
松丸駅
郭公岳
三本杭
予土線
出目駅
吉野生駅
西ヶ方駅
真土駅
角点山
鈴ヶ森
大小権現山

四万十町
影野駅
六反地駅
仁井田駅

START & GOAL
四万十町中央IC
あぐり窪川
窪川駅
岩本寺

八十八箇所霊場のひとつ。宿坊のほかサウナやキャンプ施設を併設

松野町
西ヶ方駅
十川駅
土佐昭和駅
吹の峰
四万十大正駅
土佐大正駅
若井駅
四万十町西

四万十とおわ

黒尊渓谷
音無山
大黒山

ブナやクマササの原生林にある渓谷。澄んだ水に木々が映ってきれい

江川崎駅
半家駅
鷹の巣山
大中尾山
堂が森
打井川駅
家地川駅

予土線

麻生エリアに分水する目的で、四万十川の支流、後川に造られた水車

愛媛県
宇和島市
郷木山
ほけが森
八が森

扇山
前が森
四万十市
後川
441
340

荷稲駅
黒潮拳ノ川
伊与喜駅
弁天岬

勝間沈下橋 ①

② 佐田沈下橋

安並水車の里

大塔山
国見山
高森山
石見寺山
西大方駅
中村駅
浮鞭駅
土佐入野駅
海の王迎駅
土佐上川口駅
井の岬
土佐くろしお鉄道

土佐佐賀駅
佐賀公園駅
土佐白浜駅

黒潮町

ビオスおおがた

入野松原

砂浜美術館
Tシャツアート展

公募の絵や写真をプリントしたTシャツが砂浜でなびくさまは壮観。ゴールデンウィークに開催

全長4kmの海岸に沿って松原が広がる。松の植林は戦国時代から続くという

愛南町
篠山
宿毛市
本城山
有岡駅
平田駅
中村宿毛道路
56
古津賀駅
貝ノ駅
四万十川
321
葛篭山

宿毛和田
東宿毛駅
宿毛港
321
大藤島
桐島
大島
長崎鼻
蛭子鼻
中畑山
熊森山
三原村
横山
譲葉山
在岬
布崎

広い海辺に、波の浸食でつくられたさまざまな形の奇岩が並ぶ

大月町
大洞山
大月半島
浅瀬崎
43

黒崎
宿毛湾

土佐清水市
竜串海岸
海中天然ミュージアム
足摺海底館
砥崎
千尋岬
叶崎
朴崎

松崎
清水港
遠崎
鷹取山
以布利港

窪津崎
稲荷崎
足摺半島
348
白山神社
27

現在の場所に遷座したのは大正5年(1916)。現在でも本宮は元の白山洞門上にある

⑥ 柏島

唐人駄場遺跡 巨石群 ③

海中に造られた筒状の建造物。らせん階段を下り、円窓から海の中を観察する

絶壁の下の海に浮かぶ臼状の岩。これを中心に黒潮が渦を巻く

臼碆
明神崎

白山洞門 ⑤

④ 足摺岬

ブランド牛や豚、海鮮などの丼をはじめ、地元の名物など、自慢の味を楽しむ！

山陽自動車道
吉備SA　下り

【丼ぷらこ】
牛ステーキ丼 1470円

サシが入ったステーキを丼で楽しめる人気メニュー。岡山のB級グルメ、デミカツ丼なども扱う。

山陽自動車道
下松SA　下り

【Western】
三元豚とんかつ＆瓦そば風 鉄板茶そば 1140円

三元豚のロースとんかつと、アツアツの鉄板で瓦そば風に仕上げた茶そばのセットが味わえる。

山陽自動車道
小谷SA　上り

【アンデルセン】
広島県産豚肉「お米(オーマイポーク)」スペアリブと瀬戸内レモンのパスタサラダのワンプレート 1500円

広島県産豚肉「お米PORK(オーマイポーク)」のスペアリブに瀬戸内レモンのパスタのワンプレート。

山陽自動車道
佐波川SA　上り

【海鮮専門店 海の幸】
海鮮丼 1430円

マグロやエビ、イクラなどを贅沢に盛った海鮮丼。毎朝仕入れる新鮮なネタの甘みと旨みを満喫。

山陽自動車道
宮島SA　上り

【も味路】
安芸のよくばり丼 2000円

丼メニューコンテスト2022準グランプリ。焼穴子と煮カキが堪能できる逸品はあっさりした味付け。

中国自動車道
勝央SA　上下線

【レストラン】
備豚の勝とじ御膳 1490円

ジューシーで甘味成分を逃がさないやわらかさが特徴の「備豚(びぃとん)」。卵でとじた人気メニュー。

西瀬戸自動車道
来島海峡SA　上下

【フードコート】
宇和島風鯛めし 1480円

鯛の刺身を卵入りの特製タレに漬け込み、アツアツご飯にのせる漁師めし。卵とタレが鯛の旨み倍増！

高松自動車道
豊浜SA　下り

【フードコート】
豊浜いりこラーメン 950円

オリジナルの家系ラーメン。濃厚スープは伊吹島産いりこの特製オイルが香り、食欲をそそる。

松山自動車道
石鎚山SA　上り

【東雲】
鯛めし重 900円

愛媛県産の鯛を使った郷土料理。凝縮した鯛の旨みを、せんざんき(鶏の唐揚げ)とともに堪能。

南国の風土が生んだ多彩な絶景

九州・沖縄

63
67
69
64
19
70
福岡県
68 佐賀県
13
長崎県
71
20
大分県
21
72
73
熊本県
66
宮崎県
鹿児島県
沖縄県
15
65
3
76
74
75

COURSE 63

幻想の森や一面の花畑を訪ね
古代ロマンにもふれる

福岡県

海の中道・福津かがみの海・
宮地嶽神社

うみのなかみち・ふくつかがみのうみ・みやじだけじんじゃ

福岡市街からすぐの絶景スポットを巡る。博多湾に架かる橋を渡り道を行けば、季節の花が咲く海の中道海浜公園に到着。花々に癒やされたら、マリンワールド海の中道に立ち寄るのもいい。さらに進み志賀島の金印公園から、古代ロマンを感じる海景色を堪能しよう。折り返して海沿いを東へ進み、遠浅の海岸が光輝く福津かがみの海へ。宮地嶽神社でお参りし、名物の松ヶ枝餅片手にほっとひと息。

DRIVE COURSE 走行距離 約61km

START 九州自動車道・福岡IC
　19km/国道201号、県道59号
1 海の中道海浜公園
　6km/県道59・542号
2 金印公園
　25km/県道59号、国道495号
3 福津かがみの海
　3km/国道495号
4 宮地嶽神社
　8km/県道97・35号
GOAL 九州自動車道・古賀IC

INFORMATION

ふくつ観光協会 ☎0940-42-9988

志賀島へ続く海の中道。右手の北側が玄界灘、左手の南側が博多湾

寄り道スポット

●海の中道海浜公園内

マリンワールド海の中道

マリンワールドうみのなかみち

「九州の海」をテーマに、約350種3万点の海の生き物を展示。外洋大水槽でのイワシタイフーンや、イルカ・アシカのショーなど見どころ多数。
☎092-603-0400 ㊰福岡県福岡市東区西戸崎18-28 ㊙9:30(12〜2月10:00)〜17:30※変動あり ㊡2月第1月曜とその翌日 ㊤2500円 ㋕400台

↑博多湾を背にした見晴らしの良いショーステージ

292

春の花の丘では、1万2000㎡もの花畑がネモフィラで青く染まる。見頃は4月上旬～下旬

① 2つの海に挟まれた公園
海の中道海浜公園
うみのなかみちかいひんこうえん

東西に約6km、面積約350haに及ぶ広大な公園。花の丘や花壇で季節の花が楽しめるほか、動物園、子どもの遊具、アスレチック、グランピングなど、豊富な施設が点在する。レストランやカフェも充実している。
☎092-603-1111 福岡県福岡市東区西戸崎18-25
9:30～17:30(11～2月は～17:00)※変動あり
2月第1月曜とその翌日 450円 3400台

秋の花の丘はコスモスが咲き誇る。見頃は10月上旬～下旬

＼ コース内の絶景ロード ／

海の真っ只中を走り抜ける
海の中道
うみのなかみち

半島の名がそのまま、半島を横断する県道59号の愛称になっている。大部分は防砂壁などで見晴らしが限られているが、半島西端では両側を海に挟まれた一本道を進む爽快なひととき。

② 古代の交流に思いを馳せる

金印公園
きんいんこうえん

歴史の教科書でおなじみの「漢委奴國王」の金印の発見地とされる地。見晴らしが良く、能古島や対岸の福岡の市街地、糸島半島など博多湾の眺望が楽しめる。園内には、記念碑のほか、金印のレプリカ、歌碑などが置かれている。

☎092-645-1058(福岡市東区役所)
🏠福岡県福岡市東区志賀島古戸1865
🕐休料入園自由 ℗10台

⬆金印のレプリカが置かれている。実物は現在福岡市博物館に展示されている

⬅能古島への渡し船や壱岐・対馬、釜山へのフェリー、高速船など多くの船が行き交う海域

名物グルメ

松ヶ枝餅
まつがえもち

宮地嶽神社門前町で売られている名物の焼餅で、宮地嶽神社の社紋・三階松の型がついている。通常の白とよもぎの緑がある。参拝後の休憩にぜひとも味わいたい。

COURSE 63 走行距離 約61km

0　　2　　4km　N

津屋崎には歴史ある建物が多く残り、街歩きが楽しい

海際に宮地嶽神社の第一の鳥居がある

④ 宮地嶽神社

福津かがみの海③

参拝客は石段下の第一駐車場を利用する

志賀島で最も高所にある展望台

海の中道海浜公園①

金印公園②

マリンワールド海の中道

花の丘へは西駐車場が便利

古賀IC

GOAL

START

福岡IC

③ 美しい海岸が空を映す

福津かがみの海
ふくつかがみのうみ

福津市の西岸に福間海岸、宮地浜、津屋崎海岸と約3kmにわたり遠浅の砂浜が続く。干潮時、濡れた砂浜や潮溜まりの水面が空の色を映し、神秘的な光景が広がる。鏡の海になりやすいのは、干満の差が大きい日の、潮が引ききる前。Webサイトで潮の状況が公開されているので、事前に確認しておきたい。
📍福岡県福津市西福間、宮司浜4、津屋崎3 🅿各ビーチ駐車場利用

時間帯によって景色はさまざまに変わる。地面すれすれから撮影するのがコツ

④ 光の道で知られる歴史ある社

宮地嶽神社
みやじだけじんじゃ

創建約1700年前とされる古社。海際にある鳥居から神社まで参道がまっすぐ続く。参道を一直線に夕日が照らす光の道が、テレビCMで使われ一躍話題となった。
☎0940-52-0016 📍福岡県福津市宮司元町7-1 🕐7:00〜19:00(授与所) 休無休
料参拝無料 🅿700台

⬆社殿に掛かるしめ縄は日本最大級

光の道が現れるのは毎年2月と10月の20日前後のみ

⬆参道の先に見えるのは相島(あいのしま)。島には古墳群があり、関連があると考えられている

白い石灰岩の羊たちが遊ぶ高原
山間の名滝や花園に感嘆

福岡県

平尾台・千仏鍾乳洞・河内藤園

ひらおだい・せんぶつしょうにゅうどう・かわちふじえん

北九州市内陸部に広がる山地にある、絶景スポットをまわるドライブ。まずは日本三大カルストのひとつである平尾台からスタート。白い石灰岩が点在する草原を進み、千仏鍾乳洞で洞窟内を流れる小川に足を浸しながらの鍾乳洞探検を楽しもう。涼やかな菅生の滝と、美しい藤や紅葉が見られる河内藤園は季節によって選択。山地の最北端にある皿倉山展望台からは、北九州市街地を一望できる。

DRIVE COURSE 走行距離 約60km

START 九州自動車道・小倉南IC

12km／国道322号、県道28号

1 平尾台

2km

2 千仏鍾乳洞

14km／県道28号

3 菅生の滝

20km／県道28・61・62号

4 河内藤園

10km／県道62号

5 皿倉山展望台

2km

GOAL 北九州都市高速道路・大谷IC

INFORMATION

北九州市総合観光案内所 ☎093-541-4189

皿倉山へ上るケーブルカー。広がっていく視界に胸躍る

1 草原に白い岩が点在する

平尾台
ひらおだい

日本三大カルストのひとつ。草原に白い石灰岩が無数に点在する様子を羊の群れに例え、羊群原と呼ばれている。大きな駐車場があり平尾台について学べる平尾台自然観察センターなどを拠点にハイキングを楽しむのもよいし、草原を見渡せる見晴台や茶ヶ床園地に寄るのもよい。
所福岡県北九州市小倉南区平尾台
P約110台

自然観察センターから南に進んだところにある平尾台では最大の岩・千貫岩

見晴台からの風景。白い岩が点在する草原を走れば、異世界を進んでいる気持ちに

⬇さまざまな形をした鍾乳石を見ながら歩を進める。サンダルは貸し出しあり

② 水に足を浸して洞窟探検
千仏鍾乳洞
せんぶつしょうにゅうどう

平尾台に200以上も点在するという鍾乳洞の代表的存在。気温約16℃とひんやりとした洞内は足元に水が流れ、中ほどからは足を水に浸しながら進むことになる。見学コースは全長900m、往復40〜50分ほど。

☎093-451-0368 ⓐ福岡県北九州市小倉南区平尾台3-2-1 ⓣ9:00〜17:00(土・日曜、祝日は〜18:00) ⓗ無休 ⓟ900円 ⓟ100台

↑上段の滝は落差30ｍと北九州市内では最大

③ 山深くにある涼やかな滝
菅生の滝
すがおのたき

国有林内にある3段の滝。かつて滝に惹かれた姫がおり、滝が白蛇に取り憑かれていたため、身を隠すために顔を黒塗りしたが、滝の水しぶきで化粧が落ち「素顔」になり、白蛇に連れ去られてしまったという伝説が残る。

📍福岡県北九州市小倉南区道原 🅿45台

品種や咲き具合により異なる色合いでグラデーションを描く藤の花

④ 華麗な藤のトンネルが評判
河内藤園
かわちふじえん

約3000坪の敷地に、白や紫、ピンクのグラデーションが美しい藤のトンネルや、約1000坪の大藤棚が芳しい香りをたて、来園者を迎える。見頃は4月下旬～5月上旬。連休と重なっていることもあり混雑するため、現在は事前予約チケット制になっている。

📞093-652-0334 📍福岡県北九州市八幡東区河内2-2-48 🕒藤・4月下旬～5月上旬8:00～18:00、紅葉・11月中旬～12月上旬9:00～17:00 休無休 💴藤1500円、紅葉500円 🅿200台

紅葉の時期も開園する。見頃は11月中旬～12月上旬

正面に見える赤い橋は若戸大橋。市街地、緑、工業地帯とバラエティに富む眺め

夜景は新日本三大夜景の筆頭として認定された美しさを誇る

⑤ 日本一の夜景となる大パノラマ
皿倉山展望台
さらくらやまてんぼうだい

標高622ｍの皿倉山の頂上から、北九州市街や工業地帯、関門海峡、本州まで望むパノラマが広がる。頂上までは、ケーブルカーとスロープカーを乗り継いでアクセスする。展望台レストランで眺望を楽しみながらの食事もおすすめ。

📞093-671-4761(皿倉登山鉄道) 📍福岡県北九州市八幡東区尾倉1481-1 🕒ケーブルカー4～10月10:00～22:00(11～3月は～20:00) 休火曜 💴ケーブルカー・スロープカー往復通し券1230円 🅿178台

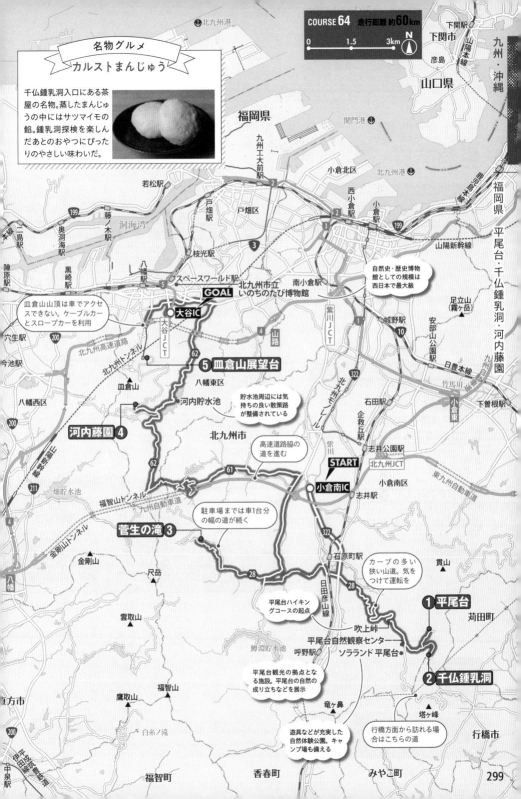

名物グルメ
カルストまんじゅう

千仏鍾乳洞入口にある茶屋の名物。蒸したまんじゅうの中にはサツマイモの館。鍾乳洞探検を楽しんだあとのおやつにぴったりのやさしい味わいだ。

九州・沖縄

福岡県
平尾台・千仏鍾乳洞・河内藤園

山口県
下関市
彦島
下関駅

福岡県

関門港

北九州港

小倉北区
小倉駅

西小倉駅

若松駅
戸畑駅
戸畑区

九州工大前駅

自然史・歴史博物館としての規模は西日本で最大級

足立山（霧ヶ岳）

枝光駅

八幡駅
スペースワールド駅
GOAL
大谷IC

北九州市立いのちのたび博物館

南小倉駅

城野駅

安部山公園駅

皿倉山山頂は車でアクセスできない。ケーブルカーとスロープカーを利用

大谷JCT

5 皿倉山展望台

八幡東区

紫川JCT

石田駅

企救丘駅

河内藤園 4

河内貯水池

貯水池周辺には気持ちの良い散策路が整備されている

北九州市

志井公園駅

高速道路脇の道を進む

START
北九州JCT

小倉南IC

小倉南区
志井駅

福智山トンネル

九州自動車道

菅生の滝 3

駐車場までは車1台分の幅の道が続く

金剛山

尺岳

カーブの多い狭い山道。気をつけて運転を

貫山

平尾台ハイキングコースの起点

吹上峠

1 平尾台

苅田町

平尾台自然観察センター

ソラランド 平尾台

2 千仏鍾乳洞

雲取山

平尾台観光の拠点となる施設。平尾台の自然の成り立ちなどを展示

竜ヶ鼻

塔ヶ峰

福智山

鷹取山

白糸ノ滝

遊具などが充実した自然体験公園。キャンプ場も備える

行橋方面から訪れる場合はこちらの道

行橋市

福智町

香春町

みやこ町

COURSE 65

雄大な自然美を車窓に映し
南九州の山景色を楽しむ

宮崎県

えびの高原・
生駒高原・三之宮峡

えびのこうげん・いこまこうげん・さんのみやきょう

　雄大な九州南部の自然を楽しむ旅。霧島連山に広がる標高1200mのえびの高原から春・秋の花景色で有名な生駒高原へ。さらに、そびえたつ岩肌や木々の緑もまぶしい三之宮峡、広葉樹林帯が広がる綾町など、多彩な自然を堪能しながらのどかな田園地帯を走る。照葉樹林地帯の眺望が楽しめる綾の照葉大吊橋から、古墳群が点在する西都原古墳群に立ち寄り古代のロマンにふれてみるのもおすすめ。

DRIVE COURSE 走行距離 約120km

START	九州自動車道・えびのIC

19km／県道53・30号

1 えびの高原

23km／県道30号

2 生駒高原

15km／県道1号、国道265号

3 三之宮峡

31km／国道265号、県道26号

4 綾の照葉大吊橋

32km／県道26・40号

GOAL	東九州自動車道・西都IC

INFORMATION

えびのエコミュージアムセンター ☎0984-33-3002
小林市商工観光課 ☎0984-23-1174

綾の照葉大吊橋は川面からの高さ
142m、橋の長さ250mの歩行者専用橋

╱ コース内の絶景ロード ╱

車窓に広がる霧島の山々
えびのスカイライン

鹿児島県と宮崎県の県境をまたぎ霧島連山を抜ける爽快なドライブコースで、車窓に韓国岳や噴煙を上げる硫黄山など雄大な景色が広がる。途中、火山湖や生駒高原など見どころ多数。※2023年8月現在硫黄山噴火のため通行止め

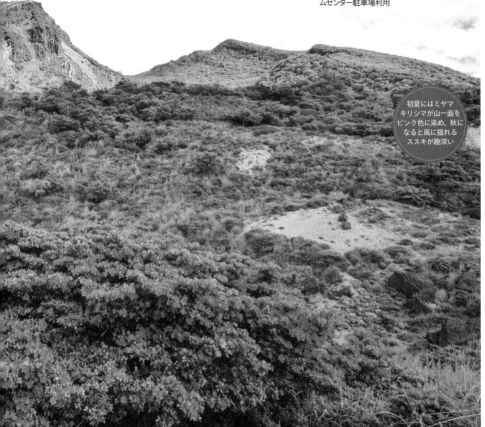

① 火山が生んだ豊かな自然

えびの高原
えびのこうげん

霧島連山の最高峰、韓国岳の裾野に広がる高原。日本初の国立公園に指定された霧島錦江湾国立公園の一部で、今も噴煙を上げる硫黄岳や火山湖、そこに息づく高山植物などを見ることができる。

🏠宮崎県えびの市 Ｐえびのエコミュージアムセンター駐車場利用

初夏にはミヤマキリシマが山一面をピンク色に染め、秋になると風に揺れるススキが趣深い

道の駅を
PICK UP!!

霧島連山を望む休憩スポット

●えびのICから1km

えびの

地元で採れた新鮮な野菜や果物、農産物加工品が揃うほか、地元産食材を使った料理をバイキング形式で提供するレストランがある。

📞0984-35-3338 🏠宮崎県えびの市永山1006-1
🕘9:00～18:00、レストラン11:00～15:00 ※夜は予約制 🈺第3火曜 Ｐ82台

⬆えびののICの近くにあり、ドライブ途中の休憩に最適

②
生駒富士をバックに圧巻の花景色
生駒高原
いこまこうげん

えびの高原から小林市方面に向かう途中にある標高550mの高原で、花の名所として知られる。生駒富士と呼ばれる夷守岳を背景に春はポピーやデイジー、秋はコスモスが咲き誇り、感動的。

☎0984-27-1919(花の駅 生駒高原)
🏠宮崎県小林市南西方8565-28 🕘9:00〜17:00(季節により変動あり) 💴600円(季節により変動あり) 🈳無休 🅿1000台

⬆秋には約100万本のコスモスが一帯を埋め尽くす

春はカリフォルニアポピーが園内を彩る

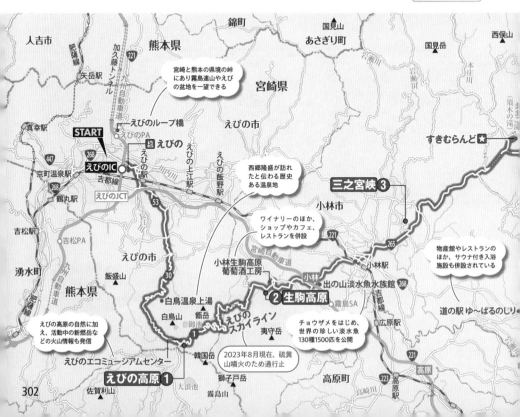

人吉市　肥薩線　加久藤トンネル　錦町　国見山　あさぎり町　国見岳　西俣山

熊本県　宮崎県　本庄川　(須木の滝)

矢岳駅

宮崎と熊本の県境の峠にあり霧島連山やえびの盆地を一望できる

えびのループ橋

真幸駅　九州自動車道　えびのPA　START　えびの市　えびの市

🏠えびの　すきむらんど

えびのIC　えびのの駅　えびのの上江駅　三之宮峡③

京町温泉駅　吉都線　えびのJCT　えびの飯野駅

西郷隆盛が訪れたと伝わる歴史ある温泉地

鶴丸駅

吉松駅　53　ワイナリーのほか、ショップやカフェ、レストランを併設　小林市　265

吉松PA　宮崎自動車道　221　物産館やレストランのほか、サウナ付き入浴施設も併設されている

えびの市　小林生駒高原葡萄酒工房　小林　小林駅

飯盛山　30　出の山淡水魚水族館　道の駅 ゆ〜ぱるのじり

湧水町　熊本県　白鳥温泉上湯　②生駒高原　霧島SA

白鳥山　甑岳　えびのスカイライン　都城線

九州自動車道　御池　夷守岳　チョウザメをはじめ、世界の珍しい淡水魚130種1500匹を公開　広原駅

えびの高原の自然に加え、活動中の新燃岳などの火山情報も発信

えびのエコミュージアムセンター　韓国岳　2023年8月現在、硫黄山噴火のため通行止　獅子戸岳　高原町　221　223　高原駅

①えびの高原　大浪池　霧島山　高崎川

③ 奇岩と清流が織りなす大渓谷
三之宮峡
さんのみやきょう

約34万年前、火山が噴火してできた岩層が川の流れによって浸食されてできた渓谷。50畳敷の岩の洞穴や甌穴、奇岩が続く。約1kmの遊歩道はかつてのトロッコ道跡で、手掘りのトンネルもあり冒険心を掻き立てる。
所宮崎県小林市東方 P10台

明治時代に掘られたトンネルが11カ所残る

↑小野湖に架かる橋　長155mの吊り橋

↑春から初夏の新緑、秋の紅葉と一年を通じさわやかな景色が広がる

④ 照葉樹林地帯に架かる橋
綾の照葉大吊橋
あやのてるはおおつりばし

自然の生態系が残る全国でも珍しい照葉樹林に架かる吊り橋。歩いて渡る吊り橋としては最大級。
☎0985-77-2055(綾照葉大吊橋料金所) 所宮崎県綾町南俣5691-1 開8:30〜18:00(10〜3月は〜17:00) 休無休 料350円 P100台

COURSE 65 走行距離 約120km

0　2.5　5km

掃部岳

西都市

前川

田園の中に古墳が点在。春は桜や菜の花の名所として賑わう

●西都原古墳群

高鍋町

新富町

大森岳

盤木山

釈迦ヶ岳

国富町

40

●西都IC

GOAL

宮崎市

④ 綾の照葉大吊橋

綾町

宮崎須木線

宮崎市と小林市を結ぶ県道

26

268

寄り道スポット

●えびのICから41km
すきむらんど

県指定名勝の「ままこ滝」周辺に整備されたレジャー施設。SUPやカヤック、サイクリングなど大自然を満喫できるアクティビティや天然温泉がある。
☎0984-48-2480
所宮崎県小林市須木下田412-6 開料入園自由
P100台

↑「遊ぶ・食べる・ととのう」をテーマに「ままこ滝(須木の滝)」の周辺に広がるレジャースポット

都城市

宮崎市

10

日豊本線

一ツ葉有料道路

○宮崎駅

神話や伝説が語り継がれる
神々の里でパワーをもらおう

宮崎県

高千穂峡・
国見ヶ丘・天安河原

たかちほきょう・くにみがおか・あまのやすかわら

　九州山地のほぼ中央に位置し、神話の里として知られる高千穂。延岡ICからは北方延岡道路を利用する。接続している国道218号は、高千穂まで深い峡谷に沿って延びており、はるか下を流れる五ヶ瀬川や支流を見下ろしながら快適なドライブが楽しめる。高千穂では高千穂峡や国見ヶ丘をはじめ、高千穂神社や天安河原など、八百万の神々ゆかりのパワースポットを周遊したい。

DRIVE COURSE 走行距離 約103km

START	東九州自動車道・延岡IC	
	43km／国道218号、県道203号	
1	高千穂峡	
	5km／県道203号	
2	国見ヶ丘	
	13km／県道203号、国道218号、県道7号	
3	天安河原	
	13km／県道7・204号、国道218号	
4	青雲橋	
	29km／国道218号	
GOAL	東九州自動車道・延岡IC	

INFORMATION

高千穂町観光協会 ☎0982-73-1213

日本神話の神々を祀る高千穂神社。創建は約1900年前

1 神秘的な雰囲気の峡谷

高千穂峡
たかちほきょう

大昔、阿蘇の火山活動で噴出した火砕流によりできた岩層を五ヶ瀬川が侵食。柱状節理と呼ばれる幾何学的な断崖が約7kmにわたって続く。エメラルドグリーンに輝く水面や流れ落ちる滝が神秘的な光景をつくっている。
所 宮崎県高千穂町三田井御塩井
P 86台

峡谷沿いに約1kmの遊歩道が整備されている。滝見台から眺める落差17mの真名井の滝が見どころ

手漕ぎの貸しボートが人気。下から見上げる真名井の滝は迫力満点

② 神々をも魅了した絶景の丘
国見ヶ丘
くにみがおか

標高513mに位置し、神武天皇の孫・建磐龍 命が九州統治の際、ここで国見をしたという伝説が残る。眼下に高千穂盆地や五ヶ瀬川の渓流、遠く阿蘇五岳や祖母連山が一望でき、雲海の名所としても知られる。

所宮崎県高千穂町押方 P50台

✎高千穂でも展望の良さではトップクラス

雲海は9〜11月の快晴無風時の冷え込んだ早朝に多く見ることができる

③ 八百万の神が集まった伝説の地
天安河原
あまのやすかわら

洞窟に隠れた天照大神に出てきてもらうため、八百万の神が相談をした場所と伝わる。いつの頃からか、ここを訪れる人々によって石が積まれるようになり、神秘的な光景をつくっている。

☎0982-74-8239(天岩戸神社) 所宮崎県高千穂町岩戸西本宮奥
開休料見学自由 P40台

✎天照大神を祀る天岩戸神社西本宮から岩戸川沿いに10分ほど歩くと着く

四恩岳

高千穂町
天安河原 ③
焼山寺山

国見ヶ丘 ②
高千穂

高千穂神社

高千穂峡 ①

二上山
高千穂町
烏帽子岳
天翔大橋

日之影深角

五ヶ瀬町

杉の古木に囲まれ国重要文化財の本殿や鉄造狛犬など見どころ多数

全長463.2mでコンクリート製アーチ橋としては日本一の長さを誇る

真弓

名物グルメ
高千穂牛
たかちほぎゅう

高千穂地区JA管内の指定された農家で肥育された黒毛和牛のうち、A4ランク以上に格付けされた希少なブランド牛。やわらかくジューシーな肉質が特徴で、地元レストランではステーキや鉄板焼で味わえる。

④ 緑の峡谷をまたぐ大橋梁
青雲橋
せいうんばし

五ヶ瀬川の支流の日之影川に架かる国道218号の橋。橋の長さは410m、橋面から川の水面までの高さは137mあり川をまたぐアーチの形も美しい。高千穂側にはテラスを設置した道の駅 青雲橋があり橋を一望できる。

☎0982-87-2491(道の駅 青雲橋) 所宮崎県日之影町七折8705-12 Ｐ50台

◉延岡市と熊本市のほぼ中間に位置する

COURSE **66** 走行距離 約**103**km

道の駅を
PICK UP!!

高千穂の美味とみやげ物が一堂に

●延岡ICから42km
高千穂
たかちほ
地元で採れた新鮮な野菜や農産物のほか、工芸品やみやげ物などを販売。特産の宮崎牛を使った料理を提供するレストランもある。

☎0982-72-9123 所宮崎県高千穂町三田井1296-34 営8:30〜17:00、レストラン10:30〜16:00 休無休 Ｐ88台

�é◆高千穂峡駐車場から車で約5分

宮崎県

日隠山▲

五葉岳▲

青雲橋の真横にあり物産館やチキン南蛮などを提供するレストランも

-道の駅 青雲橋

④ 青雲橋

日之影町

国見山▲

黒岩山▲

茶臼山▲

延岡市

可愛岳▲

丹助岳▲
矢筈岳▲ 比叡山▲

—日之影温泉駅

廃線となった鉄道駅舎を利用。大浴場や露天風呂がある温泉施設

五ヶ瀬川と周囲の集落をひとまたぎする橋脚の高さ80m、長さ320mの橋

行縢山▲

北延岡駅

慶長8年(1596)に築城された城の跡地で本丸郭跡や天守台、石垣などが残る

八戸観音滝—

天馬大橋

道の駅 北方よっちみろ屋

延岡市と嘉島町を東西に結ぶ

218

北方延岡道路

218

START & GOAL

延岡城跡

延岡駅

延岡IC

延岡JCT

御泊川にかかる高さ約45mの滝。洞穴に3体の観音像が祀られている

布引滝

北方

延岡 水郷やな

速日の峰
(二子山)

愛宕山▲

南延岡駅

愛石山展望台

国道218号と北方延岡道路の接続点近くにあり地元産野菜などを販売

300年以上続く伝統の鮎漁。10〜12月、河川敷で鮎料理が楽しめる

延岡市街地を一望できる標高251mに位置。「日本夜景遺産」に認定

美郷町

門川町

旭ヶ丘駅

COURSE 67

城下町散策とグルメを楽しみ
玄界灘の爽快な景色を走る

佐賀県

鏡山展望台・
唐津城・浜野浦の棚田
かがみやまてんぼうだい・からつじょう・はまのうらのたなだ

唐津から玄界灘のパノラマが広がる鏡山展望台へ。唐津湾や虹の松原を眺め、唐津のシンボル・唐津城へ向かう。石垣の残る城下町散策なども楽しみ、右手に海を眺めながら北上、国の天然記念物の七ツ釜へ。神秘の奇岩景勝を堪能したら、呼子名物のイカの活造りを味わう。呼子大橋を渡って加部島の風の見える丘公園で再び玄界灘の眺望を満喫し、夕日の美しい浜野浦の棚田を目指す。

DRIVE COURSE 走行距離 約82km

START 西九州自動車道・唐津IC
10km／県道40号、国道202号
1 鏡山展望台
11km／国道202号
2 唐津城
16km／国道202号、県道216・340号
3 七ツ釜
10km／国道204号
4 風の見える丘公園
13km／国道204号
5 浜野浦の棚田
22km／国道204号、県道254号、国道382号
GOAL 西九州自動車道・唐津IC

INFORMATION

唐津駅総合観光案内所 ☎0955-72-4963
玄海町企画商工課 ☎0955-52-2112

加部島の先端に広がる杉ノ原放牧場。遊歩道もある

1 遮るもののない眺望
鏡山展望台
かがみやまてんぼうだい

『万葉集』にも詠われる鏡山は、標高284m、頂上が平らな台形状の山。展望台からは、日本三大松原のひとつ、虹の松原と、弓形の唐津湾を一望できる。春は登山道に桜トンネルが出現する。
所佐賀県唐津市鏡鏡山山頂 P130台

斜面から突き出た形の展望テラス。眼下には100万本のクロマツが茂る虹の松原が広がる

4月下旬〜5月上旬には樹齢100年を超える見事な藤の花が見られる

② 海を見渡す美麗な天守
唐津城
からつじょう

慶長13年(1608)に築城。松浦川の河口に突き出た丘陵地に7年の歳月を費やして築かれ、舞鶴城の異名を持つ。石積みのプロ集団・穴太衆による石垣が今も数多く残り、城下町におよそ2km続く石垣の散歩道には江戸時代の風情が漂う。

📞0955-72-5697 🏠佐賀県唐津市東城内8-1 🕘9:00～17:00 ❌無休
💴500円 🅿190台

🔄最上階の展望フロアからは、唐津湾や唐津市内のパノラマ風景を見渡せる

309

3 波が生んだ神秘の洞窟

七ツ釜
ななつがま

玄界灘の波に浸食された玄武岩の断崖に並ぶ7つの洞窟。海蝕洞は間口が約3m、奥行きは約110m。柱状節理の岩肌と深く澄んだ海が生み出す造形美が見どころ。

☎0955-82-3001(マリンパル呼子)
所佐賀県唐津市呼子町呼子 時9:00〜17:00 休無休 料遊覧船2000円
P120台

↪呼子港から発着する遊覧船のほか、周囲に整備された展望台からも眺められる

4 美しい海景を望むビュースポット

風の見える丘公園
かぜのみえるおかこうえん

呼子大橋を渡った加部島の小高い丘にある展望スポット。玄界灘を一望するパノラマが広がり、夜にライトアップされる呼子大橋の眺めもおすすめ。

☎0955-82-5159
所佐賀県唐津市呼子町加部島3279-1
時9:00〜17:00
休火曜 料無料 P60台

↪ハーブの弦のような美しい呼子大橋を一望

5 入り江に浮かぶ無数の水鏡

浜野浦の棚田
はまのうらのたなだ

玄海町の浜野浦地区にある日本棚田百選のひとつ。大小283枚の田んぼが並び、水張りが始まる4月中旬〜5月上旬は夕日が映え特に美しい光景が見られる。

所佐賀県玄海町浜野浦 P39台

↪幾何学模様のような水鏡と水平線の向こうに沈む夕日が見せる春の絶景

夕日の美しさで知られる全長728mの斜張橋

加唐島

串崎

値賀崎

トリカ崎

池崎

戸崎

大崎

浜野浦の棚田 **5**

高岩鼻

玄海町

仮屋湾

駄竹の棚田

竹ノ子島

大浦の棚田

島山島

イロハ島

COURSE 67 走行距離 約69.4km

0　1　2km　N

道の駅を
PICK UP!!

名護屋城跡の近く

●唐津ICから28km
桃山天下市
ももやまてんかいち
国道204号沿い、名護屋城跡の玄関口に
ある道の駅。桃山文化の薫りを伝える特
産品や農産物、水産物が豊富に揃う。名
物の活きイカ料理も味わえる。
☎0955-51-1051 ㊟佐賀県唐津市鎮西
町名護屋1859
🕘9:00～
18:00 ㊡無休
Ｐ90台

↑名護屋城跡まで徒歩5分
のところにある

呼子大橋の先、加部島の
北端に位置。海原を背後
に緑の芝生が広がる

④ **風の見える丘公園**

国内有数の朝市のひと
つ。魚介類を扱う店な
ど、50軒ほどが並ぶ

③ **七ツ釜**

火伏せの神を祀る神
社。呼子の朝市からア
クセスしやすい

朝鮮半島との交流の歴
史や名護屋城跡に関連
する展示が充実

全長約4.5km、幅約
500mに及ぶ松原で日
本三大松原のひとつ

唐津の新鮮な魚介
やオリジナルの加
工食品が充実

② **唐津城**

① **鏡山展望台**

唐津IC
START & GOAL

名物グルメ

呼子のイカ
よぶこのイカ

「イカの街」として知られる呼子は、一年
を通してさまざまな種類のイカが楽し
める。鮮度抜群の透明な身と甘くコリコ
リした食感の「イカの活造り」はぜひと
も味わいたい逸品だ。

マン崎
小川島
杉ノ原放牧場
ツイタ鼻
宮崎鼻
尾ノ下鼻
加部島
呼子漁港
臼島
鷹島
友崎
土器崎
荒崎
宮崎
神集島
呼子大橋
呼子の朝市
愛宕神社
名護屋城跡
桃山天下市
佐賀県立名護屋城博物館
志坂鼻
相賀崎
唐津港
大島
鳥島
西唐津駅
衣干山
東松浦半島
唐津湾
鹿家駅
二丈鹿家
浜崎駅
浜玉
マリンセンター
おさかな村
虹の松原
虹ノ松原
唐津駅
和多田駅
東唐津駅
筑肥線
串崎
鏡山
（領巾振山）
鬼塚駅
唐津市
唐津千々賀山田
水ノ元山
山本駅
伊万里市
夕日山
唐津市

陶磁器の街から有明海沿岸へ
佐賀の多彩な魅力を堪能

佐賀県

有田ポーセリンパーク・
祐徳稲荷神社・大魚神社

ありたポーセリンパーク・ゆうとくいなりじんじゃ・おおうおじんじゃ

　焼物の街・有田から干潟で有名な有明海へ。有田ポーセリンパークでは透明感のある磁肌が美しい有田の磁器を鑑賞し、園内でショッピングや食事を楽しもう。江戸後期に完成した御船山楽園では四季折々の花や木々の緑を愛で、日本三大稲荷のひとつに数えられる祐徳稲荷神社へ。有明海沿岸の大魚神社は海に浮かんで見える鳥居が神秘的。参拝後はカニやカキなど有明海産グルメを満喫したい。

DRIVE COURSE 走行距離 約80km

START	西九州自動車道・波佐見有田IC

3km

1 有田ポーセリンパーク

19km／県道102号、国道34号

2 御船山楽園

19km／国道34号、県道208号、国道207号

3 祐徳稲荷神社

12km／国道207号

4 大魚神社の海中鳥居

27km／国道207号、県道41号

GOAL	長崎自動車道・嬉野IC

INFORMATION

太良町観光協会 ☎0954-67-0065

肥前浜宿では古くから酒造りが行われ、歴史的な街並みが残る

中庭は自由に散策でき、SNS映えする場所も多い。館内では地酒の試飲や販売もある

① バロック様式の壮麗な宮殿

有田ポーセリンパーク
ありたポーセリンパーク

有田磁器のテーマパーク。バロック様式の宮殿は、街と交流のあるドイツ・ドレスデンのツヴィンガー宮殿を模したもの。※2023年8月現在、館内休館中

☎0955-41-0030 ⬤佐賀県有田町戸矢乙340-28 ⏰9:00〜17:00 休無休 ¥無料 ⓟ800台

② 数十万本の花や木々の楽園

御船山楽園
みふねやまらくえん

岩肌もあらわにそそり立つ絶壁は昔神功皇后が朝鮮半島からの帰りに船をつないだとされる御船山。その麓に武雄領主・鍋島茂義が約3年を費やして造った池泉回遊式庭園。花や緑が50万㎡という広大な敷地を埋めつくす。

📞0954-23-3131(御船山楽園ホテル) 🏠佐賀県武雄町武雄4100 🕐8:00～17:00 🈳無休 💴500円 🅿30台

↖特にツツジと紅葉の名所として知られる。初夏の御船山山麓は色とりどりのツツジと新緑が美しい

---

③ 日本三大稲荷のひとつ

祐徳稲荷神社
ゆうとくいなりじんじゃ

📞0954-62-2151 🏠佐賀県鹿島市古枝乙1855 🕐🈳料参拝自由 🅿3000台

伏見稲荷大社、笠間稲荷神社とならぶ日本三大稲荷のひとつ。日光東照宮を修復した職人たちによって造られたという陽明門を思わせる楼門は絢爛豪華。山の中腹にある本殿からの眺めが素晴らしい。

エレベーター(有料)とスロープで本殿に参拝

↑本殿は山の中腹にあり、高さは地上18m。特に新緑や桜の季節は美しい

---

④ 有明海に鳥居が映える

大魚神社の海中鳥居
おおうおじんじゃのかいちゅうとりい

太良町は「月の引力が見える町」と呼ばれ干満差は日本最大級の6m。季節や天候によってさまざまな表情を見せる海中鳥居の神秘的な光景は多くの人々を魅了する。

🏠佐賀県太良町多良1874-9先 🅿20台

鳥居の彼方から太陽が昇る様子も神々しい

🌙満潮時は上部まで海面が上昇し干潮時には鳥居の下を歩けるほど

COURSE 68 走行距離 約80km

0 1.5 3km

大木駅
松浦鉄道
西有田駅
蔵宿駅
黒川駅
三代橋駅
有田町
有田駅
上有田駅
金山岳
佐世保市
幕ノ頭

有田ポーセリンパーク ①

西九州自動車道

佐世保三川内

波佐見有田IC

START

波佐見町
長崎県

弘法岳
八幡山
虚空蔵山
(虚空蔵岳)

白岳
川棚町
高見岳

飯盛岳

長崎自動車道

東そのぎ

波杵川

串ノ島

道の駅を
PICK UP!!

日本最大の干潟が体験できる

●嬉野ICから21km
鹿島
かしま
干潟展望館からは有明海の広大な泥干潟を一望でき、晴れた日には対岸の福岡県や熊本県なども見える。干潟体験や干潟で行う大運動会「鹿島ガタリンピック」の会場としても知られる。
☎0954-63-1768 ㊟佐賀県鹿島市音成甲4427-6 ㈳9:00〜18:00 ㈮7月第2水曜 Ⓟ200台

↑4〜10月はBBQ、11〜3月はカキ焼きが楽しめる

たらカキ焼き街道の立ち寄りスポット

●嬉野ICから25km
太良
たら
たらふく館には竹崎カニやカキ、アサリなどの海鮮、太良みかんやマンゴーなどの果物、田嶋畜産のハムなど、太良の美味が集まっている。
☎0954-67-9117 ㊟佐賀県太良町伊福甲3488-2 ㈳9:00〜18:00 ㈮無休 Ⓟ200台

↑国道207号沿線にあり有明海を一望できる

名物グルメ

竹崎カニ
たけざきカニ

太良町を代表するグルメ。干潟で遠赤外線をたっぷり吸収したプランクトンや小動物を食べて育った竹崎カニは格段に美味だ。道の途中にはかにちゃんぽんの店やカニやカキを提供するカキ小屋もある。

総大理石造りで貸切風呂の殿様湯のほか多彩な入浴が楽しめる

矢筈ダム湖畔に造られた記念広場。ダムに壁画が描かれている

地元で愛される大衆食堂。個性的なあんかけカツ丼が名物

通称「酒蔵通り」と呼ばれ、お酒の無料試飲や酒蔵見学などができる

多良岳山麓に延びる農道。ミカン畑、有明海の眺望が広がる

多良地区にあった3社を合祀した神社。神殿奥には木製の狛犬がいる

寄り道スポット

●嬉野ICから2km
シーボルトの湯
シーボルトのゆ
木造2階建てでオレンジ色のとんがり屋根が目印のかわいいレトロな建物。バリアフリー設計で誰もが気楽に日帰り入浴を楽しめる。
☎0954-43-1426 ㊟佐賀県嬉野町下宿乙818-2 ㈳6:00〜22:00 ㈮第3水曜（祝日の場合は翌日）㈱450円〜 Ⓟ56台
↑大正ロマンを感じさせる洋風建築

GOAL 嬉野IC

② 御船山楽園
祐徳稲荷神社 ③
④ 大魚神社の海中鳥居

COURSE 69

南蛮文化と歴史の島・平戸で
豊かな自然と夕日に出会う

長崎県
冷水岳公園・平戸公園・大バエ灯台
ひやみずだけこうえん・ひらどこうえん・おおバエとうだい

　安土桃山時代、日本でいち早く海外との貿易港として栄えた平戸をドライブ。冷水岳公園から九十九島と平戸島を望み、平戸公園で平戸大橋を一望。平戸では平戸ザビエル教会など南蛮文化を色濃く残す施設を訪ねる。平戸島と橋で結ばれた生月島では塩俵の断崖や大バエ灯台など、自然が生んだダイナミックな景色に感動。夕日の美しさも心に焼き付くことだろう。

DRIVE COURSE　走行距離 約128km

START	西九州自動車道・佐々IC

14km／県道18号

1 冷水岳公園

29km／県道18号、国道204・383号

2 平戸公園

3km／国道383号、県道19号

3 平戸ザビエル記念教会

26km／県道19・42号

4 塩俵の断崖

4km／県道42号

5 大バエ灯台

52km／県道42・19号、国道383・204号

GOAL	西九州自動車道・佐々IC

INFORMATION

佐世保観光情報センター ☎0956-22-6630
平戸市観光課 ☎0950-22-9140

最上階の展望所から平戸の海を見下ろせる平戸城

1 九十九島と花の景観が見事
冷水岳公園
ひやみずだけこうえん

標高323mの冷水岳頂上付近に位置。九十九島や平戸島を一望できる。遊具が整備された芝生広場もあり、家族連れには最適。春はヤマツツジと九十九島の見事な景観が楽しめる。
所 長崎県佐世保市小佐々町矢岳1618-12 P 100台

2 赤い橋が印象的
平戸公園
ひらどこうえん

平戸島と本土側の田平地区を結ぶ全長655mの平戸大橋。その平戸側の橋脚周辺に整備された公園。展望台からは海をまたぐ平戸大橋が一望でき絶好の撮影スポットになっている。
所 長崎県平戸市岩の上町
P 100台

→トラス吊り橋構造で、4年をかけて完成した

豊かな緑と九十九島の島影が織りなす光景は爽快。見飽きることなく、時間を忘れるほど

4月から5月にかけてヤマツツジが見頃を迎え、公園一帯は華やかに

③ 天にそびえる尖塔が優美

平戸ザビエル記念教会
ひらどザビエルきねんきょうかい

大正2年(1913)に建てられ、昭和6年(1931)、市街地を眼下に収める現在地に再建された。薄緑色の外壁、尖塔や十字架が美しく、ザビエル記念像も立つ平戸を代表する名所。

☎0950-22-2442 所長崎県平戸市鏡川町259-1 時6:00(日曜10:00)〜16:30 休無休 料無料 P100台

→教会の周囲は寺院が立ち並び、「寺と教会が見える風景」として有名

⬆断崖は自然が持つ底知れぬパワーを感じさせる

④ 海にそそり立つ大迫力の断崖
塩俵の断崖
しおだわらのだんがい

今から1000万〜6000万年前の火山活動によりできた断崖で、柱が立っているような柱状節理と呼ばれる奇岩が続く。長さ約500m、高さは高いところで20mあり、「長崎県新観光百選」に選ばれている。
🏠長崎県平戸市生月町壱部1560 🅿12台

⑤ 灯台からの眺めは最高
大バエ灯台
おおバエとうだい

生月島最北端の大バエ断崖に建つ白亜の灯台で、展望スペースを持つ。岬はなだらかな草原状になっており、ハマユウの群生地として知られる。
🏠長崎県平戸市生月町御崎26-2 🅿15台
⬇視界いっぱいに広がる美しい夕景は鮮烈な思い出に

＼ コース内の絶景ロード ／

車窓いっぱいの海景色
生月サンセットウェイ
いきつきサンセットウェイ

生月島の西海岸沿いに延びる生月農免道路の通称。断崖沿いに東シナ海の海景色が約10km続き、電柱など人工物がないことから車のCM撮影にもよく使われる。

生月島西端にあり、ロケットをイメージしたユニークな外観が特徴

大バエ灯台 ⑤
大碆鼻
鞍馬鼻
剱崎
塩俵の断崖 ④

生月サンセットウェイ

番岳
生月島
42
生月長瀬鼻灯台
長瀬鼻
日寄鼻
荒崎
生月大橋
生月

小島
竹ノ子島
人津久崎
呼崎
立場島

有僧都

COURSE 69 走行距離 約128km

0 1.5 3km

N

名物グルメ

アゴだしラーメン

平戸周辺はアゴと呼ばれる飛び魚の好漁場。上品なだしが取れるためラーメンスープに使われるようになり、ご当地ラーメンとなった。醤油ベースのスープとちぢれ麺が、絶妙な味わいを生んでいる。

九州・沖縄

長崎県 冷水岳公園・平戸公園・大バエ灯台

高台にあり、館内では平戸の歴史をデジタルアートで体感できる

平戸島と生月島を結ぶ全長960mの橋。ブルーの塗装が海面に映える

② 平戸公園

広大な草原が続くなだらかな台地にあり、九十九島の眺望が広がる

平戸ザビエル記念教会 ③

平戸城

たびら平戸口駅

薄香湾

古江湾

川内峠展望台

19

383

平戸大橋

松浦鉄道

西田平駅

北松浦半島の台地を走る2車線道。ゆるやかなカーブが快適

女瀬ノ崎

御厨駅

西木場駅

大岳 **松浦市**

204

204

北松やまびこロード

安満岳

平戸島

19

大崎鼻

千里ヶ浜海水浴場

京崎鼻

下甲ヶ浜

道の駅 昆虫の里たびら

すえたちばな駅

カブトムシの巨大モニュメントが目印。野菜の販売や昆虫の展示も

いのつき駅

松浦鉄道

鷲尾岳

昭和4年(1929)建築のロマネスク様式の教会。ステンドグラスが印象的

宝亀教会

前ノ島

平子島

江迎鹿町駅

小島

黒崎

九頭島

瀬尻島

高岩駅

神田駅

金比羅岳

平戸市

カトリック紐差教会

明治31年(1898)、宮大工が建てたレンガ造りの教会。赤く塗られた壁が特徴

出網代島

丑ヶ島

小島崎

清峰高校前駅

383

白戸鼻

上忠六島

大島

標高234mの長串山にあり、眼下に北九十九島を一望することができる

佐々駅 **佐々町**

佐々IC

道の駅を PICK UP!!

生月大橋を望む

北九十九島

藤葛根島

戌島

赤島

長串山公園

金比羅岳

大観山

18

冷水岳

① 冷水岳公園

小浦駅

START & GOAL

204

●佐久ICから40km

生月大橋
いきつきおおはし

生月大橋のたもとにある生月大橋公園内にあり、平戸島と生月島を結ぶ生月大橋を望むことができる。みやげ物を販売する店舗や多目的広場、散策道がある。

☎0950-53-2927 ⌂長崎県平戸市生月町南4375-1 ◷8:30～17:30(8月は～18:00) ㊡無休 Ⓟ54台

丸島

下島

浅島

神崎鼻

魚見崎

野島

焼島

永ノ島

前島

長崎山

真申駅

相浦中里

餓鬼島

笹島

トコイ島

上小高島

浅子岳

棚方駅

相浦駅

上相浦駅

相浦鉄道

鼻

↑当地の歴史を伝える生月町博物館が隣接

伊島

幸ノ小島

高島

下九十九島

立石崎

南九十九島

大学駅

相浦川

319

COURSE 70

本土最西端から九十九島へ
自然の大パノラマのなかを走る

長崎県
長串山公園・
九十九島・弓張岳
なぐしやまこうえん・くじゅうくしま・ゆみはりだけ

　北松浦半島西岸に広がる九十九島の自
然を体感するコース。ツツジで有名な長
串山公園、本土最西端の神崎鼻公園を巡
り、北九十九島の開放的な海景色を堪能。
さらに、佐世保湾から突き出た俵ケ浦半
島にある九十九島観光公園で、複雑な海
岸線と島々が織りなす南九十九島の大パ
ノラマを展望する。最後は弓張岳展望台
で九十九島をバックに佐世保中心街の夜
景を楽しむ。

DRIVE COURSE　走行距離 約71km

START	西九州自動車道・佐々IC

15km／県道139・18号

1 長串山公園

8km／県道18号

2 神崎鼻公園

27km／県道18・139・11・149号

3 九十九島観光公園

14km／県道149・11号

4 弓張岳展望台

7km／県道11号

GOAL	西九州自動車道・佐世保みなとIC

INFORMATION

佐世保観光情報センター ☎0956-22-6630

展海峰から望む、数えきれ
ないほどの島々に息をのむ

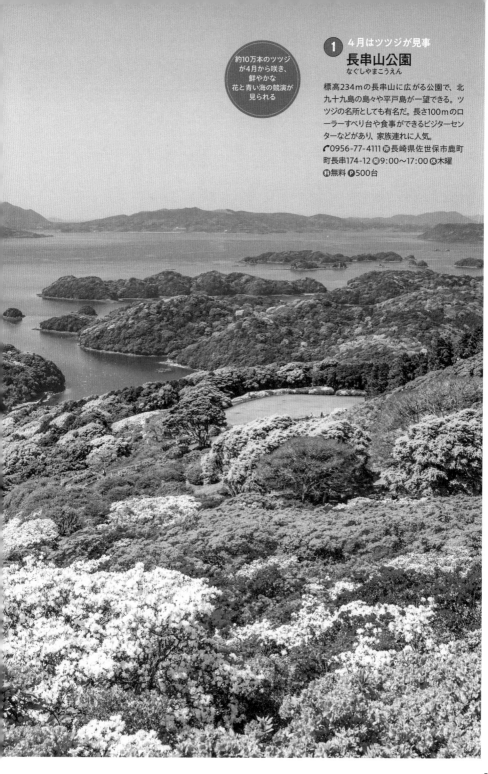

① 4月はツツジが見事

長串山公園
なぐしやまこうえん

標高234mの長串山に広がる公園で、北
九十九島の島々や平戸島が一望できる。ツ
ツジの名所としても有名だ。長さ100mのロ
ーラーすべり台や食事ができるビジターセン
ターなどがあり、家族連れに人気。

📞0956-77-4111 🏠長崎県佐世保市鹿町
町長串174-12 🕘9:00〜17:00 🈺木曜
💴無料 🅿500台

約10万本のツツジ
が4月から咲き、
鮮やかな
花と青い海の競演が
見られる

↑眼下に青い海が広がり、西側に平戸島の島影を見ることができる

② 日本最西端の地から望む海
神崎鼻公園
こうざきばなこうえん

本土最西端に位置する岬にあり、モニュメントが設置された展望台からの眺めが素晴らしい。岸壁沿いに整備された海中遊歩道や、本土最北端、最南端、最東端を示した四極交流広場などがある。

所長崎県佐世保市小佐々町楠泊354-1
P5台

丘の上のモニュメントは
人気の撮影スポット

九十九島

眺望の丘は九十九島の眺望だけでなく、ランニングやウォーキングも楽しめる

道の駅を
PICK UP!!

佐世保グルメも楽しめる道の駅

●させぼ港ICから10km
させぼっくす99
させぼっくすナインティーナイン
特産品やみやげ物を販売する銘品館、佐世保バーガーやレモンステーキなど佐世保グルメを提供するフード館がある。24時間利用できる無料休憩コーナーや佐世保の観光情報コーナーも併設。
☎0956-42-6077 所長崎県佐世保市愛宕町11
営銘品館9:00～18:00、レストラン7:00～
15:00 休無休 P84台

↑西九州自動車道中里ICそばにある

③ 絶景を望む広大な丘
九十九島観光公園
くじゅうくしまかんこうえん

俵ケ浦半島の高台に新しく整備された公園。約4.7haの広さを持つ芝生広場「眺望の丘」が広がり、ぐるりと九十九島の大パノラマを望める開放的な空間になっている。
☎0956-24-1111 所長崎県佐世保市野崎町1746 開8:00
～20:00(10～2月は～19:00) 休無休 料無料 P 250台

④ 佐世保を代表する夜景

弓張岳展望台
ゆみはりだけてんぼうだい

佐世保市街から佐世保港、九十九島の島々、さらには五島灘まで望める。夜景スポットとして知られ、街の明かりや造船所のオレンジ色の光がロマンティックな光景をつくる。

所 長崎県佐世保市小野町 P 77台

➡展望台は標高370mの弓張岳山頂にあり、弓の形の屋根を持つ。日本夜景100選のひとつ

COURSE 70 走行距離 約**71**km

0　1.5　3km

名物グルメ

佐世保バーガー
させぼバーガー

1950年頃、米軍基地から伝わったレシピが始まりといわれ、その後さまざまな店が独自のアレンジを展開。オーダーを受けて作り始める、新鮮な野菜とオリジナルソースを使うなどが条件になっている。

北九十九島

上忠六島　大島

金比羅岳

藤葛根島

戊島

赤島

佐々鹿町江迎線

大観山

冷水岳

佐々町と佐世保を結ぶ県道

丸島

下島　浅島　前島

① 長串山公園

石盛山

佐世保市

皆瀬駅　野中駅　左石駅

中里駅　松浦鉄道　泉福寺駅

本山駅

佐々IC　**START**

小浦駅

139

18

長崎山

真申駅

棚方駅

相浦中里　**させぼっくす99**

上相浦駅　将冠岳

④ 弓張岳展望台

カトリック神崎教会

神崎鼻

魚見崎

野島

前島　焼島　永ノ島

浅子岳

相浦駅　497　但馬岳

大学駅

相浦川

弓張岳　佐世保中央

古い建物や赤煉瓦倉庫をリノベーション。おしゃれな店が集まる

神崎鼻公園

餓鬼島

笹島

トコイ島

上小高島

高島

南九十九島

九十九島の海中世界を再現し、そこに生息する生き物約370種を展示

五島から移住した信者が19世紀に建て、平成16年(2004)、現在地に再建された

下小高島

番岳

九十九島水族館海きらら

九十九島パールシーリゾート ★

11

佐世保中央

GOAL

万津6区　佐世保駅

佐世保港

西九州自動車道

11

佐世保みなとIC

幸ノ小島

標高191mの石岳頂上にあり、九十九島の島々を360度にわたり望める

金重島　鼇島

石岳展望台団地

元ノ島

牛ヶ首崎

牧の島

桂島
船越展望所

赤崎岳

149

寄り道スポット

●佐世保みなとICから17km

九十九島
パールシーリゾート
くじゅうくしまパールシーリゾート

遊覧船での九十九島巡りやヨット・カヤック体験などのアクティビティが楽しめる、九十九島水族館海きららがある。

☎0956-28-4187 所 長崎県佐世保市鹿子前町1008 営 休 施設により異なる P 700台

長南風島

丈ヶ島　松浦島

七郎鼻　黒小島

展海峰

③ 九十九島観光公園

俵ヶ浦半島

佐世保湾

小崎ノ鼻

⬆遊覧船は約50分をかけ、九十九島の島々を巡る

国崎

ほかの展望所に比べて海に近く九十九島の迫力ある光景が楽しめる

九十九島の眺望と、春は菜の花、秋はコスモスの花景色が楽しめる

寄船鼻

口木崎

土井ノ鼻

COURSE 71

自然が生み出した絶景と
伝説の地をたどる

熊本県

大観峰・米塚・
草千里ヶ浜
だいかんぼう・こめづか・くさせんりがはま

　まずは大観峰で阿蘇の絶景に息をのむ。田園風景に街並み、目前には阿蘇五岳の涅槃像が迫る。阿蘇の神が造ったとされる米塚の形状に和み、草千里ヶ浜や中岳第一火口では火山の荒々しい一面と、共存する穏やかな自然の光景を体感。白川水源で水神と崇められる名水を味わい、上色見熊座神社の稀有な大岩のパワーにふれる。南阿蘇の絶景ドライブは天地創造の妙味に出会う旅だ。

DRIVE COURSE 走行距離 約143km

START	九州自動車道・熊本IC

42km／国道57号、県道339号

1 大観峰

25km／国道212号、県道111号

2 米塚

5km／県道111号

3 草千里ヶ浜

4km／県道111号

4 中岳第一火口

17km／県道111号、国道325号

5 白川水源

8km／国道325・265号

6 上色見熊野座神社

42km／国道265・325・57号

GOAL	九州自動車道・熊本IC

☐ I N F O R M A T I O N

阿蘇インフォメーションセンター ☎0967-34-1600
高森町政策推進課 ☎0967-62-2913

標高653mの田子山にあるそらふねの桟橋で大パノラマを満喫

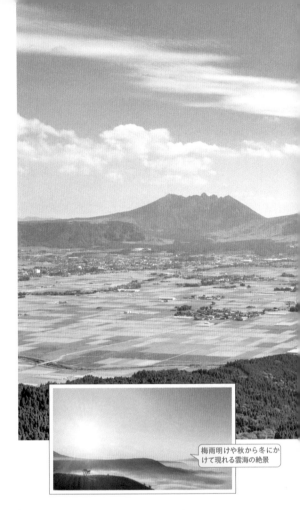

梅雨明けや秋から冬にかけて現れる雲海の絶景

╲ コ ー ス 内 の 絶 景 ロ ー ド ╱

広大な大草原を走る爽快ロード
ミルクロード

広大な草原が広がる外輪山の尾根筋を約45kmたどる、眺めのいい道路。ススキとネザサが群生する自然の色合いが秋には黄金色になり、ときには雲海も楽しめる。放牧されたあか牛が黒牛に交じって草を食む絵のような世界など、草原を走る爽快感が味わえる人気のルートだ。

324

北外輪山の一峰で
かつて遠見ヶ鼻と
呼ばれたが、大正11年
(1922)、ジャーナリスト
の徳富蘇峰(とくとみそ
ほう)が大観峰と
命名

① 360度の大パノラマを体感

大観峰
だいかんぼう

阿蘇五岳や阿蘇の街並み、くじゅう連峰まで一望できる阿蘇随一のビュースポット。ここから望む阿蘇五岳は釈迦の寝姿に見えることから「涅槃像」と呼ばれる。神秘的な雲海に出会えることも。
所熊本県阿蘇市山田 P200台

② お椀を逆さにしたような形状

米塚
こめづか

高さ約80mながら本物の火山で、円錐状の美しい形をしている。頂上のくぼみが約3300年前の噴火の名残とされる。斜面は草原に覆われ新緑から冬枯れまで季節ごとに美しい景色が楽しめる。
所熊本県阿蘇市永草 P米塚下園駐車場利用

春夏には緑一色、秋冬には
金色から枯れ色に変化

↑阿蘇神社の祭神、健磐龍命(たけいわたつのみこと)が米を積んでできた山で、
頂上のくぼみは人々に米を分け与えたためにできたとされる

道の駅を
PICK UP!!

雄大な阿蘇五岳を望む

●熊本ICから35km
阿蘇
あそ

あか牛をはじめ、種類豊富な弁当が並び、農産物や乳製品、精肉を販売。英・仏・中の多言語に対応する観光案内窓口も設置されている。
☎0967-35-5088 所熊本県阿蘇市黒川1440-1 営9:00～18:00 休無休 P164台

↑地域散策など阿蘇満喫イベントも開催

草原を一周する引き馬乗り（約5分1500円）も人気

↑鮮やかな緑の春夏、黄褐色の秋、幻想的な白銀の冬と四季折々の彩りが楽しめる

③ 火山活動と牧歌的な阿蘇の風景

草千里ヶ浜
くさせんりがはま

烏帽子岳の北麓にひろがる大草原で阿蘇を代表する観光地のひとつだ。噴煙を上げる中岳を背景として、大きな池の周囲を放牧された馬が歩く姿など牧歌的な景色が広がる。

📍熊本県阿蘇市草千里浜 🅿300台

④ 激しい噴煙と地鳴り鳴動体験

中岳第一火口
なかだけだいいちかこう

現在も活発な活動を続ける中岳。直径600m、深さ130m、周囲4kmの巨大な噴火口で、溶岩の岩肌がむき出しになり、噴煙を上げるさまが間近で見られる。

📍熊本県阿蘇市阿蘇山上 🅿76台

↑火口まで車で行けるが火山活動により規制も

╲ コース内の絶景ロード ╱

南阿蘇村の全体像一望

阿蘇パノラマライン
あそパノラマライン

草原を疾走し噴煙を上げる中岳まで間近に迫り、眼下の南郷谷や雄大な南外輪山などが一望できる絶景ロード。新たに展望台や展望歩道、ベンチ、観光案内版も設置された。

⑤ 水神信仰で崇められてきた名水

白川水源
しらかわすいげん

名水に選定される水源を11カ所も有し、水の生まれる郷といわれる南阿蘇村で、毎分約60tもの湧水量を誇る清流白川の総水源。環境省の「名水百選」にも選定。

↑水源の水は自由に持ち帰ることができ、加熱処理された水も販売されている

📞0967-67-2222(南阿蘇観光案内所) 📍熊本県南阿蘇村白川2040 🕗8:00〜17:00(季節により変動あり) 📅無休 💴環境保全金100円 🅿200台

6 パワフルな岩石信仰の神社
上色見熊野座神社
かみしきみくまのざじんじゃ

鬱蒼とした山中に建つ苔むした鳥居が神秘的な雰囲気を醸し、参道には100基近くの石灯籠が並ぶ。大岩に縦横約10mの大穴があいた「穿戸岩」も信仰の対象だ。

所 熊本県高森町上色見2619 P 50台

穿戸岩(うげといわ)は古くから尊く稀有な岩穴と崇められてきた

↑異世界への入口とSNSで話題になる神秘性。伊邪那岐命と伊邪那美命、石君大将軍を祀る

COURSE 71 走行距離 約143km

0　3　6km　N

名物グルメ
あか牛
あかうし

褐毛和種の1品種で、阿蘇の大草原で牧草を中心とした飼料で育つ。赤身が多い肉質に適度な脂肪分もあり、旨みとやわらかさ、ヘルシーさを兼ね備えた肉として人気だ。あか牛丼や焼肉で味わいたい。

大分県
日田市
南小国町

絶景駐車場として知られ、阿蘇の街の夜景や、条件が合うと雲海が見られる

212

阿蘇スカイライン展望所
そらふねの桟橋

① 大観峰

菊池市
智者ヶ峰
ツームシ山

ライダーの交通安全を祈願する「道の駅大津オートバイ神社」がある

標高653mの田子山に位置し、阿蘇谷に広がる田園風景の眺めが楽しめる

339
市ノ川駅
内牧駅
豊肥本線

阿蘇市
宮地駅
57

阿蘇駅
いこいの村駅

熊本県

米塚 ②
④ 中岳第一火口

道の駅 大津
大津町
肥後大津駅

赤水駅
往生岳
杵島岳

阿蘇
111

合志市
御代志駅
光の森駅
三里木駅

道の駅大津
原水駅
豊肥本線

ミルクロード
阿蘇パノラマライン

草千里ヶ浜 ③

烏帽子岳
御竈門山

楢尾岳
高岳
中岳

阿蘇山
根子岳

387
325
57

立野駅

熊本IC
START & GOAL

443
菊陽町

夜峰山

325

南阿蘇鉄道

上色見熊野座神社 ⑥
高森町

阿蘇くまもと空港

俵山

新阿蘇大橋

阿蘇白川駅
南郷谷
清栄山

3
竜田口駅
海学園前駅
7
東区

益城町
益城熊本空港
自動車道

西原村
一峯

大峯
冠ヶ岳

地獄温泉 青風荘

南阿蘇村
南外輪山

中松駅

高森駅

上色見熊野座神社 ⑥
265

熊本市

最大橋脚高は97m、全長は525m。熊本地震で崩落した阿蘇大橋に代わって造られた

白川水源 ⑤

地獄温泉の歴史と共に営業する老舗。日帰り入浴も楽しめる

嘉島JCT

託府PA
443
船野山

上野吉無田

325
265

嘉島町
御船

小池山
飯田山

九州中央自動車道

八代中島西
八代中島東

445

(山都中島西IC～山都通潤橋IC間は2023年度開通)

御船町
御船川

445

山都町

327

水と緑に恵まれた歴史の街
今、ここだけの絶景に出会う

熊本県

熊本城・
御輿来海岸

くまもとじょう・おこしきかいがん

　豊かな水と緑、歴史に彩られた熊本を旅する。江戸時代に造られた回遊式庭園の水前寺成趣園、日本三名城に数えられる熊本城を見学。西へ移動し金峰山から熊本市街を一望し有明海に突き出た宇土半島北部へ南下する。やがて、SNSで話題の二俣橋や八角トンネル、有明海の中に出現する長部田海床路や「日本の渚100選」に選定された御輿来海岸などの絶景に出会える。

DRIVE COURSE　走行距離 約**92km**

START	九州自動車道・益城熊本空港IC
	6km／県道36号
1 水前寺成趣園	
	4km／県道28号
2 熊本城	
	26km／県道28号、国道266・443号
3 二俣橋	
	27km／国道218・57号
4 長部田海床路	
	7km／国道57号
5 御輿来海岸	
	22km／国道57・218号
GOAL	九州自動車道・松橋IC

▫ I N F O R M A T I O N

美里町役場 林務観光課 ☎0964-47-1112
宇土市商工観光課 ☎0964-22-1111

干潮時の夕方、幻想的な光景が現れる御輿来海岸

1 熊本を代表する庭園
水前寺成趣園
すいぜんじじょうじゅえん

豊富な阿蘇の伏流水を利用して造られた池と緑が調和した回遊式庭園で、熊本藩主・細川氏によって築かれた。築山や浮石、松などを眺めながら優雅に散策が楽しめる。
☎096-383-0074 ㊟熊本県熊本市中央区水前寺公園8-1 ㊟8:30〜17:00 ㊡無休 ㊠400円 ㋿周辺駐車場利用

❺四季折々の自然と調和した庭園美が楽しめる

2 復興が進む熊本のシンボル
熊本城
くまもとじょう

日本を代表する城のひとつ。「武者返し」と呼ばれる独特の石垣など見どころが多い。平成28年(2016)の熊本地震で甚大な被害に遭ったが、復旧が進み、天守閣も復活。内部を見ることができるほか、復旧作業の様子も見学できる。
☎096-223-5011(熊本城運営センター)
㊟熊本県熊本市中央区本丸1-1 ㊟9:00〜17:00 ㊡無休 ㊠800円 ㋿二の丸駐車場、城彩苑駐車場利用

造られた時代によって石垣の勾配や積み方が著しく異なる「二様の石垣」は必見

大天守、小天守、宇土櫓が並んで見える二の丸広場は人気撮影スポット

寄り道スポット

●益城熊本空港ICから6km

浮島神社
うきしまじんじゃ

湧水池に突き出た土地に建ち、対岸からは社殿が池に浮かんで見えるため「浮島神社」と呼ばれる。夫婦神を祀り、縁結びや安産の神として親しまれる。

☎096-237-1437 所熊本県嘉島町井寺2828 開休料参拝自由 P55台

冬の朝には池に蒸気霧が立ち込め幻想的な光景をつくる

③ 橋脚に光のハート
二俣橋
ふたまたばし

江戸時代後期に造られた石橋。2つの橋が直角に交わることから双子橋とも呼ばれる。11月から3月の昼前、石橋のアーチ部と川面を照らす日の光がハートの形になると話題になっている。
所 熊本県美里町佐俣・小筵
P 20台

↑ハートができる石橋として、恋人の聖地に選定されている

近くにある鉄道遺構の八角トンネルも人気の撮影スポット

④ 引潮時に現れる不思議な道
長部田海床路
ながべたかいしょうろ

干満差が激しい有明海で漁業を営む人のために造られた海床路。干潮の時間帯に約1kmの道路が現れるが、満潮になると道全体が海に沈み、沖合に向かって電柱が一直線に並ぶ不思議な光景が広がる。
所 熊本県宇土市住吉町 P 住吉海岸公園駐車場利用

干潮、満潮の2時間前後が見頃。夕日が沈む頃は特に幻想的な光景に

↑天気次第で電柱が対岸の普賢岳に向かって並ぶように見える

道の駅を
PICK UP!!

目の前に有明海が望める道の駅

●益城熊本空港ICから36km
宇土マリーナ おこしき館
うとマリーナ おこしきかん

有明海の獲れたての魚介や海産物、野菜や果物が並ぶ。旬の活魚を調理してくれる食堂もあり、海鮮丼が好評。芝生公園も隣接し、ゆっくりくつろげる。
☎0964-27-1788 所 熊本県宇土市下網田町3084-1 営 9:00～18:00 休 無休 P 127台

↑御輿来海岸展望所から約10分

御輿来海岸 ⑤

5 風と波の自然のアート
御輿来海岸
おこしきかいがん

干潮時に現れる砂地に風と波による美しい曲線が生まれ、光を反射する潮溜まりと砂影が幻想的な光景をつくる。昼間、夕暮れどき、薄暮など、時間帯によって表情はさまざまに変化する。

🆕熊本県宇土市下網田町　🅿御輿来海岸展望所駐車場利用

↩干潮と夕日が重なるのは1～4月のわずか数日だけ

COURSE 72　走行距離 約92km

0　　2　　4km　N

崇城大学前駅

2 熊本城

上熊本駅　北区　北熊本駅　竜田口駅　57　熊本

金峰山　熊本市　西区　藤崎宮前駅　東海学園前駅　託麻PA

河内川　501　西区　桜の馬場 城彩苑　28　新水前寺駅　水前寺駅　東区　**START**

権現山　熊本駅　中央区　3　新水前寺駅　36　**益城熊本空港IC**

熊本の歴史を体感できる施設や食事処、みやげ店が集まる観光拠点

1 水前寺成趣園　熊本市動植物園　益城町　443

標高665mの山頂から東に阿蘇、西に有明海や雲仙、天草などが望める

白川　熊本港　南熊本駅　江津湖　赤井川

平成駅　江津湖のほとりにあり、動物とふれあえるほか、遊園地もある

西熊本駅　九州新幹線　57　川尻駅　浮島神社　嘉島JCT　小池高山

南区　加勢川　嘉島町　445　御船　九州中央自動車道

宇土市から甲佐町に至る県道

4 長部田海床路　緑川　緑川PA　御船町　443

501　宇土甲佐線　443

住吉自然公園　城南スマート

住吉駅　57　宇土市　立岡自然公園　443

有明海に突き出た岬にあり、6月には約2000株のアジサイが見頃に

緑川駅　三角線　轟水源　宇土駅　3　266　池周辺は整備され、桜と花菖蒲の名所として知られる　甲佐町

江戸時代に敷設され、日本最古の上水道として現在も使用される

宇城市　松橋駅　218　**松橋IC**

266　九州新幹線　**GOAL**

鹿児島本線　3　美里町　道の駅美里「佐俣の湯」

旬の野菜や特産品を扱う物産館や露天風呂を備えた温泉施設がある

城山　**二俣橋 3**　443

天草の美しい海と島々を眺め
キリシタンの歴史を思う

熊本県

倉岳神社・妙見浦・大江教会

くらたけじんじゃ・みょうけんうら・おおえきょうかい

　八代海に浮かぶ天草諸島は大小120もの島々からなる。まずは天草パールラインを通り上島の標高682mの倉岳山頂に建つ倉岳神社へ。青い海に点在する島々が一望できる絶景ポイントだ。さらに下島を横断して奇岩、岩礁で知られる名勝・妙見浦を目指す。ここから南下し世界遺産・﨑津集落のシンボル・﨑津教会へ。ステンドグラスが美しく輝く「海の教会」を静かに拝観しよう。

DRIVE COURSE 走行距離 約253km

START	九州自動車道・松橋IC	
	71km／国道266号、県道59号	
1	倉岳神社	
	54km／国道266号、県道24号	
2	妙見浦	
	8km／国道389号	
3	大江教会	
	6km／国道389号	
4	﨑津教会	
	67km／国道266・324号	
5	高舞登山	
	47km／国道266号	
GOAL	九州自動車道・松橋IC	

INFORMATION

天草宝島観光協会 ☎0969-22-2243
天草四郎観光協会 ☎0964-56-5602

重厚なゴシック様式で昭和9年(1934)に創建された﨑津教会。内部は畳敷き

コース内の絶景ロード

天草五橋がつなぐ島と海

天草パールライン

あまくさパールライン

大小の美しい島々が点在する風光明媚な天草を5つの橋で結ぶ。総延長は17.4kmの爽快なドライブコースだ。橋の形状もそれぞれ異なっていて魅力的。周囲には世界文化遺産などビューポイントも多い。

天空の鳥居からの眺めは開放感抜群。青い海に浮かぶ島々と360度のパノラマが楽しめる

1 青く輝く天草の島と海
倉岳神社
くらたけじんじゃ

標高682mで地元民からご神体と仰がれる天草諸島最高峰の倉岳山頂にある神社。漁や航海の安全を祈願して建てられた。急峻で狭い山道だが山頂付近まで車で上ることが可能。
所 熊本県天草市倉岳町 P50台

2 天草西海岸を代表する景勝
妙見浦
みょうけんうら

国指定の名勝、天然記念物であり、高さ20〜80mの断崖が続く海岸線が豪快な景観を描く。十三仏公園の夕日は「天草夕陽八景」のひとつで撮影スポットとしても人気。
所 熊本県天草市天草町下田南 P4台

➔十三仏公園から見た岩礁はぞうさん岩と呼ばれている

③ 丘の上に建つ白亜の教会
大江教会
おおえきょうかい

多くの潜伏キリシタンが信仰を守った天草でキリスト教解禁後に最も早く建てられた教会。現在の建物は昭和8年(1933)にガルニエ神父が信者たちと力を合わせて創建した。小高い丘の上に建つ礼拝堂はエキゾチックで荘厳な趣。
☎0969-22-2243(天草宝島観光協会) 所熊本県天草市天草町大江1782 開9:00～17:00 休無休(教会行事による臨時休業あり) 料無料 P10台

冬季には夜間イルミネーションによるライトアップが行われる

↑ロマネスク様式の美しい教会にはルルドの泉を模した洞窟や、ガルニエ神父の胸像などもある

④ 天草の漁村を見守る海の天主堂
崎津教会
さきつきょうかい

↑昭和9年(1934)フランス人宣教師ハルブ神父の時代に再建された

世界文化遺産「天草の崎津集落」に溶け込むように建つ重厚なゴシック様式の教会。崎津には江戸時代、弾圧を受けながらも信仰を守り続けたキリシタンの歴史があり、今も「海の天主堂」として祈りを捧げる大切な場となっている。
☎0969-78-6000(崎津集落ガイダンスセンター) 所熊本県天草市河浦町崎津539 開9:00～17:00 休無休 料無料 Pガイダンスセンター駐車場利用

道の駅をPICK UP!!

多くのかかしがお出迎え

●松橋ICから84km
宮地岳かかしの里
みやじだけかかしのさと

廃校となった旧宮地岳小学校を再活用した道の駅。観光交流の拠点としてイベントなども行われている。表情豊かに出迎えてくれるかかしたちは必見だ。
☎0969-28-0384 所熊本県天草市宮地岳町5516-1 営9:00～18:00、レストラン11:00～14:30LO 休第1・3水曜 P39台

↑校庭にも校舎内にも多くのかかしが待っている

5 夕景なら天草松島随一
高舞登山
たかぶとやま

標高は117mと低いが天草松島随一の展望を誇る。山頂付近からは西に雲仙、東に不知火海、阿蘇を遠望できる。特に夕日に輝く天草の海と点在する島々は神々しいばかりの美しさだ。

🅿 熊本県上天草市松島町阿村 ℗5台

天草五橋や雲仙まで一望でき展望台近くまで車で登れる

↑高舞登山から見える夕日は「日本の夕陽百選」に選定されている

COURSE 73 走行距離 約253km

0 5 10km

N

三会駅
島原市
島原鉄道
雲仙岳 島原駅
普賢岳 島原船津駅
島原港駅
🚢島原港

上熊本駅
熊本市
熊本駅
🚄九州新幹線
鹿児島本線
西熊本駅
熊本港
住吉駅
緑川駅
宇土駅
肥後長浜駅
松橋IC
網田駅
赤瀬駅
石打ダム駅 大倉 宇土市
三角駅
🚢三角港
波多浦駅
戸馳駅
氷川町
小川駅
城山
宇城氷川スマート

橘湾
雲仙市
南島原市
熊本県

国崎半島
彦山

天草灘

湯島

上天草市
弓ヶ浜
大矢野島
道の駅 上天草さんぱーる
天草四郎ミュージアム
八代市
千丁駅
新八代駅
八代
八代駅
八代JCT
肥後高田駅
八代南
一段駅
竜北駅

長さ約100mの海水浴場。付近には2種の湯が楽しめる天草 弓ヶ浜温泉も

天草の玄関口に位置する道の駅。天草の旬の味覚が楽しめる海鮮丼などが人気

タコを使った商品や料理が揃うほか、有明温泉「さざ波の湯」を併設

天草四郎や島原・天草の乱に関する展示を行う博物館

島原湾

高杢島

雑和島

天草パールライン

5 高舞登山

富岡湾

道の駅 有明リップルランド

苓北町

🛬天草空港

都呂々湾

柱岳
下島

天草市 上島

倉岳神社 1

染岳

🛬天草空港

ロザリオライン

2 妙見浦

角山

上血塚山

鍋割山

次郎丸岳

大築島

横島

坂本駅

龍ヶ岳

約2万本のヤブツバキが自生。アコウの木はフォトスポットして人気

宮地岳かかしの里

羊角湾

西平椿公園

天草コレジョ館

柱岳

獅子島

七郎山

津奈木町

4 崎津教会

3 大江教会

16世紀以降伝わった南蛮文化の資料を多数揃える

産島

赤島

戸島

水俣駅
水俣
新水俣駅

牛深港

長島町

鹿児島県

下須島

法ヶ島

二子島

加世堂湾

袋駅

🚄肥薩おれんじ鉄道

水俣市

鬼岳

名物グルメ

天草ちゃんぽん
あまくさちゃんぽん

日本三大ちゃんぽんのひとつに数えられる。豊富な天草の海の幸をふんだんに使い、麺が見えなくなるほどの野菜に炒めたかまぼこやちくわ、魚介などがたっぷりのっている。

COURSE 74

秀麗な開聞岳を望む
薩摩半島の南端を快走

鹿児島県

知覧武家屋敷庭園群・開聞岳・池田湖

ちらんぶけやしきていえんぐん・かいもんだけ・いけだこ

薩摩半島南端の名所を巡るコース。薩摩の小京都と呼ばれる知覧は江戸時代の武家屋敷通りに、国の名勝に指定された7つの庭園が残る。知覧の広大な茶畑からは番所鼻自然公園、池田湖、開聞山麓自然公園、フラワーパークかごしま、長崎鼻など、薩摩富士ともいわれる開聞岳を望む絶景スポットが点在。登山が楽しめる開聞岳頂上からは霧島連山や桜島、遠く屋久島など大パノラマが広がる。

DRIVE COURSE 走行距離 約140km

START 九州自動車道・鹿児島IC
　　35km／県道20・19号、南薩縦貫道
1 知覧武家屋敷庭園群
　　17km／県道232・29号
2 番所鼻自然公園
　　20km／国道226号、県道243号
3 開聞山麓自然公園
　　4km
4 フラワーパークかごしま
　　12km／県道243・28号
5 池田湖
　　52km／県道28・17号
GOAL 九州自動車道・鹿児島IC

INFORMATION

南九州市商工観光課 ☎0993-83-2511
指宿市観光課 ☎0993-22-2111

日本最南端の
JR西大山駅
からも開聞岳
が望める

武家屋敷には、交易を行っていた琉球の影響が見られる

1 江戸時代の武家屋敷と庭園
知覧武家屋敷庭園群
ちらんぶけやしきていえんぐん

薩摩藩独自の外城制度で藩内各地に「麓」として形成された武家集落。国の重要伝統的建造物群保存地区に指定され、石垣とイヌマキの生垣が美しい約700mの通り沿いに、母ヶ岳を借景とした7庭園が一般公開されている。

☎0993-58-7878 ⊕鹿児島県南九州市 ⊕9:00〜17:00 ⊕無休 ⊕530円 ℗周辺駐車場利用

➡母ヶ岳を借景とし枯滝石組とイヌマキの刈り込みから構成された枯山水。「鶴亀の庭園」と呼ばれる

東の空が赤く染まる日の
出の瞬間も見応えあり

干潮時には吉鐘か
ら海岸へ下りて、
竜宮城への入口と
も伝わる岩礁を一
周できる

2 開聞岳を望む天下の絶景

番所鼻自然公園
ばんどころばなしぜんこうえん

日本地図作成のために立ち寄った伊能忠敬
が「天下の絶景」と賞賛した景勝地。遊歩
道や開聞岳が一望できる展望スペースが整
備されている。タツノオトシゴ観光養殖場や、
鳴らす回数によって幸せ祈願の種類が変わる
「吉鐘」が人気。

所鹿児島県南九州市頴娃町別府5202
P60台

③ 亜熱帯植物とトカラ馬

開聞山麓自然公園
かいもんさんろくしぜんこうえん

高さ約924mの開聞岳の東麓に広がる自然公園。展望台からは長崎鼻や東シナ海、佐多岬が一望できる。園内には世界各国のサボテンやユーカリ、ハイビスカスなどの亜熱帯植物が植栽され、放牧されているトカラ馬にも癒やされる。

☎0993-32-2051 所鹿児島県指宿市開聞川尻6743 営8:00〜17:00 休無休 料370円 ₽300台

東シナ海に突き出た長崎鼻方面の眺望

➡県の天然記念物でもあるトカラ馬が道路に出てくることもあるので、運転には注意

12月にはイルミネーションイベントを開催

④ 世界各国の花のテーマパーク

フラワーパークかごしま

開聞岳を背景にした花広場や鹿児島(錦江)湾を一望できる展望回廊、両サイドに壁のないウインドスルーの屋内庭園やヨーロッパ風の西洋庭園など、色とりどりの亜熱帯植物や温帯植物が楽しめる。

☎0993-35-3333 所鹿児島県指宿市山川岡児ヶ水1611 営9:00〜17:00(入園は〜16:30) 休無休 料630円 ₽525台

寄り道スポット

●鹿児島ICから65km

長崎鼻
ながさきばな

薩摩半島の最南端。浦島太郎が竜宮へ旅立った岬と伝えられ「竜宮鼻」の別名があり、乙姫様を祀った龍宮神社もある。

所鹿児島県指宿市山川岡児ヶ水長崎鼻 ₽16台

⬆白亜の長崎鼻灯台まで遊歩道が整備され岬の先端まで行ける

⬆さまざまな種類の花で造る絵花壇が楽しめる花広場。開聞岳の雄姿も望める

⑤ 九州最大のカルデラ湖

池田湖
いけだこ

火山活動によって形成された周囲15km、最大水深233mのカルデラ湖。体長2m・胴回り50cmの大ウナギが棲息しており、幻の怪獣「イッシー」が棲むという。湖畔には四季折々の花々が植栽され、1月には菜の花が満開となる。

🅿 鹿児島県指宿市池田
🅿 53台

2022年秋に湖畔にカフェや水上デッキを併設した新しい施設「IKEDAKO PAX」がオープン

⬆12月下旬〜2月上旬には菜の花の見頃を迎える

COURSE 74 走行距離 約140km

0　3.5　7km

START & GOAL

鹿児島IC

南九州自動車道 →
鹿児島中央駅
九州自動車道
郡元駅
南鹿児島駅
宇宿駅
谷山駅
坂之上駅
慈眼寺駅
永田川
鹿児島港

鹿児島市

五位野駅
平川駅
瀬々串駅
中名駅
喜入駅

224 愛宕山
中岳　権現山
南岳　鍋山
桜島
沖小島
燃岳
観音崎　辰崎
有村崎　江之島
荒崎
224
佐多街道
垂水市
垂水港
220

日置市

薩摩半島

高峰

金峯山

中岳

田上岳

南さつま市

長屋山

万之瀬川

270

226

225

熊ヶ岳
川辺
烏帽子岳
母ヶ岳

知覧

知覧武家屋敷庭園群 ①

232

鹿児島（錦江）湾

鹿児島ICと指宿市の大迫ICとを結ぶ有料道路。各所に桜島を眺望する展望台がある

前之浜駅
指宿枕崎線

頴娃
種子尾山
唐牧岳
尾巡山

南九州市

三里山

枕崎市

下山岳
大隈岳

国見岳

野岳

園岳
270

225
岩戸山
指宿枕崎線
薩摩板敷駅
白沢津駅
大隈岳
頴娃大川駅
松ヶ浦駅

加治佐川
石垣駅
水成川駅
御領駅

② 番所鼻自然公園

29

西頴娃駅
大野岳
頴娃駅

枚聞神社

入野駅

花瀬崎

開聞岳

田ノ崎

開聞岬

② 番所鼻自然公園

28

清見岳
二月田駅

指宿市

⑤ 池田湖

鰻池
山川駅
山川港

指宿駅

観音崎
宮ヶ浜駅
魚見岳　田良岬
小島
知林ヶ島

豊玉姫（乙姫様）を祀り縁結びや家内安全、航海安全、商売繁盛などのご利益がある

鍋島岳
鷲尾岳

矢筈岳
東開聞駅
辻之岳

開聞駅
大山岳
薩摩川尻駅
243

④ フラワーパークかごしま

JR西大山駅

赤水鼻

長崎鼻 ★

龍宮神社

269
金比羅山

③ 開聞山麓自然公園

開聞岳がご神体。交通・航海の安全や漁業守護の神を祀る。松梅蒔絵櫛笥は必見

指宿のシンボル。ゆるやかなすり鉢状の登山道を登り頂上から望む大パノラマは圧巻

雀島
花渡川
枕崎駅

赤水鼻
薩摩塩屋駅

海、山、川とダイナミックな
景観が続く本土最南端の岬へ

鹿児島県

雄川の滝・佐多岬・花瀬自然公園

おがわのたき・さたみさき・はなせしぜんこうえん

　大隅縦貫道の笠之原ICからエメラルドグリーンの滝つぼが神秘的な雄川の滝へ向かい、パノラマパーク西原台で薩摩半島、桜島、開聞岳を眺望。南国ムードに満ちる佐多岬ロードパークを走り抜けて佐多岬公園を目指す。佐多岬までは、鹿児島湾沿いの国道269号を南下し、絶景を眺めながらドライブ。キャンプ場も充実した花瀬自然公園には千畳敷の石畳があり、独特な景観が楽しめる

DRIVE COURSE　走行距離 約155km

START	大隅縦貫道・笠之原IC
	30km／県道68号
1	**雄川の滝**
	10km／肝属グリーンロード、県道563号
2	**パノラマパーク西原台**
	38km／国道269号、県道68・566号
3	**佐多岬公園**
	39km／県道566・74・68・563号
4	**花瀬自然公園**
	38km／県道563・68号、国道448・269号
GOAL	大隅縦貫道・笠之原IC

☐ INFORMATION

南大隅町企画観光課　☎0994-24-3115

半潜水型水中展望船・さたでい号で
佐多岬周辺の海中散歩が楽しめる

道の駅を
PICK UP!!

本土最南端の道の駅

●東原ICから37km

根占
ねじめ

国道269号沿いにあり、目の前に砂浜が美しい「ゴールドビーチ大浜」が広がる。錦江湾と対岸の開聞岳、遠く硫黄島まで見渡せる。ドリンクや軽食などオリジナルのテイクアウトメニューが充実。

☎0994-24-5113　᠊鹿児島県南大隅町根占山本6868　⏰9:00～17:00　㊡火曜　🅿46台

●コテージも完備され
屋外BBQもOK

1 エメラルドグリーンの滝つぼ
雄川の滝
おがわのたき

落差約46m、幅約60mの滝は、岩肌から染み出る水のカーテンと、エメラルドグリーンに彩られる滝つぼの美しさが有名。駐車場から滝に向かう片道1.2kmの遊歩道や展望台などが整備されている。NHK大河ドラマ『西郷どん』や、映画『キングダム』のロケ地にもなった
所鹿児島県南大隅町根占川北 P70台

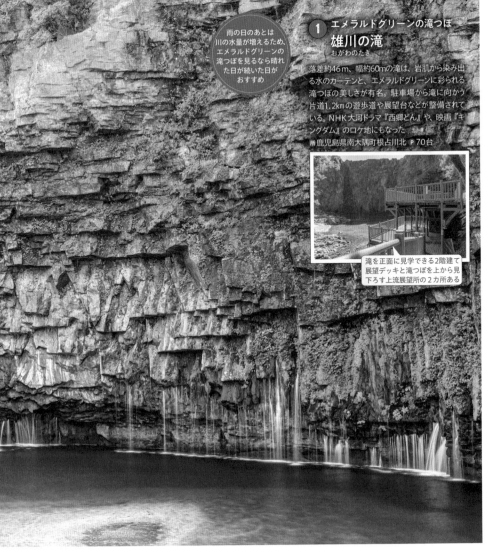

雨の日のあとは川の水量が増えるため、エメラルドグリーンの滝つぼを見るなら晴れた日が続いた日がおすすめ

滝を正面に見学できる2階建て展望デッキと滝つぼを上から見下ろす上流展望所の2カ所ある

2 大隅半島随一の展望
パノラマパーク
西原台
パノラマパークにしはらだい

根占の市街地から車で20分ほど。標高439mの高台にあり、佐多岬・錦江湾・開聞岳・桜島・高隈山など大パノラマが展開する。芝生スペースがあり、屋根付きの展望デッキでゆっくりくつろげる。
所鹿児島県南大隅町根占 P20台

🔄錦江湾越しに見える開聞岳。かつて林業従事者の休憩施設だった場所で、パラグライダーの滑空ポイント

③ 本土最南端の絶景地
佐多岬公園
さたみさきこうえん

エジプトのカイロや上海と同じ北緯31度に位置するコバルトブルーの海と亜熱帯植物に囲まれた公園。岬から白亜の灯台を望む展望台からは、種子島や屋久島まで見渡せる。本土最南端にやって来たことを実感できる。

☎0994-27-3151(佐多岬公園観光案内所) 所鹿児島県南大隅町佐多馬籠417 ℗40台

↑佐多岬南端の断崖から50m沖の大輪島に建つ「佐多岬灯台」は日本最古の灯台のひとつ

昭和20年(1946)の空襲で大破、現在の灯台は昭和25年(1951)に再建されたもので、近年太陽電池化された

④ 千畳敷の石畳の川が見られる
花瀬自然公園
はなせしぜんこうえん

千畳敷の石畳の川床が幅約60m、長さ約2kmに及ぶ雄川の上流に広がる自然公園。江戸時代には島津斉彬も訪れた景勝地で春は桜、藤の花の名所。五右衛門風呂に入れるオートキャンプなどの施設が充実。

☎0994-25-3838(でんしろう館) 所鹿児島県錦江町田代川原4263-3 ℗あり

石を敷き詰めたようなユニークな川床

↑千畳敷石畳を流れる清流は、場所によって滝状の起伏に富む

0　2.5　5km

N

高隈山
垂水市　白山　横岳　御岳
志布志市
九州・沖縄

鹿屋串良JCT
細山田
東九州自動車道

鹿児島（錦江）湾

220
鹿屋市
鵜ノ瀬鼻
220
東原
504
220
笠之原IC
START & GOAL

神徳稲荷神社
鹿屋航空基地
史料館

ガラス製の鳥居と
千本鳥居に水に流
すおみくじなど

68
肝付町
東串良町

ゼロ戦や特攻隊員の遺
影や遺書などを展示す
る海上自衛隊の史料館

竹之崎

大隅半島

鹿児島県　雄川の滝・佐多岬・花瀬自然公園

神川ビーチの影絵が目の前。
コンビニとキャンプ場もあ
り車中泊にはいいかも

269
道の駅
神川ビーチ　綿江にしきの里

小島
知林ヶ島

宮ヶ浜駅
魚見岳　田良岬
二月田駅
指宿駅
指宿市
226

大尾岳

錦江町

橋上から渓谷をのぞける巨大
な吊り橋の滝見大橋や山の中
ながら開放的な風景が魅力

砂浜のビーチにさまざ
まな影絵の祭典を開催。
夕暮れどきに訪れたい

269
448

根占港

大山崎
山川駅
山川港
金比羅鼻

横堀の岡

五右衛門風呂に炊事
棟、シャワー棟、遊戯
施設なども充実

雄川の滝 ①

563
六郎館岳

丸峯岬
根占
パノラマパーク西原台 ②
563
雄川
花瀬自然公園
オートキャンプ場
④ 花瀬自然公園
448
戸崎
松崎

69
早馬の棚田

269
木場岳

約300枚からなる石積
みの棚田。青田や黄金
の稲穂など四季折々の
情景を見せる

74
田之崎
南大隅町
戸崎
赤瀬崎

立目崎
小立目崎
島山崎

68

客席が海面の下にある半
潜水型の船から珊瑚礁や
熱帯魚を間近に見られる

大隅海峡

566
さたでい号
佐多岬へのアプローチとなる
佐多岬ロードパーク

大崎
佐多岬
大輪島
③ 佐多岬公園
枇榔島

早崎

COURSE 76

歴史や神秘スポットを訪ね
空と海が織りなす絶景を満喫

沖縄県

ニライ橋・カナイ橋・残波岬

ニライばし・カナイばし・ざんぱみさき

　日本最南端、最西端の那覇ICから沖縄南部の主要スポットをまわるコース。まずは、沖縄の歴史を感じながら金城町石畳道を歩き、ダイナミックな玉泉洞を見学。ここから東に向かい、ニライ橋・カナイ橋から太平洋の大パノラマを眺望を楽み、北上して残波岬灯台を目指す。ゴールの北谷公園サンセットビーチやアラハビーチで、美しい夕日に癒やされたい。

DRIVE COURSE　走行距離 約118km

START	沖縄自動車道・那覇IC
	2km／県道241号
1	金城町石畳道
	11km／県道241・17号
2	玉泉洞
	10km／県道86号
3	ニライ橋・カナイ橋
	61km／国道331・329号、県道6号
4	残波岬灯台
	19km／国道58号
5	北谷公園サンセットビーチ
	2km
6	アラハビーチ
	15km／国道58・330号
GOAL	沖縄自動車道・那覇IC

INFORMATION

南城市観光協会 ☎098-948-4611
北谷地域振興センター ☎098-936-0077

→鍾乳洞が崩壊してできたガンガラーの谷

1 城下町の風情が残る
金城町石畳道
きんじょうちょういしだたみみち

16世紀、琉球王国の尚真王代に首里城から那覇港や沖縄本島南部へ通じる主要道路として造られた「真珠道」の一部で、総延長10kmにも及んだが、現在は238mが残っている。
☎098-917-3501（那覇市文化材課）⑮沖縄県那覇市首里金城町2
Ⓟ周辺駐車場利用

→金城大通りから金城橋へ下る琉球石灰岩の敷石で整備された石畳道

3 高さ80mからの眺望
ニライ橋・カナイ橋
ニライばし・カナイばし

沖縄本島南部を代表する絶景ドライブスポットで、「ニライカナイ」とは「海の向こうの理想郷」を意味し、海に向かって大きくカーブを描いて架かる橋から、大パノラマの絶景を堪能できる。
⑮沖縄県南城市 Ⓟなし

全長660m、おすすめは県道86号から国道331号へ下るニライ橋〜カナイ橋のコース

② 国内有数の鍾乳洞
玉泉洞
ぎょくせんどう

全長約5km、鍾乳石は100万本以上あるといわれる鍾乳洞のうち、890mを一般公開。約2万本の鍾乳石が垂れ下がった「槍天井」や美しい「青の泉」など見どころが多い。
☎098-949-7421(おきなわワールド)　㊟沖縄県南城市玉城字前川1336　㊟9:00〜17:30(受付は〜16:00)　㊟無休　㊟入園2000円
Ⓟ400台

➡30万年もの年月が創り上げた神秘的な地底世界が広がる

天気が良ければ粟国島、
渡名喜島を望める

④ 隆起サンゴ礁の絶壁に立つ
残波岬灯台
さんばみさきとうだい

高さ30mもの断崖絶壁が続く残波岬の突端に
立つ高さ31mの白亜の大型灯台。昭和49年
(1974)に完成し、全国でも数少ない上れる展望
灯台で、東シナ海の眺望はまさに圧巻。

☎098-958-3041 所沖縄県中頭郡読谷村宇座
開9:30～16:30(3～9月の土・日曜は～17:30)
※入場は20分前まで 休無休 料参観寄付金300
円(中学生以上) P260台

岬周辺は沖縄海岸国定公園で、灯台1階に
は灯台資料展示室が併設されている

⑤ 県内屈指の夕日スポット
北谷公園
サンセットビーチ
ちゃたんこうえんサンセットビーチ

美浜アメリカンビレッジに隣接し、東シナ
海岸に沈む夕日の美しさで知られる。海
水浴だけではなく、夏はビーチサイドでの
バーベキューやフラなどの音楽イベントも
開催され賑わう。

☎098-936-8273 所沖縄県中頭郡北谷
町美浜2 P430台

🔼夜は宜野湾方面や隣
接するアメリカンビレッ
ジの夜景を望める

道の駅を
PICK UP!!

嘉手納基地を一望

●那覇ICから25km
かでな

嘉手納基地を望む展望台が人気。沖縄の
農産物や嘉手納の特産品などを販売し、
グルメスポットも充実している。

☎098-957-5678 所沖縄県中頭郡嘉手
納町屋良1026-3 営休店舗により異なる
P91台

🔼地域の
文化や歴
史を紹介
する展示
室もある

⑥ 透明度の高いタウンビーチ
アラハビーチ

安良波公園にあり、全長約600mの白い砂浜が続く。パラセー
リングやドラゴンボートなどマリンアクティビティも充実。

所沖縄県中頭郡北谷町北谷2-21 P120台

🔽ビーチ沿いの遊歩道
を散歩するのも楽しい

④ 残波岬灯台

真栄田岬

★ 青の洞窟

58 金武町
329
329 沖縄自動車道 伊芸SA
石川岳 屋嘉

九州・沖縄

残波岬
6
読谷村の山あいに工房やギャラリーが軒を連ねる
やちむんの里
58
読谷村

CAVE OKINAWA

石川
329

金武湾港

金武湾

沖縄島

鍾乳洞内にある、紅白の鍾乳石や黄金岩、ハートロックなどが人気

美らやシパークオキナワ・東南植物楽園
かでな

沖縄北
329

うるま市

天願川

沖縄県 ニライ橋・カナイ橋・残波岬

比謝川
嘉手納町
58

沖縄島

沖縄市

熱帯・亜熱帯の多彩な植物が揃う植物園

● 那覇ICから33km

青の洞窟
あおのどうくつ

真栄田岬の崖の下にある奥行き約30mの洞窟で、透明度が高く、海底に反射した光が洞窟全体を青く照らして神秘的。人気のダイビング、シュノーケリングスポットになっている。

↑訪れる時間により、青色も変化する

北谷町
沖縄南
330

⑤ 北谷公園 サンセットビーチ

美浜タウンリゾート・アメリカンビレッジ
330
喜舎場スマート

北中城村
329

アメリカ西海岸を再現したショッピングエリア。多彩な施設が揃う

⑥ アラハビーチ
北中城

空寿崎

58
中城PA
宜野湾市
330
沖縄自動車道

中城村

名物グルメ

沖縄そば
おきなわそば

麺は、そば粉ではなく小麦粉を使い、かん水で練ったやや黄色い太めの麺で、豚骨やカツオ節ベースのこってりとしたスープが特徴。具は豚の三枚肉の煮つけ、棒かまぼこ、ネギ、紅しょうがなど。

てだこ浦西駅
西原

中城湾港

那覇港
那覇空港駅
58
浦添市
330

西原町

西原JCT
首里駅
弁ヶ岳
那覇市

中城湾

那覇空港
331
大嶺崎
長島

那覇IC
南風原北

START & GOAL

金城町石畳道 ①

507
南風原町
241

与那原町
329

331

331
豊見城・名嘉地
豊見城市
331

南風原南
八重瀬町

知名崎
331

須久名山
斎場御嶽

琉球創世の神話に登場し、島内で最も格が高い聖地とされている

知念岬

エージナ島

ガンガラーの谷

17
玉城城跡

南城市
86

③ **ニライ橋・カナイ橋**
タマタ島
アージ島
アドチ島
クマカ島

久高島

鍾乳洞の崩落によりできた谷。鍾乳洞を利用したカフェもある

八重瀬嶽

玉泉洞 ②
507

奥武島

夏至の日の出には、自然岩をくりぬいた城門から朝日が差し込む古城

331

エージナ島

沖縄戦が終焉した地。美しい海岸線の眺望が広がる

平和祈念公園

豊富な食材が揃う九州・沖縄の美味。SA・PAで各店のこだわりを満喫したい。

九州自動車道
古賀SA [上り]
【ONE BOWL】
四元豚の炙り豚丼 1200円
四元豚の豚バラ肉をオリジナルの甘辛醤油ダレで香ばしく焼き上げ、ご飯がすすむ一品。

九州自動車道
広川SA [下り]
【めん処広川】
風月うどん 丸天セット 930円
圧力釜でふっくらと茹で上げたうどんは自社特製の生麺。シイタケの佃煮と焼きおにぎりが付く。

九州自動車道
宮原SA [上り]
【食事処 三南】
宮原贅沢丼 1580円
熊本県産鶏と熊本県産あか牛、鹿児島県産豚ロースの3種をのせ、南九州の味を一度に満喫できる。

九州自動車道
桜島SA [上り]
【レストラン】
黒豚と桜島どりのダブル丼 1320円
生姜焼きダレの黒豚、デミグラスソースの桜島どりと温玉が楽しめる、地元高校とのコラボメニュー。

長崎自動車道
金立SA [上り]
【レストラン】
金立さがんトルコライス 1800円
ドライカレー、ナポリタンスパゲティ、とんかつをワンプレートに盛り付け、ボリューム満点。

長崎自動車道
川登SA [下り]
【フードコート】
川登海鮮ちゃんぽん 1290円
エビ、イカを引き立てる海鮮ベースのスープに白石産の玉ネギなど、地元野菜も入って旨みたっぷり。

東九州自動車道
別府湾SA [下り]
【アルテジオダイニング】
イベリコ豚のサルシッチャピッツァ 1700円
自家製サルシッチャはイベリコ豚を使用。好みでトッピングできる粒マスタードが味のアクセントに。

大分自動車道
山田SA [上り]
【朝倉ほとめき食堂】
おおいた豊後牛ハンバーグ ～和風ソースかけ～ 1380円
大自然に恵まれた大分で生産された豊後牛のハンバーグ。口に広がるまろやかな風味が特徴。

沖縄自動車道
伊芸SA [下り]
【フードコート】
豆腐チャンプルー 880円
人気の沖縄料理であるチャンプルーは、豆腐と野菜のバランスが抜群で、滋味深い味わいが人気。

索引

道の駅

STAFF

編集制作 Editors
(株)K&Bパブリッシャーズ

取材・執筆 Writers
遠藤優子　高橋靖乃
好地理恵　篠原史紀(地球デザイン)
松島頼子　ノイエ房
メニィデイズ(間々田正行／熊本真理子)
成沢拓司　堀井美智子

本文・表紙デザイン Cover & Editorial Design
(株)K&Bパブリッシャーズ

表紙写真 Cover Photo
愛媛県・瀬戸内しまなみ海道(来島海峡大橋)

地図制作 Maps
トラベラ・ドットネット(株)

写真協力 Photographs
関係諸施設
関係各市町村観光課・観光協会
PIXTA

総合プロデューサー Total Producer
河村季里

TAC出版担当 Producer
君塚太

TAC出版海外版権担当 Copyright Export
野崎博和

エグゼクティブ・プロデューサー
Executive Producer
猪野樹

旅コンテンツ完全セレクション
息をのむ 絶景ドライブ 西日本

2023年9月18日　初版　第1刷発行

著　　者	TAC出版編集部
発 行 者	多田敏男
発 行 所	TAC株式会社　出版事業部
	（TAC出版）

〒101-8383 東京都千代田区神田三崎町3-2-18
電話　03(5276)9492(営業)
FAX　03(5276)9674
https://shuppan.tac-school.co.jp

印　　刷	株式会社　光邦
製　　本	東京美術紙工協業組合

©TAC 2023　Printed in Japan　ISBN978-4-300-10568-9 C0326
N.D.C.291　　　　　　　　落丁・乱丁本はお取り替えいたします。

本書に掲載した地図の作成に当たっては、国土地理院発行の数値地図（国土基本情報）電子国土基本図（地図情報）、数値地図（国土基本情報）電子国土基本図（地名情報）及び数値地図（国土基本情報20万）を調整しました。